日本人研究者による漢字訳音研究論文選

日本學者
漢字譯音研究
論文選

鄭　偉　編

黄　河
鈴木博之
温　睿
趙清泉　等譯

上海古籍出版社

本書是國家社科基金重大項目

"西南各民族及'一帶一路'鄰國語言文字中漢字音的數字化整理與研究"

（18ZDA296）的階段性成果

目　録

是 Mongol 還是 Mangol …………………………………… 服部四郎　　1

《元朝秘史》中記録當時漢語音韻的音譯資料……………… 服部四郎　　11

漢字音及其傳承 ……………………………………………… 河野六郎　　55

吴音與漢音 …………………………………………………… 藤堂明保　　62

《韻鏡》與越南漢字音……………………………………… 三根谷徹　　87

泰語與漢語 …………………………………………………… 西田龍雄　　98

中古漢語的音韻 …………………………………………… 平山久雄　　111

與漢語史相關的梵語學 …………………………………… 尾崎雄二郎　161

朝鮮漢字音和中古漢語顎化韻尾 ……………………… 橋本萬太郎　175

談《元朝秘史》中的"古温"（人）一詞

　　——關於《元朝秘史》蒙古語音的構擬方法 ………… 服部四郎　204

河西方言的性質與當代西北方言 ………………………… 高田時雄　215

文獻研究與語言學

　　——回鶻文漢字音的重構與漢文訓讀的可能性 …… 庄垣内正弘　220

《暹羅館譯語》乙種本的聲調…………………………… 遠藤光曉　248

甲種本《華夷譯語》音譯漢字基礎方言問題……………… 更科慎一　256

編後記 ……………………………………………………………… 271

是 Mongol 還是 Mangol[*]

服部四郎 撰

陳 曉 譯 遠藤光曉 校

在蒙古語中,表示"蒙古人、蒙古的、蒙古人的"的詞在現代諸方言中如下所示:

卡爾梅克[1](Kalmuck):moŋɢᵒl

布里亞特[2](Buryat):moŋɡol

喀爾喀[3](Khalkha):moŋɡŏl

鄂爾多斯[4](Ordos):moŋɡol

內蒙古[5](Inner Mongolian):moŋol,moŋɡol

莫戈勒[6](Moghol):moɣo:l

蒙古爾[7](Monguor):moŋɡuor,moŋɡor

將這些形式進行比較,可以推測這個詞在這些方言的原始語中,第一音節中應該已經存在圓唇元音 o。因此,在 13—14 世紀的蒙古語中,這個詞仍然在第一音節具有同樣的圓唇元音,可以想象至少這樣的方言是確實存在過的,但有稍微可疑之處。

那就是,在《元朝秘史》[8](*The Secret History of the Mongols*)中這個詞被記爲"忙ᵗ豁ₗ"(三 50a,六 17a,七 11a13b 等),在《中原音韻》[9](*Chung-yüan Yin-yün*)中"忙"是江陽韻,似乎是表示如同 maŋ 這樣的音的事實。當然在用外國文字描寫某種語言的語音時,由於各種各樣的理由,進行十分嚴謹的操作是很困難的,因此在這種情況下,也可以推測應該是用"忙"這樣的

---

* 本文譯自服部四郎:《Mongolか Mangolか》,《服部四郎論文集 2:アルタイ諸言語の研究Ⅱ》,東京:三省堂,1987 年,24—37 頁;原載於《東方學報》12 卷 2 號,1941 年,241—255 頁。後收入《日本の言語學》第七卷(言語史),東京:大修館書店,1981 年,218—228 頁。譯文將原文位於行間的引文一律改爲篇末尾注,注文中日本出版的論著譯爲中文。

漢字對蒙古語的 moŋ 進行的大致描寫。如果就《至元譯語》[10] 及中國的史書等所見的蒙古語漢字音譯説,這種推論在一定程度上也是被認可的。但是,《元朝秘史》的漢字音譯法是非常嚴謹的,可以看出這本著作在努力用固定的漢字(一個字或幾個字)表示蒙古語固定的音節,並且各音節間的切分方法等也與用八思巴文表示蒙古語的文獻相似[11]。因此,我相信這部文獻的漢字音譯與那些漢族人無準則的漢字音譯不應同日而語。我認爲關於《元朝秘史》的"忙ᴴ豁ₗₑ",如前文所述那樣粗糙的推論是不允許的。

那麼,用"忙"字表示的漢語音節都有怎樣的音值呢? 若依據高本漢(B. Karlgren)[12],在現代各方言中表現如下:

moŋ(廣州),moŋ(客家),maŋ(汕頭),mouŋ(福州),må(温州),måŋ(上海),maŋ(北京),maŋ(開封),maŋ(懷慶),mā(歸化),må(大同),ma(太原),mbə(興縣),mo(太谷),mbu(文水),mā(鳳台),mǎ(蘭州),mā(平涼),mā(西安),mā(三水),maŋ(四川),maŋ(南京)。

由於其中有表現爲圓唇元音的方言,因此不能斷定《元朝秘史》的漢字音譯人員中就肯定没有説這種方言的人,從而是否可以推測蒙古語的音節 moŋ 用"忙"進行描寫是因爲采用了漢語的方音 moŋ(忙)或者與之相近的音? 我認爲不可。

"忙"的語音在朝鮮音和越南音中均爲 maŋ,日本的漢音也爲"bau",吳音寫作"mau",如前文所述現代漢語各方言中也呈現爲 maŋ、mā 爲優勢,雖然古漢語中存在被推測爲與 moŋ 相近的音,但由於較晚的元代《蒙古字韻》中"忙"字爲 maŋ,《中原音韻》中爲江陽韻,現代北京音、南京音均爲 maŋ,因此不可否認元明時期的標準音是 maŋ。

另一方面,"忙"字在《元朝秘史》中,用於下面的音譯中:

忙吉兒速你牙兒(薤教)₂₆ₐ
忙吉兒速阿兒(薤教)₂₆ᵦ

這一詞的"主格形式"若在《元朝秘史》中出現的話,應該寫作"忙吉兒孫",與此相應的現代方言的形式如下所示:

卡爾梅克[13](Kalmuck):maŋgrsṇ(野生的洋葱,野生的小蒜)
達斡爾[14](Dagur):maŋgi: rs(蒜)

另外,布里亞特方言(Buryat dialects)中下列詞也應與此相應:

巴拉甘斯克[15]（Balagansk）：manjuhan（Лукъ 蔥類的總稱）

下烏丁斯克[16]（Nizhne-Udinsk）：maŋehaŋ

通卡[17]（Tunka）：maŋehuŋ（n）

}（蔥屬）

也就是説，第一音節都具有元音 a 這一點值得注意。因此，應該可以推測《元朝秘史》的"忙吉兒速—"的"忙"是表示與 maŋ 相近的音。因爲"忙吉兒孫"的"孫"（以及在諸方言中的表現形式中與之相應的部分）顯然是後綴，我認爲諸方言的下列詞除去這一後綴，與"忙吉兒"對應：

霍里布里亞特（Khori-Buryat），色楞格[18]（Selenga）：mangär（蔥的總稱）

色楞格[19]（Selenga）：maŋir, maŋer（野生韭菜）

與這些完全對應的詞在《元朝秘史》中似乎見不到，但是在涵芬樓秘笈本的《華夷譯語》（上 4b）中有"薤忙吉兒"，在東洋文庫本《華夷譯語》的"韃靼館雜字"（16b）中對應"薤"的是"忙吉兒"，用維吾爾式蒙文記載爲 mēm（M），āleph（'），nūn（N），kāph（K），kāph（K），yod（Y），rēš（R）。因此，應該説該詞第一音節的元音幾近確實是 a，而不是圓唇元音。

這樣的話，《元朝秘史》的"忙中豁勒"的"忙"也可能表示 maŋ 嗎？

稱得上維吾爾式蒙文的最古老文獻的所謂"成吉思汗石"[20]中，這一詞被記載爲 mēm（M），waw（W），nūn（N），kāph（K），ḥēth（X），waw（W），lāmedh（L），在"竹温台神道碑"[21]中也有同樣的記載。在東洋文庫本《華夷譯語》的"韃靼館雜字"（63b）中對應"韃靼"的是"忙豁"，記載着與上文相同的維吾爾式蒙文。

在《蒙古字韻》中，在"蒙古"這樣的字旁邊有用八思巴文寫成的 moṅ-γol（維拉狄米佐夫式轉寫）。

因此，即使在 13—14 世紀的蒙古語中，該詞第一音節的元音是圓唇元音也是確實可信的。於此之外，mangol 這樣的形式曾經存在過嗎？在基於漢字以外的文字記録中，我還没有注意到該詞第一音節的元音明顯地表示爲 a 這一情況[22]。因此，我認爲《元朝秘史》的"忙中豁勒"應作如下解釋：

若將該詞的第一音節，用表示與"忙"不同音的漢字來音譯的話，到底怎樣的字是合適的呢？若根據當時也就是明初的漢語（音譯人員所依據的語言）的音韻體系，作爲表示以 m 爲起首以 ŋ 爲末尾的，並且中間包含有圓唇後元音的音節的漢字,我認爲除了“蒙”或者與之同音的漢字之外別無他字[23]。這個字在《元朝秘史》的蒙古語漢字音譯中被用於如下情況:

蒙(艱難)_29b   蒙琨(銀)_四14a

蒙中合黑(根據“總譯”,愚)_15a | 蒙客(長生)_六12a

上例中,與第二個詞相當的現代諸方言的形式如下所示:

卡爾梅克[24](Kalmuck):muŋxɐɕ

布里亞特[25](Buryat):münxük(通卡(Tunka))

munxak〔巴拉甘斯克(Balagansk),通卡

(Tunka),阿拉爾(Alar)〕

喀爾喀[26](Khalkha):muŋxǔk

鄂爾多斯[27](Ordos):muŋxaq

比較這些例子的話,這個詞在這些方言的原始語中,可以認爲在第一音節中存在如前文所述的比 moŋgöl(喀爾喀方言的形式)開口更小的圓唇後元音。因此將這個詞的第一音節暫以 muŋ 表示。另外,與“蒙”(艱難)一詞相當的詞在現代方言的記錄中沒有發現,但在用阿拉伯文或蒙文描寫蒙古語的文獻中,這個詞有幾個例子顯示爲圓唇(後)元音[28],在突厥諸方言中有意爲“辛苦、哀傷、操勞、苦難”的有 muŋ 這樣的詞[29],而且寫作與《元朝秘史》中如前文所述的“蒙中合黑”第一字相同的漢字,因此認爲和其第一音節是相同的 muŋ 這樣的發音應該沒有問題。

還有,我也贊同維拉狄米佐夫(B. Ya. Vladimircov)比較了以下這些形式與現代蒙古諸方言的形式:

古蒙古書面語(Old Script Mongolian):mongka(~mongke)

新蒙古書面語(New Script Mongolian):möngke

八思巴文字文獻(ḥPʻags-pa Script):moṅ-kʻa(~moṅ-kʻe)

瓦剌書面語(Script Oirat):möngkö

意爲“永遠的”的這個詞第一音節的元音,在 13—14 世紀的蒙古語中,推測爲一種圓唇半開央元音[30],但與 moŋgöl 相當的第一音節的元音不同,與之相比是發音部位靠前的元音[31]。《元朝秘史》的“蒙客”是與之相當的詞,這個“蒙”表示的音暫且標寫爲 möŋ。

與“蒙琨”相當的第一音節的元音,至少在下面的現代諸方言中,呈現出

與"蒙客"相當的第一音節的元音相同的元音：

卡爾梅克（Kalmuck）：   möŋgn   möŋkᵒ

巴拉甘斯克布里亞特（Balagansk Buryat）： möŋgön   mönxö

喀爾喀（Khalkha）：   móŋgǔ   móŋxǒ

                                                               （～mùŋxǔ）

鄂爾多斯（Ordos）：   möŋgö   möŋᵏxö

另外，在東洋文庫本《華夷譯語》的"韃靼館雜字"（54a）中，若根據維拉狄米佐夫的方式，同時亦可見應轉寫爲 monggụ 的維吾爾式蒙古字形其注音"蒙昆"這樣的形式。因此，《元朝秘史》的"蒙琨"的"蒙"，暫且看作表示與"蒙客"的第一字相同的 möŋ 音[32]。

那麼，"蒙"字在《中原音韻》中是東鍾韻，八思巴文也作 muŋ，因此這個字描寫爲蒙古語的 muŋ 以及 möŋ，應該並非那麼不自然。然而，與 moŋGöl（喀爾喀方言）相應的第一音節的 o，從當前的蒙古方言中的音值來看，我認爲是開口更大的[ɔ]這樣的元音。因此相比"蒙"，用"忙"來轉寫可能反而更加合適。

根據以上所述，我認爲提出以下假説或許是可行的。

《元朝秘史》的漢字音譯年代（以及著書年代）的蒙古語中，詞的第一音節以 m 爲起首以 ŋ 爲末尾的情況中，至少有 maŋ、moŋ、möŋ、muŋ 的區別[33]，但是表示與之相近的音的漢字只有"忙"和"蒙"（以及與之同音的字）兩類。因此，音譯人員認爲將 maŋ 和 moŋ 轉寫爲"忙"（以及與之同音的字），möŋ 和 muŋ 轉寫爲"蒙"是恰當的，可能就一直貫徹這個原則[34]。只有作爲這個推論的結果，才可以將"忙中豁勒"的"忙"看作是表示 moŋ 的[35]。

（1941 年 5 月 23 日執筆）

注釋：

[1] G. J. Ramstedt：*Kalmückisches Wörterbuch*，Helsinki，1935。在語音符號中，輔音符號改爲國際音標字母。元音符號也盡量改爲國際音標字母。對於其他書亦如此。但是，俄文的部分將每個字機械地轉寫爲羅馬字式。

[2] M. A. Castrén：*Versuch einer burjätischen Sprachlehre*，St. Petersburg，1857，p.174。但是，該書中是 Moŋol，此種情況下的 ŋ 應該是表示[ŋG]的。

［3］ Б. Я. Владимирцов: *Сравнительная грамматика монгольского письменного языка и халхаского наречия*, Ленинград, 1929.

［4］ A. Mostaert: *Textes oraux ordos*, Peip'ing, 1937.

［5］ А. Д. Руднев: *Матеріалы по говорамъ восточной монголіи*, С.-Петербургъ, 1911.

［6］ G. J. Ramstedt: Mogholica (*Journal de la Société Finno-Ougrienne*, XXIII, Helsinki, 1906).

［7］ A. de Smedt et A. Mostaert: *Le dialecte monguor parlé par les Mongols du Kansou occidental*, Ⅲ*ᵉ partie*, *Dictionnaire monguor-français*, Pei-p'ing, 1933.

［8］ 據四部叢刊本。下同。

［9］ 據鐵琴銅劍樓影印本。下同。

［10］ 我認爲《元朝秘史》中蒙古語漢字音譯非常拘泥於原書的文字（可能是八思巴文），《至元譯語》則應該是漢族人聽取蒙古人的口語（而且是與《元朝秘史》不同的方言），用漢字記錄發音的著作。《盧龍塞略》的蒙古語詞彙作爲蒙古語史資料缺乏重要性，可能是參考《華夷譯語》等資料而編纂出的著作。

［11］ 從這一點也應該立即注意到這部書與八思巴文蒙古文獻的關係。我推測《元朝秘史》的漢字音譯是直接根據原書的八思巴文寫成的依據，已經在《蒙文元朝秘史》卷一的序文中簡述了一個大綱，但我的研究可能還要積累一下再詳細論述。但是，我希望在此書的序文中所寫的"有必要進行詳細敘述之處，另外也有其他的根據，不贅述"這一注釋可以被特別關注（第4頁）。所謂"有必要進行詳細敘述之處"是要指出，貌似看上去對於鄙見有不利之處，但若詳細説明，就可明確其實並非如此。總之，有必要言明這一鄙見的語言學證據不含有所謂的"武斷謬論"。鄙見不是滴水不漏地討論了所有事實的基礎上而得出的結論，因此可以説是一種推測。因此雖然有必要進行進一步的深層斟酌，但是没有必要説，那些提出不合邏輯的觀點的不知羞愧的語言學外行的"批判""辯駁"是完全錯誤的。世間富有學問的人已經明白，因此我無需贅言，因爲最近有一位學者向我求證關於這一點的鄙見，而且，曾經説過海尼士（Haenisch）《元朝秘史》的蒙古語羅馬字轉寫的根本原則是應該肯定的，但是最近聽到他的 mangḥol 這一轉寫，有一部分人仍然認爲這是"錯誤"，在此草草論及，以處理這些問題。上述言論的具體證據在以後的拙文進行展開，在已經發表的論文中也包含了間接的論證。

另外，借此機會我想記錄下面一個事實來完成我的義務。1940年10月26日在東方文化學院初次見到石浜純太郎氏的時候，也談到了"已故内藤湖南博士也考慮到《元朝秘史》的原書或許是用八思巴文字寫成，他對我説過請找出其證據"這件事。其後，石浜氏委託我在有機會的時候公開發表此事。

我的論據純粹屬於語言學學科本身，不得不説，這個問題的最終決定權反而在歷史學家的手中。我期待嚴謹的歷史學者的全面研究和直率的批判。

[12] 高本漢：*Étude sur la phonologie chinoise*, Leiden and Stockholm: E. J. Brill, 1915 – 1926, p.808。

[13] G .J. Ramstedt：*Kalmückisches Wörterbuch*, Helsinki, 1935.

[14] Н. Н. Поппе：*Дагурское наречие*, Ленинград, 1930.

[15] И. А. Подгорбунскій：*Русско-монголо-бурятскій словарь*, Иркутскъ, 1909.

[16] M. A. Castrén：*Versuch einer burjätischen Sprachlehre*, St. Petersburg, 1857, p.174.

[17] M. A. Castrén：*Versuch einer burjätischen Sprachlehre*, St. Petersburg, 1857, p.174.

[18] И. А. Подгорбунскій：*Русско-монголо-бурятскій словарь*, Иркутскъ, 1909.

[19] M. A. Castrén：*Versuch einer burjätischen Sprachlehre*, St. Petersburg, 1857, p.174.

[20] W. Radloff：*Atlas der Alterthümer der Mongolei*, St. Petersburg, 1892, Tafel XLIX, 3.

[21] 至元 4 年(1338 年)之物(《蒙古學》第一冊)。

[22] 根據 Н. Н. Поппе：*Монгольский словарь Мукаддимат ал-Адаб*, I – II , Москва-Ленинград, 1938。在這部辭典中，儘管可以看到用阿拉伯文منغول寫成的一個例子(238 頁)，但從這部書基於阿拉伯文的蒙古語記音的整體傾向來看，不能認爲這證實了該詞第一音節不是圓唇元音。
在卡贊韃靼語中雖然將"蒙古人"寫作 maŋɣul，但這與表示"蒙古"之義 maŋɣulija 同樣，均爲俄語的借詞。在俄語中雖然寫作 монгол"蒙古人"、монголия"蒙古"，但因爲重音在第二音節，除了一部分方言以外，在包括作爲標準語的莫斯科方言在內的多數方言中，第一音節是發爲 man 或者與之相近的音。

[23] 對此尚未完成證明而是一種推測。《元朝秘史》的音譯采用的是南京音還是北京音，或是其他方言的語音是首要問題(沒有采用南京音的迹象倒不是沒有)。並且，明初的特別是南京方言的音韻體系的重要部分對我來說不詳。然而，我認爲《中原音韻》(以及部分的《蒙古字韻》)所顯示的語言的音韻體系與《元朝秘史》的音譯漢字音之間有着密切的聯繫。在用漢字音轉寫《元朝秘史》的八思巴文時，也有參考《蒙古字韻》或者與其類似的書的可能性。總之，至少論述關於下面幾點《元朝秘史》的蒙古語漢字音譯法的時候，我認爲使用《中原音韻》與八思巴漢語文獻作爲方法論上並無不當之處。
在《中原音韻》中，以 m 爲起首 ŋ 爲末尾的漢字如下所示：
東鍾
    平聲陽　蒙濛朦曚薨盲瞢萌
    上聲　　蠓懵猛艋蜢
    去聲　　夢孟
江陽
    平聲陽　忙茫邙芒鋩哤狵厖

上聲　　蟒莽漭

庚青

平聲陽　明盟鸍名銘鳴冥溟瞑螟蓂

盲珉甍萌

上聲　　艋蜢

茗皿酩

去聲　　命暝

孟

這些漢字在元代的音值，根據趙蔭棠《中原音韻研究》，擬測如下所示：

屬於東鍾韻的音　muŋ

屬於江陽韻的音　maŋ

屬於庚青韻的音　明茗命類　miŋ

盲艋孟類　meŋ

在上文中，沒有必要將 maŋ 和 miŋ 看作問題，但有必要對於其他的部分進行討論。

若根據高本漢（*Analytic Dictionary of Chinese and Sino-Japanese*, Paris, 1923）的推測，這些漢字在公元 6 世紀左右的讀音是如下所示：

mung　蒙濛矇曚瞢蠓夢

$\left.\begin{array}{l} \text{mung} \\ \text{məng} \end{array}\right\}$ 懵

mɐng　盲萌猛孟珉

因此，若根據《中原音韻》，mung 與 mɐng 二者的合流，似乎於這部書顯示的北方方言所處的元代已經發生，但考慮到在庚青部出現的漢字中明顯的例子全部歸爲後者的類別，應該還不能斷定。

然而，若根據《蒙古字韻》，該漢字全都變爲同音的 muŋ。我認爲這顯示了當時的標準語的口語的音韻狀態。附帶提出的是，這部書中，以 m 爲起首 ŋ 爲末尾的漢字如下所示：

muŋ　平蒙冡濛矇曚罞懞雺盲甍鄳甍萌珉甿上蠓懵懞猛艋去霂孟盟雺懵

miŋ　平覭眉目明盟鸍鳴名洺冥銘溟螟蓂瞑上皿茗酩去命暝

maŋ　平茫忙邙蘉厖哤狵上莽

另外，若根據駕淵一的《關於〈中原音韻〉中的用八思巴文描寫的漢字音》（《小川博士還曆紀念史學地理學論叢》），在《蒙古字韻》以外的八思巴文漢語文獻中，有下面的實例：

mung　蒙孟

因此，我認爲在元代優勢的標準語中，"蒙、夢"等與"盲、孟"等已經同音。

附帶指出的是，因爲《蒙古字韻》是人爲之物，作爲韻書的價值有被過低評價的現象,這部書似乎受到了《古今韻會》的影響,儘管可以看出其拘泥於三十六字母,但我認爲其特別是在韻母等方面反映口語的部分很多。這是關於一般的其他韻書也可以這麼説,不應將拘泥於音韻學古老傳統的著作從研究中排除出來,而是應該努力發掘其中反映口語的要素。反之,被公認爲忠實反映當時的漢語音韻體系的著作中,有必要高度警惕其中是否包含某些不純粹的要素。

[24] G. J. Ramstedt:*Kalmückisches Wörterbuch*, Helsinki, 1935.

[25] И. А. Подгорбунскій:*Русско-монголо-бурят скійсловарь*, Иркутскъ, 1909.

[26] Б. Я. Владимирцов:Сравнительная грамматика монгольского письменного языка и халхаского наречия, Ленинград, 1929.

[27] A. Mostaert:*Textes oraux ordos*, Peip'ing, 1937.

[28] 在 H. H. Поппе:*Мукаддимат*(見上文)的 241 頁中,根據鮑培的轉寫,出現 mung ügei(不用擔心)這樣的詞,因爲阿拉伯文字面上是 مونك,所以是 mung 還是 mong,或是其他的圓唇元音還没得到證實。在 К. Ѳ. Голстунскій:*Монгольско-русскій словарь* 的 224 頁也有 mungdaniχu 這樣的詞,第一音節的元音是 u 還是 o 不明。

[29] В. В. Радловъ:*Опытъ словаря тюркскихъ нарѣчій*(С-Петербургъ, Ⅳ, 1911),2198 頁。

[30] 前文《比較語法》(參見注[3])的 98 節。

[31] 但是,他將轉寫成 ǫ 的八思巴文表示爲"更加靠前的開口小的 o"(《比較語法》167 頁)這一點我難以同意。我認爲八思巴文的轉寫成 o 的字(ᢉ)和轉寫成 ǫ (ᢈ)的字,並不是表示有區別的元音,只是字體上有區別,都是共同的圓唇半開元音的符號,前者於開音節,後者於閉音節使用應該没問題。參照對比前文所述的 moṅ-γol。至少,不能很確定地説二者的音值有差異。

[32] 關於這一點,稍微有一些疑問之處。若根據前文鮑培《達斡爾方言》(參見注[4])所述,在這個方言中,有 mǝngu"銀"這樣的形式,若根據莫斯塔爾特等編《蒙古爾方言詞典》(參見注[7]),因爲有蒙古爾 miäŋǥu、西拉裕固 meŋgu、三川 mieŋgo 這樣的形式,原始蒙古語中第一音節的元音可能曾有展唇元音。因此,在元代也可能第一音節包含如同暫且表示爲 meŋ 這樣的展唇元音。根據鮑培下面的研究,被稱作是 13 世紀之物的《萊頓詞彙》如下所示(N. Poppe: Das mongolische Sprachmaterial einer Leidener Handschrift, *Известия Академии Наук СССР*, 1927–1928)。

    مَنْكُو mengü "銀"

    مَنْكون خَاتُون mengün χatun "Silberdame"(固有名詞)

    وْنْكَا تنكِرى mönke tengri "全能的神"

由此可見,至少此處記録的蒙古方言中,mengün 的第一音節元音與 mönke 的不同,似乎曾是展唇元音。因此,《元朝秘史》的"蒙琨"的"蒙"也不能完全斷言爲 möŋ。其原因在於,這個詞的第一音節即使是 meŋ,這個 e 很可能是央元音位置,因此除了

用"蒙"(="孟")字進行描寫以外或許別無他法。【參看滿語 menggun"銀"。】

但是,應該注意的是,《萊頓詞彙》的記載有可能有錯誤,與表示"江、河"之義一般轉寫爲 mören 的蒙古書面語的詞相應的諸方言形式如下所示:

卡爾梅克:mörṇ　　喀爾喀:mǒrŭ̃　　鄂爾多斯:mörön

達斡爾:mur　　　蒙古爾:muro: n

與這些相應的詞在《元朝秘史》中也作"沐漣舌"(一 1a),我認爲在第一音節包含圓脣元音(元音開口小這一點,與達斡爾方言、蒙古爾方言相符)。在鮑培的 *Muqaddimat al-Adab*(參見注 [22])中的形式,147b、148a、220a 三處,阿拉伯文字面上在第一音節都是明確地表示爲圓脣元音。然而,在《萊頓詞彙》中作:

وَرَان　meren "小溪"

鮑培的轉寫似乎參照了吉拉克斯(Kirakos)的詞彙 maran,這倒不如看成是 mim上面的 fatḥaó 是 ḍammaó 的誤録或許更爲妥當。同樣的,

أوْبَا　auba "喝了"mo. aγu-, ……

也應該將 alif 上面的 fatḥaó 看作是 ḍammaó 的誤寫。我認爲蒙古書面語的 aγu-可能是通過類推而形成的一個新形式。鮑培將其作爲古有形式這一點我無法贊同(另外,參看《蒙古學報》第 2 號的拙文 172 頁)。

[33] 若假設《元朝秘史》的原書是用八思巴文寫成,如上文所述,可能有 moŋ 和 möŋ 均用同一字來書寫的情況。但是,這一事實不能成爲針對八思巴文原書説的反對觀點的證據。因爲如前文所述,維吾爾式蒙古文也有 moŋ 和 möŋ 用同一字來表示的例子。

[34] 如《至元譯語》中對於"達達"作"蒙古歹"這種情況,若《元朝秘史》的音譯也是概要性的,替換"忙中豁勒"而作"蒙古勒""蒙古兒",或許更便於理解。《元朝秘史》的音譯像這樣成系統並在大部分都是機械性的情況,使得原書是用八思巴文寫成的可能性更大。

在這一小論中討論的僅僅是一個例子,另外還有不少能用與之並行的方法進行説明的現象(參看期刊《蒙古》1940 年 4 月號所載拙文 89 頁)。

埃里希·海尼士(Erich Haenisch)在其著作 *Manghol un Niuca Tobca'an*(Leipzig, Ⅰ , 1937; Ⅱ , 1939)中,將"忙中豁勒"轉寫爲 manghol 是來源於將"忙"均轉寫爲 mang 這一原則,與將"兀"均轉寫爲 u,將"兀年"轉寫爲 unen 這一原則同樣,應該值得肯定。將此隨意地就當作"錯誤",是認識上的不足(另外,參看《言語研究》第 5 號 77 頁以後的拙文)。【這篇文章是對埃里希·海尼士的 Wörterbuch 進行的書評。】

[35] 並未經過如這一小論所述的仔細斟酌,將"忙中豁勒"直接轉寫爲 mongγol,這只是因爲這樣簡單的情況,所以偶然得出了正確的結論。我認爲用那麼樸素的方法終究無法解決複雜的問題。

《元朝秘史》中記録當時漢語
音韻的音譯資料[*]

服部四郎 撰

温 睿 趙清泉 張夢瑶 譯 劉沐陽 校

　　一般認爲,《元朝秘史》漢字音譯成於明洪武初年,原本甚至可溯至南宋末期,該階段的漢語音韻體系,重要的研究材料有三類:

　　一、《中原音韻》(1324)、《韻略易通》(1442)等;

　　二、《蒙古字韻》(1308),以及與之密切相關的元代八思巴字漢語文獻《古今韻會舉要》(1297)(譯者按:原文如此);

　　三、《洪武正韻》(1375)、《四聲通解》(1517)和《西儒耳目資》(1626)都與之密切相關。另外,《四聲通解》也可作爲第一類及第二類、《西儒耳目資》也可作爲第一類材料來使用。

　　屬於第一類材料的,周德清著《中原音韻》成書於元泰定元年(農曆甲子年、1324年),蘭茂《韻略易通》則成書於明正統七年(農曆壬午年、1442年)。兩書不拘於傳統音韻學,目前普遍認爲它們忠實表現了當時所謂北方話系統的漢語音韻體系;尤其前者,更被稱爲此類韻書之濫觴。然而對於這些韻書是否真實反映當時的北京音,仍有研究的餘地[1]。在這些韻書中,各個漢字按韻母分爲前十九、後二十兩大類,各類之中再將聲韻都相同的漢字排在一起,後一類中附有關於聲母的注釋。所以,雖然可以從這類韻書中得知哪些字同音,但還要弄清其所表示的具體音值,有必要對漢語字音進行語言學研究。據我所知,目前公開的研究中,對於後者似乎僅有一些簡單的介紹[2],而對前者的研究相當可觀,以下兩部著作是集大成者:

　　石山福治《考定〈中原音韻〉》(1925年7月,日本東洋文庫)

＊　本文譯自服部四郎:《元朝秘史の蒙古語を表はす漢字の研究・上篇序論》第三章,龍文書局,
　　1946年,36—75頁。爲方便閱讀,譯文將原文位於行間的引文一律改爲篇末注,注文中日本
　　出版的論著譯爲中文。

趙蔭棠《〈中原音韻〉研究》（1936 年）

石山書中的音韻推定，主要依據王文璧增注本和葉以震校正本中所見的反切；其結論基本妥當，但這種方法難以令人完全信服。但不應完全無視它，將其他方法所得研究成果與石山的結論對照，還是很有用的。

趙蔭棠的書重視《中原音韻》的結構，並做了周密的考察，在這一點上頗有進步。但由於各音類的推定並未充分考慮其前後的音韻變化，因而仍有修正的空間。對此我將在下篇本論中依次敘述。以下兩篇論文也值得關注：

滿田新造博士《〈中原音韻〉分韻概説》（藝文，九之十二，大正 7 年［1918］12 月），是一篇概述韻母並充滿启发性的論文。石山若能采用滿田博士的説法中可取的部分並將其展開，應該能獲得更進一步的研究結果。

羅常培《〈中原音韻〉聲類考》（《歷史語言研究所集刊》二本四分，1932年）奠定了聲母種類研究的基礎，趙蔭棠的研究便建立在其基礎之上。雖然是非常優秀的論文，但其概論性的特點也爲各問題留下了討論的餘地。

此外，可歸於第一類資料的關於北方話系漢字音的各種材料，尤其還包括外國人用外國文字所作的記錄，都只是殘片，並未記錄音韻體系全貌。《西儒耳目資》將在談到第三類材料的時候敘述。

屬於第二類材料的、元至大元年（農曆戊申年、1308 年）朱宗文所序的《蒙古字韻》，以及與之同類的元代八思巴字漢語文獻，都保留全清、次清、濁音的對立，這一點與第一類相異。對此應該考慮的諸多問題，以下將進行詳細説明。

除《蒙古字韻》之外，還有鴛淵一和龍果夫的研究[3]。鴛淵氏的研究主要是提出了相應材料，而龍果夫的學説中具有值得矚目的傑出成果。他認爲，八思巴字記錄的漢字音不是根據《切韻》系統反切人爲創制的，而是實際口語音的描述，其説法如下（646—647 頁）：

> 也就是説，八思巴字文獻材料，大體上與本國的材料一致，同時又與中國的固有名詞及部分波斯（譯者按：今伊朗）人的轉寫不一致，如何解釋這一事實？
>
> 我認爲這一現象不難説明，並没有充分的理由認爲早期官話的音韻體系在所有地域之間都是相互一致的。我們反而可以根據這些材料得到如下解釋，即輔音系統相去甚遠的兩種方言（或方言群），其中之一

(將其稱爲 A 方言)表現了八思巴字文獻、《洪武正韻》《切韻指南》,另一種(將其稱爲 B 方言)則體現了種種外國名詞和波斯人的轉寫。

不僅如此,A 方言(即八思巴字文獻)的音韻形式,在一部分 B 方言系口語通行的地方,也因某種政治上的理由而作爲一種公用標準語使用。同時,漢字在這些地方也有兩種發音:一種是用八思巴字記錄的官方(譯者按:標準)語音,另一種則是根據波斯人的轉寫而記錄下來的更加現代化的地方音。據此也可以説,八思巴字文獻中表現的古代官話發音實有古風。

據此結論,龍果夫列舉了(a)至(h)共 8 項内容[4]。其中固然存在薄弱或無效的論據,但他指出的如下事實,即八思巴字漢語文獻表現的是當時的口語音,則有利於證明他的觀點:

(a)中古漢語及早期官話(八思巴字漢語文獻中記錄的語言)中都有 ɣ 和 χ,中古漢語裏的 ɣ 在早期官話的 i 和 ü 等之前時變成 χ。

(e)中古漢語及早期官話中都有音節起首輔音 ŋ,但中古漢語裏的一部分 ŋ-(例如位於早期官話 u 和 ü 之前時)在早期官話中消失了。另一方面,雖然數目甚微,但仍存在中古漢語裏没有 ŋ-而早期官話裏有 ŋ-的例子。

一般來説,龍果夫的看法有一部分難以令人贊同[5],但其論述方法大致妥當。不過並不能説,龍果夫已解決八思巴字漢語文獻中記錄的漢語語音本質的問題。所以,以下闡述的與《蒙古字韻》的比較不僅極有必要,而且還必須研究與作爲依據的韻書之間的關係。我認爲以下詳述中,八思巴字漢語文獻並不是外國人直接聽辨當時漢語音的記錄。

另外,我不太贊成龍果夫所説的"'A 方言'在'B 方言'即一部分北方話地區也以標準語的形式實際通行"這一説法。使用北方方言的人們自己將一部分清、次清音發成濁音,這幾乎是不可能的。

伯希和對龍果夫的論文有所批評[6],有反對傾向,但具體的反對證據薄弱。伯希和首先提出,"兒"字在元代用以表示外國人名中的 r,八思巴字記爲 ži;而"人"的起首輔音在一部分歐洲人和所有中亞突厥人聽起來是 r,八思巴字却記爲 žin。用於轉寫(譯者按:ㄅ)的八思巴字母(服部轉寫爲 z)不表示尖鋭的濁擦音(譯者按:即 ž)之外的語音,這種看法有些武斷;它也很有可能表示與弱擦音[ẓ](北京官話威妥瑪式拼音中用 j 表示)相近的音,所以這項反駁並不那麼有力。

另外,伯希和還指出,龍果夫所説的 A 方言與《洪武正韻》語言相近,《洪武正韻》代表的是長江下游的漢語語音,而喇嘛八思巴住在北京,創制了八思巴文字並且最初在北京使用,這一點可以確認。但是,如果把接下來要説明的《蒙古字韻》等書籍中的一些内容也一同納入考慮範圍的話,就能明白這一事實作爲反對的證據是十分薄弱的。最後,伯希和關於八思巴字ㄅ的新論述即使正確,也不能顛覆龍果夫關於這一方面部分問題的説法。

用八思巴字表示漢字音的書籍中,有名的就是前面提到的《蒙古字韻》。總目將韻部分爲"東、庚、陽、支、魚、佳、真、寒、先、蕭、尤、覃、侵、歌、麻"十五個大類,各類之中再將聲韻母都相同的字歸爲一組,起首用八思巴字記音。一組同音字之中再按平、上、去、入四聲分開,入聲字全部歸到陰聲裏。作者的序文如下:

> 聖朝宇宙廣大,方言不通,雖知字而不知聲,猶不能言也。《蒙古字韻》,字與聲合,真語音之樞機,韻學之綱領也。嘗以諸家漢韻證其是否,而率皆承訛襲舛,莫知取合,惟《古今韻會》,於每字之首,必以四聲釋之,由是始知見經堅爲ㄇ,三十六字之母備於《韻會》可謂明切也已。故用是詳校各本誤字,列於篇首,以俟大方筆削云。至大戊申清明前一日,信安朱宗文彦章書。

"至大戊申"指元武宗至大元年,即 1308 年。當時由於《中原音韻》尚未成書,但朱宗文解釋説,他從各種韻書中將《古今韻會》選爲最適合的一本,並據此而著成《蒙古字韻》。

觀察《蒙古字韻》中的漢字音,除了後面的敘述或特殊情況之外,幾乎與龍果夫的研究成果一致,即其與《中原音韻》《韻略易通》相異,保留全清、次清、濁音之間的對立。但不可能根據這些特徵,就認爲《蒙古字韻》囿於傳統音韻學,與當時的口語音毫無關係。相反,在這本書的音韻記録中,有許多必須視爲代表當時實際口語音的例子。關於這部分内容,接下來將會詳細闡述。

前面提到的作爲《蒙古字韻》成書依據的《古今韻會》是怎樣一部書籍?王力《中國音韻學》[7]下册第 197 頁所述如下:

> 《韻會》,本名《古今韻會》,元黄公紹編。黄氏編輯這書的時候,很注重訓詁,所以徵引的典故很繁,後來與黄氏同時的熊忠覺得黄書太繁,他另編一部較簡的,名爲《古今韻會舉要》。現代所存者是熊氏的

書,不是黃氏原本;但其韻部想必與黃書相同。

黃公紹字在軒,熊忠字子忠,都是紹武人。《韻會》作於志元廿九年(1292【原本的 1202 有誤】)之前,《舉要》作於大德元年丁酉(1297)。

關於《古今韻會》的作者黃公紹,《欽定四庫全書》總目卷 165《在軒集》第一卷(浙江鮑士恭家藏本)中的條目所述如下:

> 宋黃公紹撰,公紹字直翁,昭武人,宋咸淳元年進士,集中樵川新驛記,稱至元二十有三年,是歲丙戌,上距德祐乙亥,已十年矣。記中自稱曰民,蓋入元未仕也,公紹嘗取胡安國心要在腔子裏語,名所居曰在軒,因以名集,然所載僅文三十九篇、詩餘二十八首。其文三十九篇之中,爲儒言者六篇,而爲佛氏疏榜之語者乃三十三篇。殆原本散逸,後人掇拾遺稿,以僧徒重具筆墨,藏弃爲榮,故所收特多歟。考厲鶚《宋詩紀事》,蒐采最博,而求公紹一詩不可得,僅以《西湖棹歌》十首,介於詩詞之間者當之。知鶚所見亦此本,別無全集矣。公紹嘗作《古今韻會》,有名於世,然原本久已散佚。今所傳者,乃熊忠《舉要》,已非復公紹之原本。真出公紹手者,惟此一卷耳。宋人遺集不傳者多。公紹在當時爲耆宿,雖殘編猶可寶也。《書在軒銘後》一篇,記詞曰以下,乃其友吳昇之文。意當時手蹟,必併載於末,故其文義相屬,亦仍併錄之,存其舊焉。

其中,從《彊邨叢書》所收《在軒詩》中"邵武 黃公紹 直翁"字樣來看,"昭武"指的應該就是福建省邵武。他於南宋咸淳元年(1265 年)考取進士,而恭宗爲元人所拘,自德祐元年(1275 年)起至十年後的至元二十三年(1286 年),但他一直未歸降元朝,應該是對元朝並無好感。所以他很可能是對南宋首都臨安方言持有正統意見的人。如果是這樣的話,即使認爲《古今韻會》記録了口語音,並且應該記載了作爲標準音的首都臨安音,但現在書中沒有相關內容,就不能直接表明這一點。同爲邵武人的熊忠所著《古今韻會舉要》如果忠實概括了《古今韻會》的話,據之應當可以間接確認以上幾點;因而《蒙古字韻》如若序中所言、根據《古今韻會》而作的話,將這些書籍加以比較研究,就可以取得進一步確實的結果。

從熊忠的《古今韻會舉要》來看,即使承認其本文各字的反切依《集韻》而作,但與之有別的是,聲母或韻母相同的一組字之首或尾處,都有這種特殊的音注:

| 某清音 | 某濁音 …… | 音與某同 |

已上案七百屬某字母韻

應當考慮這是否表示它們與當時口語音十分接近,具論如下:

據光緒十二年載有程桓生序的《舉要》刊本[8],凡例之後還附有《禮部韻略七音三十六母通考》,内容如下:

蒙古字韻音同

韻書始於江左,本是吳音,今以七音韻母

通考韻字之序惟以雅音求之,無不諧叶

後續

○平聲上

東獨用

| 見 | 溪 | 端 | 透 | 定 | 泥 |
| 公 公 | 公 空 | 公 東 | 公 通 | 公 同 | 公 濃 |

| 見 | 溪 |
| 弓 弓 | 弓 穹 |

像這樣表示索引字(字頭)的反切,與先前所述的本文音注,如"某清音""某濁音" …… "已上案七音屬某字母韻"等大體相符。與《蒙古字韻》相較,除稍有不符,連細節都相當一致。因此毫無疑問,三者之間有密切關聯。

同時,將《禮部韻略七音三十六字母通考》的反切表與本文所涉音注進行仔細比較,可以發現兩者之間稍有出入。通觀全書,差異勢必十分可觀,此處僅示以下數例。"角次濁音"等音注和反切上字可參照 47 頁(譯者按:文中所説此類頁碼,皆指服部氏原書頁碼,下文同此)以後。

《舉要》音注	反 切 表	《蒙古字韻》
瞢(一 8[9])	瞢(微公切)	$wuŋ^1$
音與蒙同	蒙(明公切)	$muŋ^1$
厓(四 12)	厓(喻該切)	$y(a)j^1$
角次濁音		

續　表

《舉要》音注	反 切 表	《蒙古字韻》
涎（在六 16 中没有）	涎（邪鞬切）	$z\epsilon n^1$
鐃（七 3）	鐃（定高切）	$n(a)w^1$
微次濁音		
宏（八 44）	宏（溪雄切）	$\gamma u\eta^1$
音與洪同	洪（合公切）	$\gamma u\eta^1$
抙（九 38）	無	無
毿（十 12）	無	$s(a)m^1$
㦾（十一 9）	㦾（心廣切）	$\check{s}\check{u}(a)\eta^1$
宮次清次音		
尪（十五 19）	無	$`\ddot{u}(a)\eta^2$
況（二十三 20）	況（曉況切）	況況 $f\ddot{u}e\eta^1$
音與向同	向（曉絳切）	$h\breve{i}(a)\eta^1$

　　由上述例子可見，《舉要》的反切表並不僅僅依照其本文音注。這張反切表應是據《蒙古字韻》後來附加的，但上文所舉例子之中"鐃、宏、㦾"（"況"字的聲母情況可參看原書 52 頁）等字，反切表與《蒙古字韻》並不一致，更可見二者之間存在如下所示的差異：

榛（四 40）	榛（澄根切）	$d\check{z}hin^1$
次商濁音		
垠（五 13）	垠（疑根切）	無
角次濁音		
梴（六 16）	梴（徹鞬切）	無
次商次清音		
謀（九 38）	謀（明哀切）	$wuw^{1[10]}$
宮次濁音		

續　表

炎(十 16)	炎(疑箝切)	jɛm¹
音與嚴同	嚴(疑箝切)	ŋɛm¹
喦(十 22)	喦(疑甘切)	j(a)m¹
角次濁次音		
盾(十三 12)	盾(禪梱切)	tšoun²
次商次濁次音		

像這樣的例子還有很多,所以不能認爲反切表是根據《蒙古字韻》而作的。我想,恐怕這份反切表成於《古今韻會》之後,即《舉要》音注、反切表和《蒙古字韻》三者都是以《古今韻會》音注爲基礎的。

《舉要》凡例爲"韻例、音例、字例、義例","韻例"條目中有:

> 舊韻上平下平上去入五聲凡二百六類,今依平水韻並通用之韻爲一百七韻

但是,只有韻部的劃分方法依《平水韻》,全卷分爲上平聲十五、下平聲十五、上聲三十、去聲三十、入聲十七,音注及反切表中可見的韻母數都與其完全無關,《蒙古字韻》則與之幾乎完全一致。將兩者相比,則如下所示。羅馬字是《蒙古字韻》的服部式八思巴字轉寫[11]。

蒙古字韻					古今韻會舉要			
					平	上	去	入
一東								
uŋ	平	上	去		公	孔(礦)	貢	
euŋ	平	上	去		弓	拱	供	
二庚								
iŋ	平	上	去		京	景	敬	
hiŋ	平	上	去		揼	肯	亙	
ĭuŋ	平	上			雄	頃		
eiŋ	平	上	去		經	到	勁	

續　表

蒙古字韻					古今韻會舉要			
					平	上	去	入
üiŋ	平				兄			
ŭuŋ	平				弘			
ĭiŋ	平	上	去		行	杏	行	
三陽								
(a)ŋ	平	上	去		岡	航	鋼	
ĭ(a)ŋ	平	上	去		江	講	絳	
ŭ(a)ŋ	平	上	去		光	廣	誑	
h(a)ŋ	平	上	去		莊	搶	壯	
oŋ	平	上	去		黄	晃		
ŭeŋ		上	去				況	
四支								
i	平	上	去	入	羈	己	寄	訖
hi	平	上	去	入	貲	紫	恣	櫛
ei	平	上	去	入	雞	啓	計	吉
uɛ	平	上	去	入	嬀	軌	媿	國
ĭuɛ	平	上	去	入	規	癸	季	橘
euɛ	平	上	去	入	麾	毀	諱	淢
ŭi	平	上	去	入	惟	唯	恚	聿
五魚								
u	平	上	去	入	孤	古	顧	穀
eu	平	上	去	入	居	舉	據	匊
六佳								
(a)j	平	上	去	入	該	改	蓋	額
ŭ(a)j	平	上	去	入	乖	掛	卦/怪	虢
ĭ(a)j	平	上	去	入	佳	解	懈	格

續　表

蒙古字韻					古今韻會舉要			
					平	上	去	入
hij				入				克
ij				入				黑
七真								
in	平	上	去		巾	謹	靳	
un	平	上	去		昆	袞	睔	
eun	平	上	去		鈞	梱	攈	
hin	平	上	去		根	懇	艮	
ein	平	上	去		欣	緊	焮	
ŭin	平	上	去		筠	隕	運	
八寒								
(a)n	平	上	去		干	笴	旰	
ǫn	平	上	去		官	管	貫	
ŭ(a)n	平	上	去		關	撰	慣	
ĭ(a)n	平	上	去		閒	簡	諫	
九先								
ɛn	平	上	去		鞬	蹇	建	
en	平	上	去		堅	繭	見	
ŭen	平	上	去		涓	畎	睊	
eon	平	上	去		拳	卷	攣	
eɛn	平	上	去		賢	峴	現	
十蕭								
(a)w	平	上	去	入	高	杲	誥	各
ɛw	平	上	去	入	驕	矯	撟	腳
ew	平	上	去	入	驍	皎	叫	爵
ŭ(a)w				入				郭

續　表

蒙古字韻					古今韻會舉要			
					平	上	去	入
ĭ(a)w	平	上	去	入	交	絞	教	覺
ŭew				入				矍
十一尤								
iw	平	上	去		鳩	九	救	
uw	平	上	去		裒	掊	戊	
hiw	平	上	去		鉤	耇	冓	
eiw	平	上	去		樛	糾	觓	
ow	平	上	去		浮	婦	復	
十二覃								
(a)m	平	上	去		甘	感	紺	
ɛm	平	上	去		箝	檢	劍	
em	平	上	去		兼	歉	歉	
ĭ(a)m	平	上	去		緘	減	鑑	
ĭɛm	平	上			枕	險		
eɛm	平				嫌			
十三侵								
im	平	上	去		金	錦	禁	
him	平		去		簪		譖	
ĭim	平				歆			
十四歌								
o	平	上	去	入	歌	哿	箇	葛
ŭo	平	上	去	入	戈	果	過	括
十五麻								
e	平	上	去	入	嗟	且	借	結
ŭ(a)	平	上	去	入	瓜	寡	跨	刮

續　表

蒙古字韻					古今韻會舉要			
					平	上	去	入
ĭ(a)	平	上	去	入	嘉	賈	駕	戛
ŭe				入				玦
ŭɛ	平			入	瘸			厥
【(a)】[12]					牙	雅	訝	怛
【ɛ】					迦	炟	籍	訐

　　兩者幾乎完全一致，最後八個韻在《蒙古字韻》中缺失，證明了這本書的確是闕本。

　　《舉要》的韻母數量爲平聲六十七、上聲六十二、去聲六十一、入聲二十九，共計二百十九韻，韻類相當之多。但看其內容，不拘於舊韻，且韻母的分類既有合又有分，我想其根據恐怕是當時的口語音[13]。《平水韻》保存了當時口語音中不確定是否存在的東、冬韻的對立，而《舉要》中一部分東、冬韻字都歸入了公韻。現在將《蒙古字韻》（以及《舉要》）中韻母合併的例子示列如下：

　　uŋ[1]（公）：東韻一等，二等，三等的一部分。冬韻。鍾韻三等的一部分。庚韻二等合口，明母開口，耕韻合口的一部分，明母開口。登韻開口的一部分，合口的一部分。

　　euŋ[1]（弓）：東韻三等的一部分，四等。鍾韻三等的一部分，四等。庚韻三等合口的一部分。清韻合口的一部分。

　　iŋ[1]（京）：庚韻三等。清韻三等，四等（除了牙音）。青韻（除了牙音喉音）。蒸韻（除了曉母）。以上均爲開口呼。

　　hiŋ[1]（掯）：庚韻耕韻二等開口（不包括明母牙音喉音）。登韻開口（《蒙古字韻》中不包括明母）。

　　u[1]（孤）：魚韻二等。模韻一等。虞韻二等，三等唇音。

　　εu[1]（居）：魚韻三等，四等。虞韻三等（除了唇音），四等。

　　(a)j[1]（蓋）：代韻。泰韻。怪韻齒音影母（開口），唇音（合口）。夬韻影母唇音。卦韻唇音。齒音影母開口。

　　i[1]（羈）：支韻三等（除了唇音），唇音，喻母四等。脂韻三等（除了唇音群母）,唇音,影母,喻母四等。之韻三等,喻母四等。微韻唇音（合口）。齊韻（除了見母溪母）。以上均爲開口呼。

uɛ^1（嫣）: 止攝三等合口（除了唇音曉母）,唇音三等開口,齒音四等合口。灰韻。

in^1（巾）: 痕韻一等匣母。真韻。欣韻的一部分。

（a）m^1（甘）: 覃韻。談韻。咸韻的一部分。銜韻的一部分。凡韻。

更應注意的是,其中雖然保存了入聲,唇内音、舌内音、喉内音[14]則完全失去對立,與《平水韻》的旨趣相悖。以《舉要》例字示例如下:

gu^4（穀）　古禄切 榖穀轂穀縠（屬穀字母韻）

　　　　　角清音

　　　　　古忽切　骨愲滑汩淈抇（屬穀字母韻）

　　　　　音與穀韻穀同

gi^4（訖）　居乙切　訖吃（屬訖字母韻）

　　　　　角清音

　　　　　訖自切　亟殛悈革棘襋（屬訖字母韻）

　　　　　音與勿韻訖同

　　　　　訖立切　急級汲伋給（屬訖字母韻）

　　　　　音與勿韻訖同

go^4（葛）　居曷切 葛轕藒割（屬葛字母韻）

　　　　　角清音

　　　　　葛合切　閣合鞈蛤頜鴿欱（屬葛字母韻）

　　　　　音與曷韻葛同

以上字例表明,古入聲韻尾-p、-t、-k 已在口語中合流爲喉塞音[ʔ]。注意,八思巴字中没有任何與[ʔ]對應的符號。以上的韻母合流是除北方音系之外的近代漢語其他各方言中廣泛發生的音韻變化。

不只是有許多韻母合流,韻母的分化數量更多。分化的例子産生於一定條件下,但也有存疑之處,因此,219 個韻母是否確實全部具有音韻上的區别,對韻母的描寫究竟存在多少錯誤,都需要作精細的研究。簡單来説,這應該是對口語音的忠實反映。以下所舉示例,是包括北方音系和吳語音系在内的近代漢語各方言中廣泛發生的顯著音變之一。

hi^1（觜）　止攝諸韻（開口）齒音二等四等

i^1（羈）　　止攝諸韻（開口）三等其他（參照原書 46 頁）

可知《中原音韻》（及近代各方言）中，只有齒音三等字與其他三等字分化、並與齒音二等字合流，而在《蒙古字韻》及《舉要》中二者仍保持對立。

凡例中的音例條目中，關於聲母部分的内容如下[15]：

> 音學久失，韻書訛舛相襲。今以司馬温公《切韻》參考諸家聲音之書，定著角、徵、宮、商、羽、半徵商、半商徵之序，每音每等之首，並重圈○○注云 某清音 某濁音

不僅如此，《禮部韻略七音三十六母通考》反切表中可見的反切上字（字母），也未墨守傳統用三十六字母，而是分别用知、徹、澄代替了照、穿、牀三母，並新增了合、幺、魚三個聲母[16]。這應該就是爲了表現口語音而做出的改變。本文中如前所述，雖然可見"角清音""徵濁音"等音注，但與《蒙古字韻》的聲母及反切表中的聲母相比，多少存在一些例外，大體上對應如下[17]：

《蒙古字韻》聲母	反切表字母	《舉要》音注[18]
g	見	角清音
k'	溪	角次濁音
k	群	角濁音
ŋ	疑	角次濁音
d	端	徵清音
t'	透	徵次清音
t	定	徵濁音
n	泥	徵次濁音
dž	知	次商清音
tš'	徹	次商次清音
tš	澄	次商濁音
ñ	娘	次商次濁音
b	幫	宮清音
p'	滂	宮次清音
p	並	宮濁音

《蒙古字韻》聲母	反切表字母	《舉要》音注
m	明	宮次濁音
hŭ [19]	非 敷	次宮清 次宮次清音
fiŭ	奉	次宮濁音
w	微	次宮次濁音
dz	精	商清音
ts'	清	商次清音
ts	從	商濁音
s	心	商次清次音
z	邪	商次濁音
š	審	次商次清次音
ž	禪	次商次濁次音
h	曉	羽次清音
ɣ	合	羽濁次音
ɦ	匣	羽濁音
'	影	羽清音
y	幺	羽次清次音
'	魚	角次濁次音
j	喻	羽次濁音
l	來	半徵商音
ẓ	日	半商徵音

　　像上文那樣轉寫成'、y、'、j 的八思巴字母，是考慮到它們表記的是來自藏文字母的轉寫字，故而下文將討論《蒙古字韻》中這些字母是如何表現漢字音的。各字母均可見其相當複雜的對應關係，因此將它們與相關韻母逐一表示出來。

' (影)					
影母一等	(a)j	(a)w	(a)m	(a)n	(a)ŋ
		ŭ(a)w			ŭ(a)ŋ
		hiw		hin	
	o			ǫn	
	ŭo				
	u	uɛ		un	uŋ
影母二等	ŭ(a)	ŭ(a)j		ŭ(a)n	
					ŭuŋ
影母三等	i	iw	im	in	iŋ
				ŭin	
	e			en	
		ŭew		ŭen	
		ɛw	ɛm		
					ĭ(a)ŋ
					ŭ(a)ŋ
		uɛ			
	eu				euŋ
影母四等	ŭe				
y (幺)					
影母二等	(a)j	(a)w	(a)m	(a)n	
					iŋ
影母四等	i	iw	im	in	iŋ
	ŭi				
	e	ew	em	en	
				ŭen	
					euŋ
' (魚)		ŭew			

喻母三等				üin	
	üe	üew		üen	
					ü(a)ŋ
		uɛ			
	eu				euŋ
疑母一等	uɛ, eu				
疑母二等	ü(a)			ü(a)n	
疑母三等	üe,üen, uɛ				
j(喻)					
喻母二等	i, iŋ, ɛm				
喻母四等	i	iw	im	in	iŋ
	üi				
	üe			üen	
		ɛw	ɛm	ɛn	
					(a)ŋ
	eu			eun	euŋ
疑母二等	(a)j	(a)w	(a)m	(a)n	
疑母四等	i, e	ɛw		en	

根據上面的對應,同時考慮到漢語音韻史,可以做出如下推測[20]:

‘（影）［ʔ］（喉塞音）

y（ㄠ）［ʔj］

’（魚）柔和起首音節（gradual beginning of voice）

j（喻）［j］

另外,從以上内容大致可見古［ŋ-］聲母在［ǐ］和［ǔ］之前脱落的迹象,但仍須在史料中再詳細地考查一下。除上文所列之外,還要注意《蒙古字韻》中與該問題相關的字母 ŋ、U、O、Ǫ。

ŋ(疑)					
疑母一等	(a)j	(a)w		(a)n	(a)ŋ
		hiw			
	o				
疑母三等	i	iw	im	in	iŋ
		εw	εm	εn	
					ĭ(a)ŋ
喻母三等	iw	εw			
O					
疑母一等	O				
Ọ[21]					
疑母一等	Ọ				
U					
疑母一等	U				

　　由上可明確疑母脱落[22]的條件,喻母只在拼三等 iw 韻和 εw 韻時才變爲[ŋ-]。另據前面所示各種音韻變化可以推測,八思巴字母 i 表示開口度稍大的元音[ɪ],而 O 和 Ọ 表示像[ŭɔ]一樣韻尾上揚的雙元音。

　　接下來討論 h、ɣ、ɦ 這三個字母。

　　h(曉):曉母一等、二等、三等、四等。

ɣ(合)					
匣母一等		iw		in	iŋ
	(a)j	(a)w	(a)m	(a)n	(a)ŋ
		ŭ(a)w			
	o			ọn	ọŋ
	ŭo				
	u, uε			un	uŋ
匣母二等	ij				

續　表

	ŭ(a),ŭ(a)j			ŭ(a)n	uŋ
ɦ(匣)					
匣母二等					ĭiŋ
	ĭ(a),ĭ(a)j	ĭ(a)w	ĭ(a)m	ĭ(a)n	ĭ(a)ŋ
匣母四等					ĭiŋ
	ei			ein	
	e	ew			
	ŭe			ŭen	
			eɛm	eɛn	
	iuɛ[23]				ĭuŋ
曉母三等	ĭuŋ,ŭeŋ				

據前例可明確匣母分化爲 ɣ 和 ɦ 的條件。由此還可推知 i 表示開口更大的[ɪ]。與最後的曉母三等相應的 ɦ 恐怕是 h 的誤寫[24]。

像前面那樣的整齊對應關係,雖然表現複雜,却可以從音韻學上加以解釋,不可能是音韻學家人爲創造的。必須考慮一點,它應當與實際口頭語言有密切的關係。

《古今韻會擧要》與《蒙古字韻》相比,有 ŋ-在後者脱落、在前者屬於疑母的例子,如"吾""吡""岏"這些疑母一等合口字和"聲""喦""顏"等大部分疑母二等字;或者像喻母三等的"炎",在《擧要》中屬於疑母、在《蒙古字韻》中却屬於 j 母的例子,以及 ɣ 母在《擧要》中不時寫作"匣母"的例子等等。儘管兩書之間多少有些差異,但總體看來幾乎一致。《擧要》音注無疑也與口語音關係密切,可以認爲兩書都依據《古今韻會》。

那麽,《古今韻會》記録了怎樣的方音呢? 從仍保留清、次清、濁音的對立來看,首先可以考慮其或許爲吳語系統語音。根據趙元任著《現代吳語的研究》(1928 年 6 月初版)對現代吳方言音韻特徵的調查,首先與聲母有關的是:

> 日母的古音是鼻音加摩擦音,吳音文言中取它的摩擦成分,拿它當牀禪看待,白話取它的鼻音成分,拿它當泥孃看待。(趙書,29 頁)

但如前所述,《蒙古字韻》中日母以 z 來表示,從其源頭藏文字母所表記的藏語讀音來看,它也不是鼻音,而是口輔音中的舌尖前濁擦音(不考慮摩擦噪音強弱),那麼至少《蒙古字韻》代表的語音與吳語系統的口語音不相合。《舉要》中日母與泥、娘母也保留區別。

另外,趙元任在《現代吳語的研究》中說:

> 微母大致白話讀 m(明母讀法),文言讀 v(奉母讀法)。(趙書,30 頁)

而《蒙古字韻》中,微母以 w 表示,這個字母恐怕是藏文字母 w 的變形,因而可以確認《蒙古字韻》與讀書音一致。《舉要》中微母與明母也還有區別。

不僅如此,趙元任同一書中還有:

> 古舌根音見溪群疑今開口讀 g, k, gʰ, ng 舌根音,今齊撮就變成 j(i), ch(i), dj(i), gn 舌面音(疑母有時失去鼻音變 y-音),這是跟國語一樣的原則。但原則雖一樣,而應用的條件不同,因爲國語的韻頭未必盡跟吳語一致,比方江、庚、麻、山、咸、肴那些韻的"g"系字的文言讀法都變成齊齒,跟國音一樣,在白話就是開口,跟古音一樣了。(趙書,30 頁)

屬於這類韻的字例如見母字:

	《蒙古字韻》	《舉要》
江	gĭ(a)ŋ¹	見江切
庚	geiŋ¹	見經切
嘉	gĭ(a)¹	見嘉切
間	gĭ(a)n¹	見閒切
緘	gĭ(a)m¹	見緘切
交	gĭ(a)w¹	見交切

由此可知《蒙古字韻》的八思巴文字與讀書音一致,與口語音不相合。《舉要》七 3 說:"案七音韻雅音交字屬半齒、吳音交字不同音,雅音高字即與吳音交字相近。"對此後文中還將詳述[25]。概括來說,我認爲,"雅音"中的"高"與"吳音"中的"交"發音近於 kau,而"雅音"中的"交"發音則近於

kiau[26]。即這裏所説的"吳音"是吳方言口語音,屬於這些韻的字,其牙音聲母在該片方言中至今仍未齶化。由此可以確認,《蒙古字韻》及《舉要》與口語音不一致、與讀書音及北方音同類,應該注意這一事實。另據趙元任所著同一本書第 46 頁的表,隊韻的"塊"、泰韻合口的"會"和尾韻合口的"鬼"、支真韻合口三等的"爲"字,其讀書音在多數方言中是 uei 或與之形近的韻母,而與之相對,在除南京附近各方言之外的大部分吳方言中,"鬼"的口語音對應韻母 y。然而,《蒙古字韻》和《舉要》中存在前文所述的平聲中止攝合口三等與灰韻的合流,這些字也如圖所示:

	蒙 古 字 韻	舉 要
塊	k'wɛ³	溪媿切
會	ɣuɛ³	合媿切
鬼	guɛ²	見軌切
爲	'uɛ¹³	魚嬀切,魚媿切

如上所述,其韻母同形是不可忽視的事實。也就是説,《蒙古字韻》和《舉要》已經失去大部分現代吳方言中保留的韻母的區別。另據趙元任書第 48 頁的表,麻韻四等"也""謝"的韻母在口語音中,保留着與古形式 ĩa 相近的形式,而在讀書音中變爲與北京官話等相似的 ie 或與之相近的形式。《蒙古字韻》中這部分有所缺失而不明,但龍果夫的八思巴文獻中有"也"je(=服部式 jɛ)"謝"če(=tʂɛ),《百家姓蒙古文》中變爲"謝"zɛ。《舉要》中有:

羽次濁音 炧字母韻	野、也、冶	野 喻炧切
商次濁音 藉字母韻	謝、榭、謝	謝 邪藉切

還有:

賈 見買切	下 匣買切		
駕 見駕切	骼 溪駕切	罅 曉駕切	暇 匣駕切

兩相比較的話,可推知"也""謝"具有(i)ε這樣的韻母。

概觀以上内容,《蒙古字韻》及《舉要》甚至《古今韻會》記錄的漢語音,都不能視爲現代吴方言(口語音)的原始形式(譯者按:原文稱之爲"祖形")。但要注意它們與吴地讀書音一脈相承之處。另一方面,雖然可見其與《中原音韻》(擁有北方方言的一種古代形式)所記載的韻母有不少類似之處,但聲母、韻母都有較大差異,我不認爲僅五十年間[27]就發生了這樣的音韻變化。所以《古今韻會》與《中原音韻》一定是記載了不同系統的語音。

本章提及的各種韻書,尤其是《蒙古字韻》和《古今韻會舉要》,筆者想在未來有計劃地進行全面研究,可能會得到與現在相異的結論。不過,此處所述的種種假設,不完全是浪費。同時,明確本書中選取這些韻書的理由也是有必要的,因而試着簡單記錄下推測的内容。

如前文所述,《古今韻會》的作者黄公紹爲南宋進士,對元朝没有好感,又是出身地比較靠近臨安的紹武人,可以想見,他是"南宋首都方言爲正統"這一意見的持有者;而據《蒙古字韻》以及《舉要》研究所能推定的内容,儘管從《古今韻會》音韻記録中的聲母看來,它並不依據元朝首都大都(燕京)的音而作[28],但它與現代杭州及附近地區的口語音也没有吻合之處,因此不能武斷地説它記録了臨安音。作爲五代及北宋的首都,考慮到汴京(開封)擁有當時較大的文化勢力,它也不是没有可能根據臨安音而作,然而黄公紹也不可能觀察到金朝及元朝統治下的同一地方的語音。現在還不清楚當時的汴京音聲母是北方話的還是吴語的,不過金朝於貞祐二年(1214年)從燕京遷都至汴京,可以猜想聲母受到北方話的影響更多。同理,宋高宗於紹興八年(1138年)南渡時,隨着上層階級的遷移,汴京音也移植至臨安。可以想象150年之後的黄公紹時期,人們采用這一系統的一種雅音[29],以不同於臨安地方俗音的形式[30]保存了下來,並視其爲標準音。只有黄公紹觀察到了這種情況。這就能解釋,爲何《古今韻會》所記録的語音尤其是韻母與《中原音韻》有諸多相似而與現代吴方言相異。不妨認爲,12世紀前半期的汴京音仍未失去濁音與清、次清音的區別[31],同時移至吴語區,因而直到150年後,汴京本身可能已經失去的濁音,還保存在沿襲了汴京音系統的臨安雅音中。前文也已論及,我們對於《古今韻會》的韻母在音韻上不區別以上差異這一説法可能仍感到懷疑,但臨安雅音並非黄公紹出生地的語音,其中可能或多或少混入了"外國人"觀察上的錯誤(或者説音韻學上的"矯枉過正")。現代吴方言中的讀書音可以視爲這種雅音的殘留。

雖然《蒙古字韻》和《舉要》之間存在前文所述的細微差異，不過這大概都是因爲前者忠實於《古今韻會》的緣故。例如《舉要》將疑母多餘地保存下來，更像吳語，這恐怕不是熊忠爲了讓人接受"'吳音'[32]這一特徵更接近古語是正確的"而做出的改變。與《蒙古字韻》中的 hü 母相對，《舉要》中非母和敷母的區別也是人爲因素，由此可以認爲《舉要》中本該出現合母之處屢屢出現匣母，也是由古韻學得來的。

元世祖於至元元年(1264 年)遷都大都，至元六年令帝師八思巴作"國書"即八思巴字，並下詔將其推行於天下，雖然已有金朝中京這一"都城"，且那裏的方言當時已具備相當的勢力，但爲何以八思巴字表示的漢字音不是大都音，却是保存了清、次清、濁音區別的其他系統的語音呢？考慮到原來的漢語音與畏兀兒、蒙古、西藏語音相去甚遠，並且由於漢人本身不使用表音文字，對外國人來説，正確把握其音韻體系是一項非常困難的任務，因而可以想象他們開始用八思巴字表示漢語音之際，有漢人音韻學家的參與和協助。而且音韻學家還未從音韻學角度觀察研究過大都音，就持有南宋雅音爲正的意見，那麼以《古今韻會》爲根據是可以理解的[33]。雖然《蒙古字韻》的作者朱宗文出身信安，但《古今韻會》的可信性不言而喻。

《蒙古字韻》是韻書的一種，記述的音韻是遠離北方音的南方雅音，這不難理解，但如何以八思巴字記下漢文實例，表示怎樣的語音，無疑是最有趣的。龍果夫的研究文獻中正好有這種八思巴字記錄，將它與《蒙古字韻》的記錄對照來看，如前所述，大部分一致，而以下幾點相異(羅馬字轉寫改用服部式)。

《蒙古字韻》	龍果夫的文獻
š 及 ž	ž
h 及 ɦ	h
j 及 y	j

前者中兩個字母有所區別，後者只用了一個字母，這是由於字形相似以及北方音中沒有區別，後者已經混同[34]。即使是《蒙古字韻》，也會不時出現抄寫錯誤。另外《蒙古字韻》中 b、pʻ、p 三個字母仍有區別，而龍果夫的文獻中只用兩個字母分寫，並且：

《蒙古字韻》	龍果夫文獻	(括弧文字的意思：最開頭的數字是漢字的序號,括弧裏的數字表示出現的次數)
詖 $bu\varepsilon^{13}$	132, $pu\varepsilon$ (1)	
丞 $p'u\varepsilon^1$	127, $pu\varepsilon$ (1)	
配 $p'u\varepsilon^3$	179, $pu\varepsilon$ (3)	
篇 $p'en^1$	233, pen (1)	
毗 pi^1	59, bi (1)	
避 pi^3	77, bi (1)	

像這樣的不一致,是由於這些字母的字形相似而產生了混同。

仲 $d\check{z}eu\eta^3$	572, $t\check{s}u\eta$ (1)
沖 $d\check{z}eu\eta^1$	573, $t\check{s}u\eta$ (2)（冲）
重 $d\check{z}eu\eta^{12}$	584, $t\check{s}u\eta$ (1)

以上三例,由其中後者可見北方音韻母的影響。

幸 $\hbar i\breve{i}\eta^2$	327, $hi\eta$ (1)
休 $heiw^1$	453, hiw (1)

像上面兩例,是因爲北方音裏没有-ïi、-ei 與-i 的區别而產生的混同。

垢 $ghiw^3$	440, giw (1)
歐 $'hiw^1$	444, $'iw$ (2)
頭 $thiw^1$	446, $t'iw$ (1)

像上面兩例 ɦiw、ɣiw 等的韻母-iw 到北方音裏變爲-hiw,應該是類推產生的錯誤。此外:

遮 $d\check{z}e^1$	23, $d\check{z}e$ (1)
橋 $k\varepsilon w^1$	429, $k'\varepsilon w$ (1)

　　由於這樣殘片式例子的存在，只能將北方音中 e 與 ε 沒有區別一事視爲一種假説。

過　gŭo[23]	27, go（1）

　　上面這則例子也只出現過一回，應該是由於八思巴字母 o 也能讀作［ŭɔ］而産生的錯誤。

橋　kεw[1]	429, k'ew（1）
頭　thiw[1]	446, t'iw（1）
代　t(a)j[3]	139, d(a)j（1）
祠　zhi[1]	113, shi（1）

　　也有這樣的殘片，也應該注意像這樣表現出北方音聲母的例子。

從　tseuŋ[13]	586, dzeuŋ（1）
從　tseuŋ[13]	586, dzeuŋ（1）

　　從這個例子也可以看出北方音的表徵。

極　ki[4]	664, k'i（1）
儲　tšeu[1]	520, džeu（1）

　　而像以上兩例，恐怕是字形類似的原因導致的誤記，k' 爲 g、dž 爲 tš 之誤。

尼　ñi[1]	51, ni（3）

　　這個例子顯示了北方音中 ñi 和 ni 沒有區別。

　　以上所舉的《蒙古字韻》與龍果夫文獻的差異，整體來看很細微，除去如同 š 和 ž、h 和 ɦ、j 和 y 無差別這種一般性差異的話，顯示八思巴字面差異的漢字不足全體的百分之四，使用次數的百分比更低。所以這些八思巴字文獻恐怕是以《古今韻會》爲基礎、同時以漢語音八思巴字轉寫法的規則爲准而寫的[35]，而不能認爲是當時的外國人一邊觀察大都音、一邊以八思巴字將其記錄下來的。這些文獻多數由使用北方音的中國人所寫，所以部分字母完全混同。另外，各種音節的標音上都不知不覺間流露出北方方言的迹象。

如此，儘管《蒙古字韻》之外的其他八思巴字漢語文獻保留清、次清和濁音的區別，仍可確認它們記錄了與失去濁音的北方音非常相近且具有系統性的漢語音。因此，即使在研究的主力集中於《中原音韻》的情況下，我仍認爲它與《蒙古字韻》（及其他八思巴字文獻）、《韻略易通》的比較研究不僅是有優勢的，更是有必要的。接下來還有詳細討論的機會[36]，而這三種文獻嚴格説來雖然記錄了各不相同的方音系統，但極概略地説，可以看出它們記錄了大體屬於同一系統的方言，是三個比較接近的時代的音系。

最後要注意的是，不能同等看待用於居庸關碑文梵語音譯的漢字與八思巴字的關係，和《蒙古字韻》及其他八思巴字漢語文獻中的漢字及八思巴字的關係。後者是用八思巴字表示那些漢字本身的漢語音，而前者是用漢字和八思巴字表示同樣的梵語音，必須注意到漢語音與八思巴字之間沒有後者那樣的直接的關係。

第三種《洪武正韻》，是明代樂韶鳳、宋濂等奉旨編撰的，成書於洪武八年（1375 年）。分平上去入四聲，大類上前三聲各 22 韻、入聲 10 韻，各類之下聲韻相同的同音字歸爲一組，用反切表示其發音。因此，爲了知道各個漢字表示怎樣的音、哪些反切上字表示同樣的聲母、哪些表示不同聲母，必須從語言學角度研究它們表示什麽聲母或韻母，反切下字也一樣。完成這些研究後，此書代表了哪個地方的語音，如有人爲因素，它們存在於哪些方面，這些問題都可以明確。

滿田新造博士在論文《中原音與南京音》（藝文，九之七，大正七年 7 月）中提到《洪武正韻》代表了當時的南京音，有如下論述："該書（《洪武正韻》）爲明初洪武年音的敕撰書，其序文中明寫' 壹以中原雅音爲定'，終究以中原音爲根本，但這個中原音不像是北方音。其理由（一）洪武年間還是明朝以南京爲都城的時代，作於此期間的《洪武正韻》以南京音爲根本，這種看法較爲穩妥;（二）《中原音韻》與《洪武正韻》的分類法大致相同，但分韻上多少有些出入（《正韻》的情況是在音韻上有更精密的分類，而此外兩者還另有出入）;應該考慮是否能由它們看出北京音與南京音的差異。尤其應該想到《洪武正韻》多半參考了當時的北京音,恐怕還有其他的地方音;即明顯參考了古韻書,爲慎重起見而添置其中。"(35 頁)

但遺憾的是,作者並未就此出示這一結論的具體論據。現在的南京音中,古代的濁音已經與北京音一樣變爲清音和次清音,但關於《洪武正韻》裏保留濁音這一點,滿田博士的意見並不明確。現在的南京音韻尾-n 和-ŋ 對立消失、泥母(娘母)變爲來母,《洪武正韻》却保留這些對立,關於這一點:"雖然不知道以上兩個缺點是什麼時候產生的,但如果明代以前就存在的話,這也就成了《洪武正韻》參考北京音的證據。"(42 頁)

由滿田博士的論述看來,"明顯參考了古韻書"所指的可能是濁音的保存[37]。

劉文錦在《〈洪武正韻〉聲類考》(《歷史語言研究所集刊》三本二分,1931 年)中發表了關於反切上字的研究,確認了三十一聲類之分,以及濁音保留與清、次清音的區別,結論如下(劉文 248 頁):

> 然《洪武正韻》成書(1374 年)上距《中原音韻》(1324 年)已五十年,《中原音韻》之聲類,據羅先生所考不過二十,而正韻之聲類乃達三十有一,全濁各母尚均獨立:則其平上去之二十二韻部雖與"中原雅音"不遠,而其反切上字尚只沿襲前人之說,未能悉以時音爲據也。此固由錢竹汀所謂"疊韻易曉,雙聲難知",而參與纂修之役者,方音複雜,不能盡用北音,亦一主因也。

王力也持大致相同的意見,其著作《中國音韻學》下册 224 頁所述如下:

> 依我們觀察,《洪武正韻》並不能代表當時的中原音,並且恐怕不是一地的音,而是許多方音的雜糅。……推原其所以如此矛盾,大約有兩個原因。第一,編此書的人爲了奉詔,故而對於古說不敢完全推翻,例如中國歷代是有平上去入四聲的,他們不敢毅然減去入聲;第二,編者以南人居多,甚至大部分是吳人,如果不是精通音韻而且熟習中原音的,就難免爲自己的方音所影響,例如江南原有入聲,濁組,又寒删有别,就容易誤認中原音也是如此了。

但正如滿田博士所說的那樣,"中原音"未必指北方音,因而不能認爲《洪武正韻》不代表"中原雅音"。

趙蔭棠所著《〈中原音韻〉研究》26 頁也有"南北混合之《洪武正韻》"一

説,而《等韻源流》(第三編,1940年)中所述如下(14頁):

> 《洪武正韻》並非純正的北音,牠不過只受些中原音韻的分類的影
> 響而已。牠是樂韶鳳等奉召編纂的。牠的內容,恐怕就是宋末元初的
> 人所説的中原雅音。

原先判定"中原雅音"指北京音,是錯誤的。就像《古今韻會舉要》所説
的"雅音"是臨安音一樣,《洪武正韻》所説的"中原雅音"則如滿田博士所
説,指當時首都南京音的可能性較大。即便如今的南京音已經失去濁音,但
當時的南京音保留濁音的可能性是很大的。

根據劉文錦的研究,《洪武正韻》三十一聲母與等韻三十六字母的比較
如下:

古類(即見母)	蘇類(即心母)
苦類(即溪母)	徐類(即邪母)
渠類(即群母)	都類(即端母)
五類(即疑母)	佗類(即透母)
呼類(即曉母)	徒類(即定母)
胡類(即匣母)	奴類(即泥娘兩母)
烏類(即影母)	盧類(即來母)
以類(即喻母及疑母一部分)	博類(即幫母)
陟類(即知照兩母)	普類(即滂母)
醜類(即徹穿兩母)	蒲類(即並母)
直類(即澄牀兩母及禪母一部分)	莫類(即明母)
所類(即審母)	方類(即非敷兩母)
時類(即禪母)	符類(即奉母)
而類(即日母)	武類(即微母)
子類(即精母)	
七類(即清母)	
昨類(即從母及牀母四字澄母一字)	

對於這種不一致,必須考慮《洪武正韻》的反切大致是以何種口語音爲
基礎產生的。如前所述,《韻會舉要》三十六聲母與《蒙古字韻》三十五聲母
並不完全相異,但各字所屬字母有較大出入,因此不能一概而論。例如,其
他三等字中《蒙古字韻》和《韻會舉要》大致都保留了疑母,而以下諸字則不

同,由疑母變爲喻母。

　　宜　　　疑(延知切,支韻)

　　言　　　(夷然切,先韻)

　　此外:

　　(真韻)銀齦寅贇^{魚巾切}

　　(軫韻)聽^{於謹切}引演^{以忍切}

　　(震韻)憖垽^{魚僅切}胤靷^{羊進切}

　　如上所述,在上、去聲中可以區別三四等字而平聲中不能區別,像這樣殘片式的特異之處有很多。聲母方面不僅是數目,關於各字的所屬,也必須與其他韻書和各方言比較之後才能詳細研究。此外,劉文錦還根據陳澧《切韻考》中決定同類反切上字的依據——"同用、互用、遞用"——決定其是否爲同類,這一方法多少需要斟酌。互用、同用、遞用這三者未必具有同等程度的證明力,此外出現頻率也是必須考慮的問題。劉氏的研究中,"語"屬於"五類","魚"屬於"以類",但它們也可能屬於同一類;"古"與"居"同屬"古類",但"古"表示軟齶 k、"居"表示齶化 k 的使用傾向較明顯。在此也有必要記下這種傾向^[38]。

　　韻母方面,只做到了和其他韻書比較韻目和韻部數量的程度,關於反切下字研究的拙見還未形成。但我想,對於《洪武正韻》這樣有用的韻書,必須進行徹底的有組織的研究。完成細緻的研究後,才有可能弄清它代表了哪裏的語音、有什麼程度的人爲改動,以及混入了多少其他地方的語音等。

　　滿田新造博士的論文《〈中原音韻〉分韻概説》(藝文,九之十二)中進一步提出,明正德十二年(1517 年)成書的朝鮮崔世珍所著《四聲通解》,"依據《洪武正韻》將漢語正音附於各韻各字",即更進一步認爲,《四聲通解》裏諺文所表示的漢字音,似乎是原樣使用了《洪武正韻》的字音。原來這兩部書之間確實有着極其密切的關係,但對於《四聲通解》在何種程度上適當解釋了《洪武正韻》的反切並以諺文記録,尚有研究的餘地。

　　根據小倉進平博士的《增訂朝鮮語學史》(昭和十五年 5 月,刀江書院),《四聲通解》是申叔舟《四聲通考》的增補和訂正。這部《通考》未能傳世,因而無法得知其詳細內容,但可以説它是以《洪武正韻》爲範本的。從內容來看,也可以確認《四聲通解》與《洪武正韻》的密切關係,其凡例第二條爲:

　　　　字之取舍,音之正俗,專以《洪武正韻》爲準。

由此便可明知。卷首所載"洪武正韻三十一字母之圖",將《洪武正韻》三十一字母分列、明示,其諺文如下所示(羅馬字是諺文的服部式轉寫,下同):

	牙音	舌頭音	唇音重	唇音輕	齒頭音	正齒音	喉音	半舌	半齒
全清	見 k	端 t	幫 p	非 f	精 c	照 č	影 '		
次清	溪 k'	透 t'	滂 p'		清 c'	穿 č'	曉 h		
全濁	群 kk	定 tt	並 pp	奉 v	從 cc	牀 čč	匣 hh		
不清不濁	疑 ŋ	泥 n	明 m	微 w			喻 '	來 r	日 z
全清					心 s	審 š			
全濁					邪 ss	禪 šš			

　　該圖在聲母數量上與劉文錦的研究結果一致[39]。而韻部的數目,平上去三聲總計二十三韻,與《洪武正韻》二十二韻不同。據凡例二十五條所説,是由於真韻(軫韻、震韻)分成了真韻和文韻(軫韻與吻韻,震韻與問韻)。用諺文記録的韻母,看起來與聲母一樣做了相當仔細的研究,但似乎還有不太徹底之處。例如:

崇[鉏中切]　ččuŋ
蟲[持中切]　ččjuŋ
龍[廬容切]　rjuŋ
隆[良中切]　rjuŋ

　　如上種種仍需斟酌,支韻的韻母是否只有 ɯ 和 i 兩個,還有研究的餘地。以 en 作爲寒韻開口韻母等等,諺文字母數量的不足也可能是一個原因,不僅過於呆板也有遺憾。簡要地説,就是不能將《四聲通解》完全視爲對《洪武正韻》的研究,兩書年代差異不過一百四十多年,但若考慮到以申叔舟《四聲通考》作爲參照點的話,大不消説《四聲通解》是用來研究《洪武正韻》的極其貴重的資料。若依小倉博士的研究[40],《洪武正韻》在朝鮮早有研究,世宗時命成三問、申叔舟等翻譯此書,申叔舟等人十三次(又説十二次)往來遼東,詢問明翰林學士黃瓚,還七八次往返中國向學者提出疑問,使臣來訪時也不忘詢問,煞費苦心地研究了一番。起初他們還向福建人雙冀學士學習了發音。如此研究結果,今不傳世,而正統十二年(1447 年)的《東國正韻》和景泰六年（1455 年）的《洪武正韻訓》也已成書，可認爲崔世珍《四聲通解》應該受到了這些著作和研究的很多啓發。

《四聲通解》也引用了《洪武正韻》以外的韻書，還包括根據直接觀察當時漢語音而記錄的內容，作爲漢語音韻史資料來説是非常重要的。其凡例第一條中就有：

> 《蒙古韻略》元朝所撰也，胡元入主中國，乃以國字翻漢字之音，作韻書以教國人者也。其取音作字至精且切，《四聲通考》所著俗音，或同《蒙韻》之音者多矣。故今撰《通解》，必參以蒙音，以證其正俗音之同異。

第八條中同樣有：

> 注內只曰俗音者即《通考》元注俗音也，曰今俗音者也，臣今所著俗音，今俗音或著或否者，非謂此存而彼無也，隨所得聞之音而著之也。

第九條中有：

> 諸字於一母之下，洪武韻與蒙古韻同音者，入載於先而不著蒙音，其異者則隨載於下而各著所異之蒙音。故今撰字序不依《通考》之次也，至於《韻會》《集韻》中原雅音[41]《中原音韻》《韻學集成》及古韻之音，則取其似或可從而著之，非必使之勉從也。

由此可見，由於蒙音酷似《蒙古字韻》的記載，可以確認[42]崔世珍參考了名爲《蒙古韻略》的書，或至少可以肯定，申叔舟等利用了八思巴字漢語文獻。據此，《四聲通解》也是八思巴字漢語文獻研究的重要參考資料。

其次，申叔舟記於《四聲通考》裏的所謂"俗音"是什麼音？自明成祖於永樂十八年（1420 年）遷都北京開始，其後北京音作爲標準音獲得了日益顯著的勢力，而從小倉博士引用的[43]《世宗十五年實錄》（1433 年）的記載中也可知曉北京音受到重視：

> 僉曰，遼東乃中國一方語音不正，臣等以爲前所選子弟，使之仍仕司譯院，常習漢音諸書，每於本國使臣赴京時，並差入送，如此循環不已則漢音自然通曉云云。

申叔舟生於永樂十五年（1417 年），歿於成化十一年（1475 年）[44]。如前文所述，他十三次訪問遼東，根據其著作《保閑齋集》卷十五第二十三丁以

下的“《洪武正韻譯訓·序》”[45]記載來看,他也多次到訪北京:

> 然語音既異,傳訛亦甚,乃命臣【申叔舟】等就正中國之先生學士,往來至於七八,所與質之者若干人,燕都爲萬國會同之地,而往返道途之遠,所嘗與周旋講明者又爲不少。

所以他觀察北京話的機會應該相當充分。同時,在《洪武正韻譯訓·序》(《保閑齋集》卷十五第二十四丁)中,還有“四聲爲平上去入,而全濁之字,平聲近於次清,上去入近於全清,世之所用如此,然亦不知其所以至此也”的內容;附於《四聲通解》卷末的《四聲通考》凡例第二條中也有“全濁上去入三聲之字,今漢人所用初聲與清聲相近,而亦各有清濁之別,獨平聲之字初聲與次清相近,然次清則其聲清故音直低,濁聲則其聲濁故音終稍屬”的記述,這證明了全濁聲母隨平仄一分爲二,也可解釋其與北京音相關。另外,同屬凡例的第八條中還有:“入聲諸韻終聲,今南音傷於太白,北音流於緩弛,(中略)且今俗音雖不用終聲,而不至如平上去之緩弛,故俗音終聲,於諸韻用喉音全清 ō(='),藥韻用脣輕全清 ㅂ(=f),以別之。”

　　由此敘述可見,北京話等北方方言中的入聲也還是以喉塞音結尾。尤其是這段記述中使用了“近於次清”“近於全清”“與清相近”等語句,並未以“同”斷言,而是用與各個字相關的“俗音”的記述實例來區別濁音和清、次清音,這些事實同時正是所謂“俗音”指代當時南京音這一説法的證據。但是《四聲通解》中可見“kjei　皆、偕、階、……街、解、……戒……界”,像這樣的“俗音”不可能是南京音。對於申叔舟,我們無法確定他是否會因爲外國人不擅長區分《蒙古韻》《韻會》《正韻》中的清、次清、濁音而作出了濁音消失的判斷。前文提到他學習音韻學時的先生黃瓚是江蘇儀真人,所以這也可能有影響[46]。

　　最後,崔世珍的“今俗音”是什麼? 據小倉博士所引[47]《稗官雜記》:“崔同知世珍精於華語,兼通吏文,屢赴燕質習,凡中朝制度物名靡不通曉。”可推知其擅長北京話,“今俗音”可以視爲 16 世紀初左右的北京音。《四聲通解》凡例第七條中有“(上略)今俗入聲諸字,或如全濁平聲,或如全清上聲,或如去聲,其音不定”。

　　與《中原音韻》中入聲字分屬陽平、上、去三聲的事實相符。凡例中還有“(上略)然今俗所呼,穀與骨,質與職同音,而無ㄹ(=r)ㄱ(=k)之辨也,故今撰《通解》亦不加終聲,云云”(第十三條),“上聲全濁諸字時音必如全清去聲呼之也"（第二十條）。

　　這也與《中原音韻》的記載類似。另外，《四聲通解》卷末所附"翻譯《老乞大》《樸通事》凡例"第六條"清濁聲勢之辨"也與《中原音韻》的記載相符，"唯【全濁】上聲則呼爲去聲，而又與全清去聲難辨矣"。像這樣説"難辨"而不説"同"，但記載的實例中也使用濁音符號，所以還是不能將其視爲外國人的弱項。尤其還必須考慮到，表明次清和濁音區別，可以方便地區別陰平和陽平。另外書中還可見一般的法則，以及各字相關的有趣記述與記載，因而不得不説它是漢語音韻史研究的重要資料。

　　在第三種資料最末列舉的金尼閣（Nicolas Trigault）《西儒耳目資》發行於天啓六年（1626 年），是漢語音韻史上的劃時代之作。作者金尼閣是法國人，耶穌會傳教士，1610 年來到中國，後一度回到歐洲，1619 年再次來華，1628 年在杭州去世。他主要在浙江等地從事傳教活動，似乎也去過北京，還與中國學者交流篤深。《耳目資》中不僅用羅馬字表示了一萬多個漢字的漢語音，還有模仿《韻鏡》所作的音韻表和有關音韻的記述，是漢語音韻史上的重要資料。他記録的漢語音裏，濁音在北方語音裏分化爲清、次清音一事已是定論。

　　羅常培在論文《耶穌會士在音韻學上的貢獻》（《歷史語言研究所集刊》一本三分，1930 年）中詳細研究了《耳目資》，明確了金尼閣受到利瑪竇（Matteo Ricci）以羅馬字記録的漢字音的顯著影響，此書記録了明末的北方系官話。我也認爲《耳目資》確實明顯反映了當時的北方音，但對其是否記録了某地的方言或官話音系一事存疑。將《洪武正韻》與本書進行比較，可發現許多一致的細節，尤其是表示兩個以上漢語音的漢字中，在其漢語音的種類及數量上，有許多一致的例子[48]，不能説是偶然。《洪武正韻》中多少有些根據《韻會小補》補上無字和字音的例子，但《耳目資》對《正韻》本身依賴的程度極高。當然各個聲母、韻母的記録不依《洪武正韻》而是以當時的北方音爲據，例如陽聲韻尾只有-n(＝[n])和-m(＝[ŋ])的區別等等數處；不僅如此，還應思考該書是否記述了以當時北方音解釋《洪武正韻》一事。外國人直接觀察漢語音韻、完全記録其音系，應該是相當困難的。在某種韻書存在的情況下以其爲依憑是當然的事，更何況還有像《洪武正韻》這樣有用的韻書。《蒙古字韻》依據《古今韻會》，與《四聲通解》依據《洪武正韻》是同樣的情形。在《耳目資》張問達的序文裏有"其書一遵《洪武正韻》，尤可以昭同文之化，可以采萬國之風，可以破多方拘澀附會之誤"。

這樣一説,本文中也不僅限於《洪武正韻》的各種問題,下卷《邊正譜》漢字筆畫索引裏顯示的《洪武正韻》和《韻會小補》卷數張數之處等,都有利於這個推測;而羅常培在前述論文 295 頁中提及:"照張問達刻《西儒耳目資》序説:'其書一遵《洪武正韻》'。其實,據'兑考'的結果,覺得利金二氏的注音,同《廣韻》固然是兩個系統,就是同《洪武正韻》也不完全相合。拿梅膺祚《字彙》後附刊的《韻法直圖》跟《康熙字典》前附刊的《字母切韻要法》互相比較,我斷定利金二氏的'字母'正可以代表明清之交普遍的韻類。"

這只是注意到《耳目資》顯示出反映當時北方音這一點,可以説忽視了它對《洪武正韻》的依賴。我認爲,研究《洪武正韻》時與《耳目資》比較是必要的,同時在研究《耳目資》時它與《洪武正韻》和《韻會小補》的比較研究也是絕對必要的。在此基礎上才應該研究它與北方語系哪種方言[49]存在密切關係。在這個意義上,《耳目資》才能算是第三種資料之一。

以上第一種到第三種的各類韻書,如前文所述,或完全忠實或稍有偏差地代表了當時的各種地方音,但我們還未能有組織地徹底研究它們,某些種類幾乎還没有開拓。今後如果完成了對這些韻書的詳細研究,則又將爲漢語音韻史增添一份光彩。

注釋:

[1] 滿田新造博士《詞韻即晚唐音,是近代音》一文(藝文,十之二,大正八年 2 月)中提到了《中原音韻》是元雜劇即北曲的用韻法,同書的起例(指自序)中有"言語一科,欲作樂府,必正言語;欲正言語,必宗中原之音。樂府之盛、之備、之難,莫如今時。其盛,則自搢紳及閭閻歌詠者衆。其備,則自關、鄭、白、馬一新製作,韻共守自然之音,字能通天下之語,字暢語俊,韻促音調。"

此處所説的"關、鄭、白、馬",指的就是北曲四大家關漢卿、鄭光祖、白樸和馬致遠,除鄭光祖之外全是元初以前的人。尤其關漢卿爲北曲元祖、四大家之首,保留下來的元曲遠多於其他人;他是元世祖中統年間的金人遺民、南宋滅亡之前的人,與關漢卿同時代的人從白樸開始,到石子章、楊顯之、王實甫等作家,衆人所作元曲都有留存,由此可知《中原音韻》表示了南宋時期的北方音。實際上,如下篇第五章注 11 所述,亦須考慮到元代口語中已經丟失了但(在《中原音韻》中)仍保留韻母區別之處。另外,也有屬於同一類的字卻不完全同音的例子(下篇第二章注3),因而也不能斷定"《中原音韻》記載的是元代的北京音"。但整體看來,可以確認的是它相當好地反映了宋末元初的北方話音系。《中原音韻》與當時口語音的關係,從細緻的語言學研究出發才能變得明朗。也要警惕《韻略易通》是否全無保守的因素,必須注意研究其記錄了何種方音。參照第七章注 5、7。

[2] 趙蔭棠所著《〈中原音韻〉研究》54 頁後。趙蔭棠所著《等韻源流》(1941 年)第三編 86 頁後。永島榮一郎《關於近代漢語尤其是北方話系統的音韻史研究資料(續)》(《言語研究》第九號,昭和十六年 12 月)17 頁後。

[3] 鴛淵一《關於〈中原音韻〉中以八思巴字轉寫的漢字音》(《小川博士還曆紀念史學地理學論叢》,昭和五年 10 月);龍果夫《八思巴字與古官話》(*The hPhags-Pa Script and Ancient Mandarin*, 1930,簡稱 DPA)。

[4] DPA,645—646 頁。

[5] 應視爲其中最重要的一點。關於"早期官話"的塞音和塞擦音,龍果夫推測如下:
(一)由藏文濁音字母而來的八思巴字轉寫——弱不送氣清音 t k 等。
(二)由藏文次清音字母而來的八思巴字轉寫——強送氣清音 t' k'等。
(三)由藏文清音字母而來的八思巴字轉寫——送氣半濁音 d' g'(即 d' g')。
其推測結果基本正確,但其理由很勉強。龍果夫認爲,(一)中的字母表示記錄者語言中不送氣的[d]和[g],(二)中的字母表示記錄者語言中的強送氣清音,(三)中的字母表示記錄者語言中的弱送氣清音。但是身爲這些八思巴字母原型的藏文字母所表示的藏語語音,據葉斯開(H. A. Jäschke)《藏英詞典》(*A Tibetan-English Dictionary*,倫敦,1934,簡稱 JTE)和龍果夫《古藏文音位系統的特點》(蘇聯科學院東方研究所論文彙編第七種,1939 年,簡稱 DDT)、龍果夫《藏文中的濁塞音和濁塞擦音》("Voiced plosives and affricates in Ancient Tibetan",《歷史語言研究所集刊》七本二分,1936 年,簡稱 DVT)看來,在元代的情況大致如下:
(一)濁音字母——濁音或濁送氣音。但在有些方言中,其持續(tenue)部分有清化傾向。
(二)次清音字母——清送氣音。
(三)清音字母——清不送氣音。
在這種情況下,以八思巴字記錄的漢語語音依據以下原則,就自然得多:
(一)用濁音字母描寫漢語濁音。
(二)用次清音字母描寫漢語次清音。
(三)用清音字母描寫漢語清音。
這一不合理的事實可説明如下:
八思巴字先是爲表示蒙古語音而作,增加字母後還可能進一步表示漢語之外的其他語音,而以下事實爲證據之一。即當時的蒙古語音節起首的塞音及塞擦音中,存在濁/半濁和清送氣兩種,那麼應該想到,以藏文濁音字母爲基礎所作的八思巴字表示前者、以藏文次清音字母爲基礎所作的八思巴字表示後者,確定這樣的根本方針是理所當然的(除去僅在蒙古語男性口音中出現的表示輔音的字母ꡁ)。

如下：

西藏文字 [藏文字母]

八思巴字 [八思巴字母]

蒙古語音　g　kʻ　ʤ　ʧʻ　d　tʻ　b

（當時的蒙古語固有音中還没有 pʻ。）然後，當時的蒙古人和中國人在比較蒙古語音和漢語音時，同等看待蒙古語的濁音甚至半濁音與漢語清不送氣音、蒙古語的清送氣音與漢語清送氣音，這幾乎是常識，因此確立了以八思巴字濁音字母轉寫漢語清不送氣音、以八思巴字次清音字母轉寫漢語清送氣音的原則。這裏産生了表示蒙古語裏没有的漢語濁音（濁甚至半濁送氣音）的必要，據藏文清音字母所作的字母就適用於此。即：

西藏文字 [藏文字母]

八思巴字 [八思巴字母]

支那語音　gʻ　ʤʻ　dʻ　bʻ

但要注意，尤其是前三者之中藏文字母與八思巴字母之間有字形上的差異，這可以解釋爲製造與藏文清音字母不同的字而表現出的努力。另外，表示蒙古語中没有的漢語清送氣音 pʻ 的八思巴字母[字母]不可能來自表示藏文清送氣音 pʻ 的字母[字母]，更不用説八思巴字母[字母]的變形這一觀點對前説而言是有利的事實，這個情況應當注意。如此，

（一）用濁音字母描寫漢語清音。

（二）用次清音字母描寫漢語次清音。

（三）用清音字母描寫漢語濁音。

就能理解這種概略地論述的不合理事實了。

此外，還要談及與此問題相關的下列事實：

衆所周知，八思巴字蒙古語文獻中，時常出現用濁音字母表示蒙古語清送氣音的現象。例如：deŋ-ri, jiŋ-gis, z(a)-r(a), bu-gue, ʼeu-kʻu-gu。這可能是由於這些蒙古語音也可以發成濁音。如果不是這樣的話，我認爲這一事實應該説明如下。根據龍果夫的 DDT（290 頁，注 1），藏語濁音 bɦ, dɦ, gɦ, ʣɦ, dʑɦ 在拉薩方言中讀爲低聲調清送氣音。另外根據 JTE，z 和 ž 通常發 s 和 š 的音，且據説拉薩人的發音中 š 和 ž 以及 s 和 z 的區別並不在輔音而在於聲調，s 和 š 讀高聲調，z 和 ž 讀低聲調。元代時一部分西藏方言甚至其附近方言具有這種傾向的可能性也都很大。

（一）用八思巴字的濁音字母表示蒙古語濁音甚至半濁音。

（二）用八思巴字次清音字母表示蒙古語清送氣音。

雖然確立了這樣的原則，但因爲西藏人時常把濁音字母發爲清音，誤以八思巴字濁音字母記錄蒙古語清送氣音的事屢見不鮮。八思巴字蒙文文獻中散見的文字

上的清濁混同,並不表示蒙古語發音的搖擺,應視爲由此而産生的現象。表示《元朝秘史》蒙古語音的漢字中也可見這種搖擺,不難理解,這一事實對同書的《八思巴字本原典説》來講更爲有利。儘管八思巴字蒙文文獻和《元朝秘史》中都有這種搖擺,文字上分寫 t 和 d 並形成規模、且大體上分寫(其中像 erde ~ erte 這樣的詞,是其本身産生了搖擺,所以必須考慮將其排除),畏兀兒式蒙文文獻中,雖然也有用 d 來區别標寫元音間的 t 這樣的例子,但詞首之外的 t 和 d 並不分寫,詞尾的 d 寫作 taw,在不分寫的原則下,分寫的不如説是例外(應當注意,不要把畏兀兒式蒙文字母和畏兀兒字母及蒙文字母混淆起來)。這一事實在《蒙文〈元朝秘史〉》卷一的序文中表現爲"t 和 d 在畏兀兒式蒙文字母中並不分寫,而在《元朝秘史》中分寫",並且"有需要詳細討論之處",希望我没有誤解。即使我的看法有誤,也不能因此顛覆《八思巴字本原典説》。請進一步參照下篇第一章 13"騰"條。

[6] *T'oung Pao*, XXIX, 1932, p.166 ff.

[7] 上册於 1936 年 9 月初版、1937 年 7 月再版;下册於 1937 年 5 月初版、1939 年 3 月再版。此處使用再版。

[8] 在我所收藏的書中,東洋文庫所藏朝鮮刊本中大版本和小版本都一樣,以"據古字韻音同"取代"蒙古字韻音同"一稱。由於"蒙古字韻"一名不可能是刊行人所取(抑或爲了避開"蒙古"等字樣?),故有所變更。另外,在可能屬於江户時代初期的官版活字本及以其爲底本、標注漢文訓讀序號的版本中,也全然未見《禮部韻略七音三十六母通考》這一部分,凡例後就直接是卷之一的目録。這些日本版的書中有嘉靖十五年(公元 1536 年)張鯤的序;光緒刊本中有《序韻會舉要書考》,内有"文宗皇帝御奎章閣,得昭武黄氏《韻會舉要》寫本。至順二年春,敕應奉翰林文字臣余謙校正。明年夏上進。賜旌其功。余氏今提學江浙,以書見質,始知其刊正補削,根據不苟……"

至順二年是公元 1331 年,據王力推測,熊忠序中的"丁酉"是大德元年(1297 年)。然而從《蒙古字韻》裏有至大元年(1308 年)的序來看,原刊本中《禮部韻略七音三十六母通考》(或者至少是《蒙古字韻音同》的部分)是否本來就没有?(日本版之闕或因此而起?)或説《舉要》的出版是否遲於《蒙古字韻》,抑或朱宗文《蒙古字韻》之前是否也可能有同名書籍? 同時如本文所述,若要檢查内容,不能忽視《舉要》音注、尚存疑問的《禮部韻略七音三十六母通考》和現存的《蒙古字韻》三者之間的密切關係。

另一方面,《蒙古字韻》劉更的序中,有"今朱伯顔增《蒙古字韻》正蒙古韻誤,亦此書之忠臣也"。

《舉要》凡例中也可見"蒙古韻"這一名稱,本文中像"厓"(四 12ウ)、"顔"(五 35ウ)、"妍"(六 13オ)、"聲"(七 3ウ)、"縈"(八 44オ)、"嵒"(十 22オ)、"軵"(十一 8ウ)等條目那樣記作"蒙古韻",而"宜"(二 4ウ)、"牙"(七 29オ)等條目裏則是

"蒙古韻略"。《東國正韻》申叔舟的序和崔世珍《四聲通解》卷末所附《四聲通考》(申叔舟著)的凡例中,均可見"蒙古韻"這樣的名稱,《四聲通解》凡例中可見"蒙古韻略"這一書名,將其書所示音韻略稱爲"蒙古"。所以現存《蒙古字韻》之外至少還有《蒙古韻略》一書存在,我想它也叫作"蒙古韻(蒙韻)"。至於《舉要》所説的"蒙古字韻"和現存的《蒙古字韻》(以及朱伯顏校訂本)是否同一本書,也還有討論的餘地。

據趙蔭棠《等韻源流》第三編第3頁,另有李弘道《蒙古韻類》一書,可知使用八思巴文的韻書相當多。元代朝廷鼓勵這種文字的使用,因此不難想象這種韻書應有不少。

[9] 譯者注:原文數字後有標注用日語ウ オ,譯文皆省去。下文同此。

[10]《蒙古字韻》中有 k'uw,或爲 wuw 的誤寫。因爲其位於 hŭuw 的後面,而且前面有 muw。

[11] 東洋文庫影印本聽説是石濱純太郎由大英博物館藏本拍攝而來的,但因誤寫太多,可以斷言不是作者的親筆。特別是八思巴字母 e、ĭ、ɛ、ǔ 的混同非常明顯,與其他八思巴字漢語文獻、《四聲通解》等相比,應該是一邊考慮到漢語音韻史一邊校訂的。例如 euŋ 韻和 ĭuŋ 韻在《蒙古字韻》中是同形的,其他八思巴文獻裏也沒有分寫的例子,但却以《四聲通解》中 juŋ 和 jaŋ 的區別爲根據之一而做了校訂。另外像 ĭɛm 和 eɛm 韻在《四聲通解》裏也是同形的,通過與 eɛm 等比較後可以確定。毋庸置疑,這是由於用同一羅馬字機械地轉寫同一八思巴字母導致的。因此,儘管龍果夫認爲比起 'gei、kei(=服部式 gei、kei)等輔音,gi、ki 等更容易顎化(DPA 第 3 節),但我反而認爲 gei、kei 的輔音發生了齶化。

[12] 根據與其他八思巴字漢語文獻例如《百家姓蒙古文》記載的比較,可以補出如下內容:

	麻	巴	沙	馬	藉	謝	葉
八思巴字	m(a)	b(a)	ža	m(a)	tsɛ̬	zɛ	jɛ
			(š(a))				
《舉要》反切	明牙	幫牙	審牙	明雅	從藉	邪藉	喻訐

[13] 王力也在《中國音韻學》下册第 198 頁對《舉要》作出了如下説明:"書中分一百七韻,完全依照劉淵歸併《禮部韻略》的方法;若以今世流行《詩韻》的一百六韻相比,就是多了一個拯韻。但是,表面上依照傳統的韻部,實際上熊氏書中已隱藏着元朝的語音系統。……'舊韻'就是傳統的韻部,'某字母韻'才是元朝的實際語音系統。"

[14] 譯者注:悉曇學有"三內音"/p, b, m/、/t, d, n/、/k, g, ŋ/。另可依次譯爲非次清唇音、舌音、喉音。

[15]《嘯餘譜》中有《司馬温公切韻》。與《切韻指掌圖》相比,我認爲兩者之間有密切

關係。前者的第五、六丁中可見"指掌作獨韻云云"等。恐怕它以《韻鏡》型的風格改變了後者的"攝"(這一名目《韻鏡》沒有,《指掌圖》有)的順序,也或多或少改變、增補了例字。

[16] 另外如:灘,秀干切(4);土,浇古切(9)。但此處"秀""浇"均爲"透"的誤寫。煖,乃管切(10),應該是本文中"乃管切"(十三 24)被誤寫後的結果。膺,引京切(6),應作影京切。另外不見"引"母的例字,當誤。

[17] 《蒙古字韻》序文後所續校正字樣左面有如下字母表。羅馬字是八思巴字的轉寫。

g	k‘	k	ŋ	d	t‘	t	n	dž	tš	tš‘	ñ
見	溪	群	疑	端	透	定	泥	知	徹	澄	娘
b	p‘	p	m	fiü	hü	fiü	w	dz	ts‘	ts	s
幫	滂	並	明	非	敷	奉	微	精	清	從	心
z	dž	tš‘	tš	š	ž	h	y	‘	’	l	ẓ
邪	照	穿	牀	審	禪	曉	匣	影	喻	來	日
				fi	y			j			

同上

其後所述《四聲通解》"凡例"之前載有名爲"韻會三十五字母圖"的表。羅馬字是諺文的轉寫。

[五音]	角	徵	宮	次宮	商	次商	羽	半徵商	半徵商
[清音]	見 k	端 t	幫 p	非 f	精 c	知 č	影 '		
[次清音]	溪 k‘	透 t‘	滂 p‘	敷 f	清 c‘	徹 č‘	曉 h		
[濁音]	群 kk	定 tt	並 pp	奉 v	從 cc	澄 čč	匣 hh		
[次濁音]	疑 ŋ	泥 n	明 m	微 w		孃 n	喻 ‘	來 r	日 z
[次清次音]	魚 ŋ				心 s	審 š	幺 '		
[次濁次音]					邪 ss	禪 šš			

將上表與筆者的表比較,有以下不同點:

	筆者的表	《四聲通解》
邪	商次濁音	商次濁次音
合	羽濁次音	無
魚	角次濁次音	角次清次音
日	半商徵音	半徵商(次濁)音

遺漏合母明顯是《四聲通解》之誤;日母應與來母的"半徵商音"相區別,所以"半

商徵音"才是正確的;魚母應該是"角次濁音"疑母變化後的結果,因此使用"角次濁次音"是正確的;邪母從音韻學上來説屬"商次濁次音"才合理,但從《古今韻會》命名辦法來看,接近"濁音"但與之不同的稱爲"次濁音",接近"次濁音"但又與之不同的稱爲"次濁次音",所以它不當爲"次濁音",也不當爲"次濁次音"。檢查《舉要》原文,與邪母相當的也應是"商次濁音"。並且,來母、日母不論清濁是對的。《四聲通解》的列表多少還是合理的。

[18] 《七音略》《切韻指掌圖》《司馬温公切韻》中:

羽	脣音
徵	古音
角	牙音
商	齒音
宮	喉音
半徵	半舌音(來母)
半商	半齒音(日母)

"羽"和"宮"是反過來的。

[19] 表示曉母(合口)的字母和表示非母的字母在字形上應該沒有區別,但難以確認其差異。如果要表示脣音輕化,字母的羅馬字轉寫

hŭ   fĭ̆ü

應該像上例一樣在字母下方使用符號 ‿。

[20] 如果按照現在的漢語音韻史的研究結論,不太可能有這樣的推測(載於《燕京學報》第二十八期的陸志韋《試擬〈切韻〉聲母之音值》一文提出了喻母是濁齶擦音、影母是清音的新説。不過即便照這種説法,也很難解除此處的困境)。但是根據藏文字母 'b(='),以及脱胎於它的八思巴字所表示的蒙古語音等來推測,'表示[ʔ],˚表示"柔軟的發音",這樣比較合理。龍果夫也在 DPA 的第 5 節裏,將八思巴字母表示的漢語音推定爲:'[ʔ]、ˋ[ɦ]、ﺟ[j]。同時要注意到,前二者所根據的藏文字母,表示的藏語語音分別是[h]和[ʔ],恰好與此相反,其原因目前尚難以言明。我在本章注 5(譯者按:即中譯文第 12 頁的脚注 2)裏用同樣的方法説明了這一事實。八思巴字蒙文文獻中,詞首元音如:

蒙古語音	八思巴字
a	'(a)
e	E
i	I
o	Ọ
u	U
ö	'eo , 'eọ
ü	'eu

而用字母 ’（及元音字母）或者特定的元音字母表示的語音是一般的元音，極少會用到 ‘ 這種字母。

‘i-he-‘en，‘eu-gu-le

附加字母 ’，並非由於蒙古語詞首元音明確以[ʔ]爲首，應該是因爲藏文中比起 ‘ 來 ’ 出現在詞首的現象更多。如果在蒙古語詞首元音前並未出現[ʔ]起首的情况下，應該會爲了表示[ʔ]而使用字母 ’。由於中國人將這些蒙古語詞首元音的“發音”與魚母一視同仁、將同樣的詞首[j]與喻母一視同仁，因而采用 ‘ 來作爲表示影母的字母，且爲了表示幺母，稍微改變八思巴字 j 的字母形式而新造了字母 y。

[21] 譯者注：原書(51 頁)有兩處誤將 Q 印作 O，今改。

[22] 龍果夫在 DPA 第 5 節中以[ɦ]表示 ’，同文第 4 節中以[u]而不是[ɦu]來表示 U，但據我推測，’ 就是“元音漸成的開頭部分”，同時 O、Qn、U 也全都如此。

[23] 屬曉母平聲的一批字算在這兒，應當是歸入旁邊 h 母的字的誤寫。

[24] 《古今韻會舉要》的反切表裏也有“兄”(曉兄切)、“况”(曉况切)，本文中作“兄”(八 37、羽次清音、兄字母韻)、“况”(二十三 20、音與向同)、“向”(二十三 19、羽次清音，絳字母韻)。

[25] 參看本書下篇第四章注 1 及第五章注 13。

[26] 我想這裏所謂的“雅音”不是一般意義上的北方話式的標準音，而有可能是後文所述那樣的南宋標準音。

[27] 雖然《古今韻會》的著書年代不明，但據王力《中國音韻學》下册 179 頁，劉淵《壬子新刊禮部韻略》成書於宋淳祐十二年壬子(1252 年)，而《舉要》中可見的劉辰翁的《韻會》序附有至元二十九年壬辰(1292 年)十月十五日的日期，《古今韻會》應當是在 1252 年至 1292 年之間成書的。我認爲此書恐怕在八思巴字公布的至元六年(1269 年)前後還未作成，理由後述。參考 55 頁注 30。

[28] 大都音恐怕與《中原音韻》所載的地方語音非常接近，濁音消失，分化爲清、次清音。

[29] 可以想見，中國上層階級在語言上不易被民衆同化。就北京來説，我見到過一個在北京土生土長的知識分子，因父母出身於其他地方，而説着與北京話有顯著差異的方言。那人甚至説：“(我)只在童年時期從女傭那兒學到過一點北京話，不瞭解詳細情况。”這種游離於民衆之外的狀况超出我們的想象。在上層階級大批集體遷移的情况下，該傾向一定更爲明顯。

如小倉進平博士《增訂朝鮮語學史》(昭和十五年 5 月，刀江書院)第 477 頁所引，尹根壽《月汀漫筆》中記載着來自中國人的傳聞：“中朝人言，宋朝南遷，駐蹕臨安，因以定都。舊京臣僚扈駕來居臨安，滿城居民皆開封人。言語皆因汴梁之音，子孫相傳，至今杭州城内皆中華之語，城外則皆南音鄉讀云。”

而據《朝鮮人名辭書》(朝鮮總督府中樞院,昭和十二年 3 月),尹根壽生於嘉靖丁酉(公元 1537 年)、歿於萬曆丙辰(1616 年),《月汀漫華》起首有"大明則洪武元年戊申,去今萬曆丁酉二百三十年",萬曆丁酉是 1597 年,因而成爲了 16 世紀末的傳聞。

[30] 談到與注[23]"吳音"相對的"雅音",這裏所説的標準音應該就是雅音。

[31] 據有坂秀世博士《關於漢字的朝鮮音》(《方言》六、四、五,昭和十一年 4、5 月)而言,漢字的朝鮮音反映了 10 世紀的開封語音,我對此説大體贊同。不過,關於濁音:"我認爲 10 世紀的開封音裏,還存在'濁'與'清''次清'的區別。而且這個'濁'並不是完全的濁音,而像是唐朝以來逐漸失去 voice、接近現代形態(與北京官話相同)的語音。"

由此可見,雖然他的看法傾向於開封音裏的濁音之後很快消失,但我認爲濁音存在年代的下限可延至 12 世紀前半葉。這一結論是否得當,還必須依據今後的研究才能明確。清、次清、濁在朝鮮音裏的體現方式相當複雜,是有趣的研究課題。另外,我的結論中關於牀母的部分,還存在需要深思熟慮的疑點。《古今韻會》也有受到《切韻指掌圖》等影響的可能性,需要詳加研究。

[32] 標準音也可能受到吳語或多或少的影響。對於《蒙古字韻》的 w 母,《舉要》不時以明母表示,也近於"吳音"。

[33] 崔世珍《四聲通解》中《韻會三十五字母之圖》下有:"魚即疑音,孃即泥音,幺即影音,敷即非音,不宜分二而《韻會》分之者,蓋因蒙韻内魚疑二母雖同而蒙字即異也,泥孃幺影非敷六母亦同。"同書凡例第四條中有:"黃公紹作《韻會》,字音則亦依蒙韻,而又緣字有一音兩體失。"即認爲《古今韻會》音注以八思巴字漢語文獻爲依據。但是根據住在大都的帝師八思巴所創制的文字來看,我認爲在重新觀察南宋主都臨安語音的基礎上進行記錄的可能性很小,而對元朝不抱好感的黃公紹在自己的大作中采用八思巴字漢語音的可能性也很小。《四聲通解》所引用的形式大體與《舉要》相符,因而我想崔世珍《韻會》不是《舉要》一系的。申叔舟《〈洪武正韻〉譯訓序》(《保閑齋集》卷十五第二十四丁)中有:"且有始有終以成一字之音,理之必然,而獨於入聲,世俗率不用終聲,其無謂也,蒙古韻與黃公紹《韻會》,入聲亦不用終聲,何耶?"將蒙古韻排在《韻會》之前。此《韻會》究竟是不是黃公紹原著,還需要研究。

[34] 也有分寫的例子。

[35] 這對普及八思巴字記錄漢語音不是很有利。

[36] 參看本書下篇第七章注 5、7。

[37] 高本漢在《中國音韻學研究》第 32 頁中將《洪武正韻》音系稱爲 le vieux mandarin(古官話);龍果夫(DPA,第 646 頁)則根據它保留濁音這一點,將八思巴字所記漢語音和《切韻指南》一同歸屬爲 Ancient Mandarin(早期官話)A 型。伯希和批評了

龍果夫的論文,認爲《洪武正韻》代表的是長江下游的方音。

[38] 如果從陸志韋《證〈廣韻〉五十一聲韻》(《燕京學報》第二十五期,1939 年 6 月)中
所示的統計研究來看,這一傾向應該體現在數字上。但據劉文錦比較《廣韻》所
得,"不系聯"的字組雖然併入同類,但之前統計時也不需要把這些字組分爲各自
獨立的類。另外,陸志韋以"凡兩類之字,若在同一韻類相逢,音理上相和協者也,
或偶然也。其不相逢者,音理上相衝突者也,或偶然也"原則爲首,但應當注意的
不止和諧衝突的問題。反過來説,不能忽視"同一韻類中相遇的字也有表示不同
音素的(相遇頻率高的話某種程度上會增加其準確性);不相遇的字也有表示同一
音素的"這一原則。現在僅就證明"多"和"都"、"盧"和"郎"等屬於一類的必要
性來講,"第八,凡兩類同組而永不相逢,是同類也",確立了這樣的原則。不必迫
於需要,前文是理解反切之後的根本原則。所以應該考慮到,像陸志韋區分的"咋
類""子類"那樣屬於同一音素的可能性也很大。

[39] 劉氏的研究似乎不是受到《四聲通解》的影響。羅常培在劉氏論文的跋裏寫道:
"又朝鮮崔世珍《四聲通解》,崔恒《東國正韻》及申叔舟《四聲通考》等所定三十一
初聲亦並云以《洪武正韻》爲宗。今劉君所考與此不謀而合,則其説當可信據
矣。"但即使兩者聲母的數量一致,也有反切上字所屬聲母不同的情況。

[40] 《增訂朝鮮語學史》,118、502—506 頁。

[41] 據此,應該也存在《中原雅韻》一書,有必要研究其所指的是不是《舉要》中所説的
"雅音"。趙蔭棠有"'中原雅音'不是書名"一説(《〈中原音韻〉研究》,6 頁)。

[42] 李能和的《朝鮮佛教通史》下編 606 頁中所引李瀷《星湖僿説》内容如下:"元世祖
時,巴思八者,得佛氏遺教,制蒙古字、平上去入四聲之韻。分唇舌喉齒牙,半唇半
齒七音之母字,苟有其音者,一無所遺。凡中國之字,以形爲主,故人以手傳而目
視也。蒙字,以聲爲主,故人以口傳耳聽也。然,全無其形,又何能傳而不泯。今
無以得見其群,若推例爲文字,可以通行於天下後世,與我之諺文同科。意者,明
初,必有其詰也。我國之始制也,設局禁中,命鄭麟趾、成三問、申叔舟等撰定。
時,皇朝學子黃瓚罪謫遼東,使三問等往質,凡往返十三度云,以意臆之。今諺文,
與中國字絶異,瓚何與焉。是時,元亡纔七十九年,其事必有未泯者,瓚之所傳於
我者,抑恐外此,更無其物也。"即贊同成三問等人先學了八思巴字然後創制諺文
之説。李瀷生於肅宗八年(1682 年),死於英祖三十九年(1763 年)(《朝鮮人名
辭典》)。

[43] 《增訂朝鮮語學史》,466 頁。

[44] 《保閑齋集》卷十二之年譜,《朝鮮人名辭典》。

[45] 同書 502 頁以後。

[46] 據先前引文,還必須注意《四聲通解》凡例中"《四聲通考》所著俗音或同蒙韻之音
者多矣"。《通解》是否全部引用了《通考》中可見的"俗音",也是一個問題。

[47] 《增訂朝鮮語學史》,586 頁。

[48] 參考下篇第一章 5 壇、9 敦、15 池,第四章 19 希,第八章 18 招等條目。

[49] 滿田新造博士《中原音與南京音》(藝文,九之七) 中指出,《耳目資》是由晉絳(山西省西部)的韓雲(景伯)修訂,秦涇(陝西省涇陽)的王徵(良甫)校定而成的;另據《問答小序》中的記敘可知,由於金尼閣在山西、陝西旅行並逗留,特別是在河南新安提出音韻上的問題而修訂了這部書,可以斷定其以北方音爲基礎,金尼閣也有在北京停留並研究北京音的可能(33—34 頁)。

羅常培也在前述論文中提到,對金尼閣的漢字音羅馬字轉寫影響甚大的利瑪竇於 1581 年來到廣東香山澳,次年至端州住了十年,之後途經南雄、贛州、南郡、洪州、南京、蘇州等地,於 1600 年抵達北京,住了十年。金尼閣於 1610 年來華,在浙江傳教,1629 年死於杭州,而據韓雲《〈西儒耳目資〉序》中"敦請至晉,朝夕論道"等言論,可知他也曾遊歷北方:"他們兩人的語言環境雖然如此廣泛,但是當時的國都既在北平,因爲政治上的關係不得不以所謂'Mandarin'也者當作正音。"

據此,《耳目資》是由韓雲修訂、王徵校定的,同時它也不是完全不受這些人方言的影響,我們現在要想推測明末"官話"的音值,他們的注音便是頂好的參考材料。

羅常培以此爲結論(307—308 頁)。羅文第 301 頁也指出了王徵涇陽方言的影響。

漢字音及其傳承[*]

河野六郎 著

鈴木博之 石静雅 譯 鄭 偉 校

　　《言語學論叢》這一期特刊,是爲了慶祝熊澤老師的六十大壽而出版的,能夠參與其中,筆者深感榮幸。平日裏,筆者於公於私都深受老師照顧,因此在老師生日獻上此文,以表謝忱與祝賀。但文章有些部分尚不盡如人意,在此筆者向老師及編輯人員深表歉意。本來文章内容應須更加具體和充實,但此處僅寫了自己所想到的關鍵一部分,而且尚不嚴謹。

　　研究漢語音韻史,首先碰到的是資料的性質問題。韻書如《廣韻》,也有韻圖如《韻鏡》。以現代眼光來看,這些音韻史資料常常對字音的分類闡述得不夠明確。基於此種材料,高本漢(B. Karlgren)構擬了所謂的 Ancient Chinese(中古漢語)和 Archaic Chinese(上古漢語);對於其構擬,雖然高本漢自己也認爲它比印歐語的祖語構擬更爲實際——但是中古漢語以及上古漢語究竟具有何種性質? 此語言一直以來被各個朝代視爲方言,但可以明確地説,並非如此。特別是被稱爲“中古漢語”的語言是直接以《切韻》這一套完整的音韻系統爲代表的,但是這套系統是否隋代的“長安音”等問題目前還在討論之中。有坂秀世博士以六朝的“中原音”爲基礎提出了一些理論,筆者雖然對此表示贊同,但此“中原音”或“長安音”絶不如方言土語(dialect)那樣的口頭語言具有地方性。而且,這些詞僅就漢字音而言,我們處理漢語音韻史料時,首先得闡明“字音”的性質。

　　目前,傳承到現代的音韻史料大多都是有關“字音”的資料,而漢語“語音”的直接資料可以説幾乎不存在。因此,我們直接可以探討的是“字音史”,而不是“語音史”。那麼,“字音”和“語音”有什麼差別呢? 此差別在日

＊　本文譯自河野六郎:《漢字音とその伝承》,收録於《河野六郎著作集 2・中國音韻學論文集》,東京:平凡社,1979 年,285—293 頁;原文載於《言語學論叢》3 號,1961 年,3—12 頁。

本和朝鮮很明確。比如,在日本,〈人〉的字音爲"ニン"(ninn)或"ジン"(jinn),但表示"人、人類"意義的詞爲[ヒト](hito),"ヒト"即"語音";在這裏,"語音"顯示了完全不同於"字音"的讀音形式,所以不用擔心它與"字音"混同。然而,在中國,此兩者之間的差別並不明顯。比如説,"人"在(原文爲現代北京話)普通話中用讀作[rən²]的這個詞來表示,/rən²/是[人]的"語音",而/rən²/又是漢字〈人〉的音,即"字音"。形成這種一致是因爲[rən²]這一詞仍在使用,與此同時,它也擔任着文字〈人〉的語音性符號(字音)的角色。但是,並不是所有漢字的北京音與口語中的讀音都一致。雖然作爲詞已經失去了生命,但也有因爲字的存在而保留其字音的情況。"口語詞"和"文字的字音"本來是兩碼事。後者,即"字音"僅僅以一定的漢字爲前提;而作爲此漢字的讀音,即"口語音"則不一定以文字爲前提。"口語音"作爲"活着的詞",是否把漢字對應到這些詞上自然是件難以判斷的事情。

　　漢字的每個字與表音文字的每個字處於不同的等級(level)中。表音文字的每個字相當於和音素(phoneme)相對應的字素(grapheme),漢字的每個字比表音文字的每個字高一個等級,相當於與語素(morpheme)相對應的字素(graph)。表音文字對應的僅僅是一個元素,(文字)構成有意義的單元,而漢語的各個字素與各個語素相對應。而且,漢字並不只是指示單一的語素,還往往能區別(identify)語素。現在,假如字素爲 G,語素爲 M,語素的能指(signifiant)爲 P,所指(signifié)爲 S;G 一般是這樣發展的：G→M(PS),而漢字從 G→M(PS)的階段到了 G＝M(PS)。而且,若這個 G 被固定化,並且作爲正統的文字流傳下去,那麽,即使本來的 M(PS)在"口頭語言"裏已死亡, G 也會在文字語言中被使用並且傳承下去。這種情況下,G 已經取代了 M, G＝M(PS)就成爲了 G(PS)。此時 P 已經消失,因此,實際上成爲了 G(XS),這個階段可以稱"字語"。然而,"字語"也需要念出來才能使用,換言之,就是需要讀音性符號。於是,G(XS)的 X 重新得到 P',成爲了 G(P'S),這裏的 P' 是人造的"字音"。如此下去,"字音"就會與當時當代的"口語語音"合而爲一,但是,其中也有許多人造的字音。從《廣韻》到《集韻》,其中增加了很多字音,其他韻書中也有或多或少的增加,這大多都是人造"字音"的結果。

　　如上所述,自古傳承的音韻史料大致上是和文字有關的,它們雖是"字音"的資料,但並不如實地表現"活着的"語音。特別是像漢字這種表音效率很低的文字,其作爲中國古代文獻的媒介,並不能直接且透明地反映"活着的"語音;再加上文獻裏的語言凌駕於語音之上,用和"活着的語言"相背離的"漢文"來寫作很普遍,因此,很多的古代文獻就更難反映當時的"活着的口語"。

因此,在過去的中國,漢字並不能如實地表現"活着的語言"。在句法和語法中是如此,在音韻中也是如此。然而,並不僅僅是漢語,世界上很多"活着的語言"也淹没在文字的墙壁之後,至於它們如何生成和發展,並沒有記録。其他國家的情況雖不像中國的情況這般典型且極端,語音的形態也或多或少地隱藏在文字的墙壁背後。但如果是表音文字,它的語音和音韻變化在一定程度上會更多地呈現在文字上,並且比起漢語,反映在它背後的口語更爲容易。然而,儘管如此,我們認爲文字在這種情況下仍是個障礙,並且口語絶不會超過文字來反映當時的語言。因爲即使是使用表音文字,文言的文字形式也是固定的。如此而言,漢語最極端地顯示了文字和文言之間的問題,但也正因如此,才提供了一個很大的契機讓我們思考這些問題。

現在的漢字代表了某個時代的漢語的詞,也就是 Denzel Carr 先生所謂的"logoid"(語素/語位),而漢字在很大程度上遵守了一字一詞的原則。從表詞角度看,漢語是最爲典型的表詞文字,所以漢語擁有幾乎所有表詞文字的語言特徵。表詞文字具有單音節、無結構、孤立等特徵,單音節是詞的材料的特徵,而且它並不表示形態學上的任何形式(無結構),因此,在句法(syntactical)上也僅僅表現爲裸詞的並列排列。這樣的語言容易抽出單位,而且這種語言的單位也像單音節的語音那樣極爲單純,所以這樣的語言擁有了文字的時候,很有可能給各個詞配一個文字。然後,人們創制了形聲文字的義符,並將其充分使用和發展,就形成了表詞文字。

當然,在表詞文字與詞結合的過程中發生了詞的抽出。換句話説,雖然是漢語,但其語言仍由語音的連續而成,其語音連續的過程中肯定有重音(stress)或響度(sonority)的差别,比如,某個部分比其他部分響度大,某個部分會弱化而音段(segment)的調音也會失去明確性。語音連續的文字化過程並不是簡單的事。本來,文字化的過程中就一定會出現語言的内省,而正如我們所想,其内省一定不會很簡單。但是,如上所述,漢語抽出單位的可能性很大。明確的單位,如名詞或動詞等實詞應該是率先被賦予了文字的。而虛詞的文字化會比實詞晚一點。然而,既然虛詞也在語言的語音連續中，那麼相對來說，就像其他語言的附屬形式一樣，它的文字化並不會困難。果然虛詞後來也被文字化了，而一旦被文字化，從文字的角度看它就和實詞有着同樣的資格了。在文字化的過程中，若是表音文字，就以顯示（suggest）了其語音形式的字母（letter）的結合來表示。因此，字的結合也呈現了詞的功能，而每一個字母也具有字素的普遍價值。但是，對於漢字來說，一個字獲得一個詞，而若其結合被認證，其文字僅爲表示其詞時使用。因此，每一個文字無法具有普遍性的表音價值。如此，漢字一旦被認證，其聯合就變得極爲鞏固，但新詞出現的時候，它要想獲得自己的文字，並不會如表音文字那樣簡單。有的新詞與既有的文字表示的詞爭鬥而奪取其文字，有的（主要依據形聲之原理）產生出新的文字。不管怎樣，在（新文字）被文言認證並録入之前，"活着的詞"無法出現，因此，"活着的詞"有時候找出空隙而被形聲文字化，但很多時候無法打破"經典文言"之"字語"的墙壁，出現就消滅。關於如何認證，可以説有"過濾作用"，而只有通過此過濾作用的"活着的詞"才可以被文字化。後代的經典文言中有時候能看到白話詞彙，也是因爲通過了這樣的過濾而來到表層。

如此思考，我們便會明白認爲文字代表音這樣的看法有多淺薄。依憑文字的語言系統確實是很難活下去的——只有根底有語音語言才可以活下去——但是儘管如此，應該認清文字語言與語音語言來自不同的規則（order）。

這不但從各個角度説明了根本差異，而且從其社會功能的差異上也可以加以説明。若非如此，無法説明中國或印度的經典文言的超歷史性傳承是如何實現的。這樣想的話，語言史研究的基礎工作應該把處理文字的語言功能的文字論作爲前提。這是因爲語言史是基於過去的記録的，其記録用文字來書寫，如果缺少對文字語言的性質和文字化過程的深入探討，那麼語言史研究很有可能會變得極其危險。然而，以往的研究對於這一點却是忽視的。所以，筆者認爲，以後的語言史應該首先從徹底地考究文字的性質這一步出發。

如上所述，字音是每一個漢字的語音性符號，而每一個漢字作爲文字語言的要素被收録在經典文言中，因此，字音和語音的傳承也並不一定完全一樣。語音經歷的是語言所謂的"自然的"傳承，原本，"音韻史"應該是與語音的傳承有關的。那麼，字音是如何傳承下去的呢？它並不會與語音的"自然的"傳承一樣，被"自然地"傳承下去。語音的"自然的"傳承是從前一代至後一代,從口至耳、從耳至口的傳承,字音則由於以文字爲媒介,所以在這種從口至耳、從耳至口的過程中還要加上眼睛的使用。字音傳承不靠"自然的"傳承,而是通過學習文字來實現。這種學習當然是基於意識性、反省性的傳授,主要是師傳身授的;而且,它也是實現作爲教養源泉的文字習得的一種手段。因此,與語音的"自然的"傳承相比,字音的傳承更像是"文化的"傳承。雖説是"自然的",但世代之間的傳承也要學習,多少會存在一定程度的人爲性。因此,理解這裏説到的"自然性"也不能僅依其字面意思。

各個字的字音是和文字一起教的,但所有教授都是如此,即使全部字音都教,也不會都記住,更何況老師也不是通曉所有字音的。因此,老師們只會傳授基礎的字音,而其他很少出現的文字的字音,或者僅作爲"字詞"用的文字的字音則會被遺忘,所以需要用某一個方法來彌補,其中一個方法就是依靠韻書或辭典的反切、直音的注記或音義的音注來彌補。當然,這是反切或韻書成立以後的事情,那麼之前的情況又如何呢? 那便是使用另外一種方法——"類推",其中最爲典型的案例就是根據形聲文字的聲符來類推。聲符在這種情況下是作爲發音符號的,但是存在很多例外字。

當然,在中國傳授字音時,不能説没有受下位結構的語音的影響。因爲(中國的字音)和被移植到日本、朝鮮這些(語言)異質性的地方的字音不同,(中國的字音及語音)本來就來自一種語言,如果存在與某一個文字對應的語音,那么它很可能就會盡快滲入字音。換言之,會有從語音層次到字音層次的投影。當代北京話中的叠層性就是字音和語音交錯的結果。

字音的傳承與文字的傳承一樣,具有其本身的傳統。但是,並不是和語音的情況一樣,其本身具有自己獨有的傳統,字音傳統的載體(Träger)同時也是語音的載體。因此,字音的語音系統應該受到語音系統的 Träger 的規制。但是,其語音又具有叠層性,換言之,就是 Träger 的地方方言和載體的官方通用語被人們一起使用,而後者就成了文字語言的直接基礎。而且,這兩種語音具有不同的系統,不斷變化的政治文化中心也導致了語音層次的複雜性。甲地方由於某個政治原因成爲中心,而文化中心也移動到此,隨着其移動,人們也開始學習乙語言,乙和甲在語言上就成爲了不同的層次,但甲、乙之間也會互相影響。在這種情況下,字音層次當然是乙層次,後面甲層次的音韻特點也有可能會滲入。這種情況下,同一個漢語也由於層次的差異而設爲底層語言(substratum)和上層語言(superstratum)。

像這樣叠層性的案例也出現在漢語音韻史上,其中一個例子就是"江東音”的吳音特徵。自後漢以來，“字音的傳統”位於河南地區，暫且稱這個系統爲“中原音”。有坂博士也説到，六朝時代的語音也代表北方音的系統，而《切韻》就展示了這個系統。隨後，由於晉室南渡，字音傳統轉移到了江東。南朝人的字音傳統就是“江東音”，就是在作爲土著方言（patois）的所謂“吳語”的基礎上叠加（superpose）了“中原音”的特色。因此，“吳語”就是底層語言，而“吳語”中的一個顯著特徵就是“濁聲母”具有帶音屬性。這在當代的吳方言中還是顯著的特徵，日本字音中被稱爲“吳音”的音也在很大程度上傳承了此種帶音特徵。代表“江東音”的字音是南朝梁顧野王的《玉篇》，《玉篇》的音韻系統與《切韻》大同小異，我們瞭解到“江東音”是“中原音”的一個支流，但兩者間並不是完全相同。《玉篇》的一個特徵是從、邪和神、禪兩組聲母的混同。這種混同的情況，若不是因爲濁聲母是帶音，就不太可能發生，從母 dz-、邪母 z-：神母 dź-、禪母 ź-。總之，“江東音”的濁聲母爲帶音，這會不會是底層語言吳語的特徵滲入的原因呢？

底層語言變形最顯著的例子是唐代長安音。關於唐代長安音有各種各樣的問題，但馬伯樂（H. Maspero）的名著“Le dialecte de Tchʻang ngan sous les Tʻang”（《唐代長安方言考》）已對其進行詳細説明。根據馬伯樂的描述，唐代長安音在 7 世紀和 9 世紀之間發生了很大變動，特別是鼻音的表示方法，在 7 世紀還是用 m-、n-、ń-、ŋ-、ñ-表示，到 9 世紀就變成了 mb-、nd-、ńd-、ŋg-、ñź-，而日本漢音傳承下來的是 9 世紀以後的音（如：馬 ma² > 漢音 ba）。筆者認爲，這麼大的變化恐怕不是長安音中的自然變化，而是底層語言“秦語”的音韻表面化的結果。唐初的純鼻音保留着“中原音”的移入情況，這種傳統音在得到玄奘、義净等人學習後被普遍使用，然而隨着歲月的流逝，長安音也漸漸地把底層語言的特徵聽作是“時髦”的音，産生這種變化的原因是“秦音”參與了占據優勢的字音的傳統。但是進入宋朝後，秦音的特徵除了日母、微母之外都變回到“中原音”，而鼻音却作爲純鼻音傳承了下來。日母、微母分別爲 ńź-，ŋv-，過渡的滑音爲擦音，因此早已失去了其鼻音特色。這種分佈情況不僅在秦音中，而且在中原音中也産生了影響。因此，雖然到了宋朝，這兩個聲母還是没回到鼻音最初的發音狀態。

不管怎樣，字音時常扮演着上層語言的角色，儘管它吸收了各地底層語言的影響，但它却像一條河流一樣繁衍不息，代代相承。因爲它伴隨着作爲中國民族强韌的語言傳統的文字的傳承，其傳承意外地相對單純。當然，雖然如南北朝的分裂會伴隨着傳統的分裂,但只要漢字的傳統單一,字音的傳統相對來説也會比較單純。與此相反,在中國廣大的土地上,語音傳承的複雜性恐怕難以想象。所以,考慮到字音傳統的單一性,高本漢提出的方音並不是純粹的語音,而且也缺少其他資料,但在結尾,我們還是要肯定他的構擬。因爲,只要給我們的資料是"字音"的史料,那麼就會有可能與某一種字音的傳統相結合。

吳音與漢音[*]

藤堂明保 撰

鈴木博之　石静雅 譯　趙清泉 校

一、日本的漢字音

衆所周知,傳入我國的漢字音之中,有吳音和漢音兩大層次。但對於其本質,還有許多問題没有解決。高本漢先生研究漢語音韻史時,利用日本的漢字音作爲强有力的資料,但他根據的僅是在通用的中日字典中被標記爲吳音、漢音注記的假名,其來源並不清楚。顯然,這樣的方法缺少嚴密性,有坂秀世博士曾就此指出過(《上代音韻考》第 207 頁)。雖然我國學者對此做過各種各樣的研究,並取得了優秀的成果,特別是對於古書訓點的書志學研究日益深入,但它介於國語學和漢語學之間,因此,從雙方的立場來看,以往的研究還不夠。本文的研究原本想成爲兩者之間的橋梁,由於研究對象中包含了已成爲常識的事實,但也還有尚待討論的問題。但是,關於如何把握相關問題,文章盡量采取中間立場。此外,個別事實或例證若有未盡之處,還望國語學家予以指正。

二、關於吳音和漢音傳入的古説

關於吳音和漢音傳入的經過,可參考平安朝的悉曇學家的記録,但一些主要問題的表述仍較爲模糊。比如,安然《悉曇藏》(880)卷 5 中説道:

わが日本國には、元より二音を伝う。表は則ち平聲直低にして

---

[*]　本文譯自藤堂明保:《吳音と漢音》,收録於《中國語學論集》第 I 部分"音韻論・音韻史",東京:汲古書院,1987 年,70—99 頁;原文載於日本中國學會編《日本中國學會報》第 11 期,1959 年,113—129 頁。

> 輕あり重あり……。金は則ち聲勢の低昂、表と殊ならず……

安然將古代的漢字音分作表氏及金氏兩個系統。從"元より二音を伝う"這句話來看,確實讓人有由表、金兩家分別傳來吳音和漢音的印象,但他没説清楚這點。換言之,吳音和漢音的由來,在此描述中並未明言。但江户初期的悉曇學家浄嚴在《悉曇三密鈔》(1682)裏明確地將兩者連接起來:

> 日本國には吳漢の二音を伝う。初め金礼信来りて対馬國に留まりて吳音を伝え、擧國これを學び、因りて名づけて対馬音という。次に表信公、筑紫の博多に来りて、漢音を伝う。これを唐音という。

據此,金禮信連接吳音(對馬音),表信公連接漢音(唐音)(對馬音後面有説明,可認爲與所謂的吳音一致。此處所謂"唐音"爲唐國之音,而非後面禪宗僧人傳過來的所謂的唐音宋音)。本居宣長的《漢字三音考》(1785)也表明了大致相同的看法:

> 或説に、金礼信という人、対馬に来て初めて吳音を伝え、次に表信公という人、筑紫に来て漢音を伝う。これ此方には吳音漢音の始めなりと云えり。

此處"或説に",當爲悉曇家之説。既然安然僅説了表、金兩家之姓,未言明是他們分別傳過來吳音和漢音,那麼本居宣長所據説法應來自浄嚴。而且,本居宣長還推定表信公爲平安初期的音博士[1]袁晉卿的異名。表信公可能是袁晉卿的誤傳。但無論如何,不能推斷袁晉卿是第一個傳來漢音的人。

三、袁晉卿不是第一個傳來漢音的人

爲詳細討論宣長的説法,首先需考察袁晉卿的簡歷。此人爲天平七年(735)隨遣唐使吉備真備過來的唐人,時年僅十八九歲,由於通曉《文選》《爾雅》的語音,後面成爲音博士,並改名爲清村宿禰,五十餘歲時官階從五位上,是年神護景雲元年(767)。空海的《性靈集》有推薦他第九個兒子浄豐的文章,其中有表揚晉卿的功績的話:

> 晋卿は遥に聖風を慕いて、遠く本族から辞る。両京の音韻を誦し、三呉の訛響を改む。(山田孝雄博士《國語の中に於ける漢語の研究》145頁所引)

"兩京"指長安和洛陽,"三吳"意爲江南地方。據此,袁晉卿無疑傳來了唐代的標準口音,即所謂漢音。但問題是,究竟是否爲"初次"傳入?

《古事記》作於 712 年,《日本書記》爲 720 年。換言之,這兩本書在袁晉卿到來之前的十幾年前就已寫成。衆所周知,《古事記》中的萬葉假名采取了如爾(yu)、磨(ma)、奴(nu)等吳音式讀音;與此相反,《日本書記》采取了如爾(zi)、磨(ba)、奴(do)等漢音式讀音,因而我們不得不設想,在《日本書記》寫成之際便已傳入了漢音式讀音。如此一來,漢音就並非由袁晉卿"初次"傳入。再結合史實來看。小野妹子入隋時間爲推古天皇 15 年(607),與袁晉卿到來的時間相比,早 128 年。音博士的設立在持統天皇 5年(691),以續守言、薩弘恪兩人爲嚆矢,但這也比袁晉卿早 44 年。不過,説是唐人,也只是根據出生地的方言,並不能證實是他們傳來了漢音。但説他們傳入唐代標準的字音,反而具有較大可能性。儘管如此,本居宣長將袁晉卿作爲傳來漢音的第一人,這個説法不符合事實。

再者,袁晉卿活躍的時間是 8 世紀中期,其間還有多人與漢音的傳入有關。譬如僧道照於孝德天皇的白雉 4 年(653)入唐,並拜玄奘三藏爲師,傳來了元興寺一切經。玄奘嘗試將爾、磨、奴之類的字不發成鼻音,而發成 zi、ba、do,不空三藏、慧琳等也同此。道照學會的字音也應該是漢音式,而不是吳音式。

由此,我們應認爲漢音的傳入在 700 年前後。而且可以肯定,傳來之人並非一兩人,而是與唐地往來的人們中已歷經多重、輾轉多次傳播。如此一來,新來的漢音漸漸獲得與舊音相競爭的勢力。

四、對馬音傳入的説法屬誤傳

其次,宣長和浄嚴都認爲存在對馬音之事,即對馬音爲吳音,其傳入者爲金禮信。

不過,對馬音之事實際是某些事件加上其他捏造的細節後所構造的故事,山田孝雄博士(前揭書 145 頁)已在書中詳細論述。其要點如下:

　　以前,百濟的尼姑法明朗誦維摩經以治療藤原鎌足的病(見藤原良世 900 年所著《興福寺緣起》)。大江匡房的《對馬貢銀記》中有"欽明天皇時,值佛教傳入之際,對馬有一比丘尼,以吳音傳之"的説法。亦即,一個尼姑治了鐮足的病的故事,再加上以吳音傳播佛教的故事,就產生了"對馬音"這個名稱,而且尼姑還被替換成了金禮信。

綜上,宣長關於吳音漢音傳入的説明毫無根據。支持這個説法成立的背景應爲如下推理結果:

一、金好像是朝鮮的姓。

二、表信公好像是袁晉卿的誤傳。

三、佛教從朝鮮傳來,因此吳音很有可能也從朝鮮傳來。加之,其時會經過對馬。

四、袁晉卿爲唐時的音博士。與唐朝的往來必定經過築紫的博多。

五、因此,金禮信、對馬、吳音互相對應,而袁晉卿、博多、漢音互相對應。

綜上,我們知道,以往對於吳音漢音傳入的説明,實際上只是人們長期以來所作的推理,並非事情的真相。由此,我們必須返回原點對此問題重新進行討論。

五、在中國的吳音、漢音等用語

衆所周知,古時江南之地,前有春秋的吳國,後有孫權的吳國,故此地通稱爲"吳"。吳地與中原相隔甚遠,以前是與北方漢人不同的原住民居住的地方。經歷漢文化後,本地通行一種當地化的語言,如下書籍將其稱作"吳音""吳語"等:

> 先是,宋世江東貴達者,會稽孔季恭、季恭子靈符、吳興丘淵之及琛,吳音不變。(《宋書》卷八十一《顧琛傳》)

> 敬則名位雖達,不以富貴自遇,危拱傍遑,略不衿裾,接士庶皆吳語,而殷勤周悉。(《南齊書》卷二十六《王敬則傳》)

江南的豪族雖然在日常生活中也使用吳語,但他們在官場交流時却使用標準語。六朝時代的文化中心在北方爲洛陽及鄴下,在南方則爲金陵,《顏氏家訓》中時常將兩者對比而論。陳寅恪先生列舉南朝士人吟誦"洛下書生詠"(洛生詠)的事實爲證,認爲南朝士人的共通語恐怕是洛陽近傍之方言,似無疑義(《東晉南北朝之吳語》,《歷史語言研究所集刊》七本一分)。南朝士人多半是從北方南遷的僑籍人[2]這一事實,亦足以爲證。隋朝陸法言等編的《切韻》(601年),雖在編者看來受了很多南朝的影響,而且參之南朝人編的韻書與音義爲據,但其系統確與全國諸方言的祖語相合。與北方類官話方言,如《中原音韻》等北方韻書的關聯,也可以通過《切韻》進行考證。如此看來,我們可以認爲,雖然南朝的日常口語確實是吳語,但南朝士人在交際場合及書面往來上使用的語言並不是吳語,而是當時南北都使用的共同語。

然而,進入唐代,情況就徹底改變了。唐朝都城爲西北的長安,唐代的譯經中存在所謂的"非鼻音化現象",如 ńi-爲 ʒi-、n-爲 d-、m-爲 b-、ŋ-爲 g-等,原來的鼻音變成了濁音,這是一大特點。加之,原來的濁音變成清音,聲調和韻母系統也在相當程度上出現了變化。對於習慣説標準語的人來説,江南士人的語言聽起來頗爲奇怪,並且《切韻》的系統似乎也變得不純粹。

唐朝的李涪,是9世紀昭宗時代的人,曾如此説道:

> 原其著述之初,士人尚多專業,經史精練,罕有不述之文,故《切韻》未爲時人之所急。後代學問日淺,尤少專經,或舍四聲則秉筆多礙。自爾已後,乃爲要切之具。然吳音乖舛不亦甚乎?上聲爲去,去聲爲上,又有字同一聲分爲兩韻……夫吳民之言如病瘠風而噤,每啓其口,則語淚喝吶。隨聲下筆,竟不自悟。凡中華音切,莫過東都。(《小學考》所引《刊誤》)

東都是洛陽,當時的兩都就指長安和洛陽。以那裏的語言作爲標準語的觀點來討論《切韻》的音系感覺很奇怪。從前僅把江南的土話稱爲"吳音",但從《切韻》的音系來看,前朝南朝士人的共同語也被稱爲"吳音"了。

再者,唐代慧琳的《一切經音義》(810年前後)是秦音系列的音義,是受長安語影響顯著的書籍。其中説到,浮之音是 bu,而把此音發成 buu 或 bou 是吳楚之音。這實際上是説《切韻》表示的音爲吳楚之音,故而不取用。如此一來,9世紀的唐人認爲長安(及洛陽)的語言才是"正音",把與此不合的南朝書面語讀音稱爲"吳音"。北人想將南朝合併的這種政治上的優越感,也在此起了作用。因此,《切韻》的音系爲江南的卑下方言這一看法在唐末已非常普遍,一直影響到後代。比如,北宋鄭樵的《通志·七音略》也説"江左競風騷,始爲韻書,以通聲音之學",就是説《切韻》爲江左之音。後代明朝宋濂等編的《洪武正韻》序中斷定"韻學起於江左,殊失正音"。梁朝的沈約是語音研究的鼻祖,因此韻書最早是由沈約所作——這一錯誤説法在宋元明廣爲流傳,這樣的想法流行也有道理,但可以認爲其說導源於唐代蔑視南朝的風潮之盛行。

與此相反,在唐人的文獻裏找不到"漢音"這個名稱。但想一下,"漢"是中國具有代表性的名稱,既然在唐末五代稱中國人爲"漢子",因此,把當時的中國標準語稱爲"漢音"是很自然的。後代明朝梅膺祚《字彙》末尾說道:

> 讀韻須漢音,若任鄉語便致差錯,若首差一音,後皆因之而差不可忽也。

與鄉語(土話)相對,把標準語稱爲"漢音"(漢音這一詞可能來源於外國人對中國標準語的稱呼,之後在中國也漸漸使用此詞)。

把唐代的長安音叫作"漢音",而把江南的方言叫作"吳音",這樣的情況在安然的《悉曇藏》卷5中能明確看到。

安然提到,承和年間末正法師(惟正)、元慶年間初聰法師(智聰)從長安來:

> 這兩位法師,都説吳音漢音。對於摩字、那字、泥字、若字、玄字、迴字等類,吳如和音,漢如正音。漢士不能稱吳,吳士不能稱漢。而且,母字、不字等類,吳把雙唇張開如更爲聚集,漢把雙唇張開如立刻散開。

此處提到的漢士、吳士應分別指"長安人"和"江南人"。吳音圓唇化很強,漢音圓唇化很弱,這裏的吳和漢也應該分別指"江南方言"和"長安標準語"。這樣一想,正法師和聰法師"講吳音和漢音"就應該認爲是精通"江南話"和"長安話",絕不會認爲他們講的是日本的吳音和漢音。也就是説,安然把吳音、漢音等詞按中國方式使用,不是指日本的吳音和漢音。那麼,安然如何稱呼日本的兩種漢字音層次呢?他將它們分別稱爲"和音"和"正音"。

根據這個觀點,可以對安然的描述進行如下解釋:

> 正法師和聰法師,(因爲他們知道各地的方言)會講江南方言和長安方言。根據他們的看法,在中國江南,把摩、那、泥、若、玄、迴分別發成 ma、na、nei、nyaku、en、e,與(我國早期用的)和音很相似。在長安,把摩、那、泥、若、玄、迴分別發成 ba、da、dei、zyaku、gwen、kwai,與(我國目前學的)正音很接近。

六、在日本的吳音、漢音等名稱

一般來說，如果出現名稱對立者，需要給雙方起個名字以示區別。假如傳到日本的中國字音具有大致相同的性質而不出現任何異質特徵，恐怕在日本也不會出現吳音、漢音之間的區別。然而，在六朝和唐代之際，它們的書面語讀音已有顯著差異。六朝的鼻音 m-、n-、ń-、ŋ-在唐代分別變成 b-、d-、ʒ-、g-，六朝的濁音 b-、d-、g-、dz-、z-在唐代變成清音。韻母也有一定程度的變化，比如，元韻自 yon 變至 yen，（嚴）韻自 yom 變至 yem。前後兩種層次的讀音由不同時代傳入，因此在日本人聽來會感覺到有較大差異。

六朝音至少是在推古朝之前傳到我國的，而唐代音是從奈良朝末至平安朝之間由遣唐使和留學生傳習過來的。自然而然，他們把好不容易學會的唐都長安的語音作爲"正音"，而把以前的發音視作"錯誤"的讀音。因此，在奈良朝史書中初次記錄了吳音—漢音對立的情形：

延曆 11 年（792）的敕"明經之徒不應習吳音。發聲誦讀已致訛謬。習熟漢音"。

（《日本紀略》卷 9 上）

延曆 12 年（793）的敕"今後，年分之度者非習漢音勿使得度"。

（《類聚國史》佛道部）

這裏的"吳音"，很有可能模仿了唐朝把六朝音稱爲"吳音"的習慣而得名，不大可能是日本人判明之前字音因來自吳地，而自行創造出此稱。如前一節詳細描述的，唐人帶着蔑視的口吻把《切韻》一系的六朝音稱爲吳音。日本人仿此便把自認爲是"訛謬之音"之前的字音稱爲"吳音"，與此相反，把自己認爲是"正確的標準語"的新來之音稱爲"漢音"。

七、和音即吳音也

由此，問題逐漸明朗。總之，對於日本人而言，先已有自古就使用的"和音"（倭音），後來才有自稱正統的"正音"。兩者有很大不同，因此需要另起名稱以示區別。因而日本人跟隨唐人風氣，把和音稱爲"吳音"，正音稱爲"漢音"。這就是吳音、漢音等名稱的由來。

如此思考,則所謂吳音便爲和音。以往研究認爲,和音指完全受日語同化了的字音,吳音並不在其中(例如,山田孝雄博士前揭書第 198 頁)。然而,借詞雖合乎日語音系,却有不少訛誤,新舊詞皆然。比如,日本人很難發出的拗音,一部分訛變成直音[3],入聲的韻尾如 hu、tu、ku、ti、ki 等變成一個 mora,這都是其表現。但是,説到和音,如"錢zeni""鉢hati""門mon""蜜mitu""菊kiku""肉niku""脈myaku""佛butu"等,這些單詞本身被認爲是固有的日語詞的發音。因此,從三國六朝時期就開始傳過來的介紹藥草、器物、技藝等的漢語詞的讀音,以及隨着佛教的普及傳入的佛教用詞的發音,都屬於六朝音。但人們僅僅把其中融入了日本人的生活中,而如同日語慣常使用的語詞稱爲和音。因此,從語音的性質來講,和音僅僅是吳音的一部分。我們不可認爲,在和音之外有別的稱作吳音的層次。

不僅如此,現在還殘存有一定數量的漢音讀法的文獻資料,可讓我們清楚地瞭解漢音音系。與此相反,關於吳音讀法的資料則非常不純粹,使得我們不易掌握吳音系統的全貌。由此而論,這些資料將平安朝和音的記錄保存下來,可讓我們知曉在漢音傳過來之前的六朝式漢字音的全貌,其重要性不言而喻。下一節將詳細説明,如何以漢音作爲標準來把握吳音的全貌。

八、吳音資料的不純粹性

大矢透博士的《隋唐音圖》基於《韻鏡》圖式,係其名著《韻鏡考》的附錄,是爲了能夠快速檢索出漢音和吳音而編製的較爲便利的圖表。不過,早在江户時代,僧人文雄在《磨光韻鏡》裏已作了如此嘗試,因此並不算是稀見的發明。但文雄所作的若干漢音及吳音的圖表,不過是根據他頭腦裏的想象,與此相反,大矢博士的優點是編製圖表時依據了確實的文獻。對於此點,大矢博士説:

> 吳音,除了我國古史書和古經書裏表現爲旁訓、音注的讀音之外,幾乎没有正確的。故而,在音圖中出現的文字當中,常常會有不確定的。如果想要對這些文字悉數進行注記,就不得不通過與其他漢字的比較來推測。因此,在我的隋唐音圖中,除了古經書裏出現的以外,不隨意填寫。(《隋唐音圖》序文)

因此,我們可以信賴《隋唐音圖》。但是,大矢博士填寫的吳音有時非常奇怪。比如,把真韻三等的“巾$_{kin}$”“銀$_{gin}$”“僅$_{gin}$”等當作吳音,但和音裏的“巾子$_{kozi}$”,佛經裏的“金銀$_{komugon}$”等把這些音都發成了 o。而且,在其音注上會發現如下不同的讀法:

鎋　韻：鶍$_{keti}$ 篦$_{keti}$——瞎$_{kati}$ 鎋$_{kati}$

灰韻系：磓$_{tui}$ 桘$_{tui}$ 對$_{tui}$——退$_{tai}$ 隊$_{tai}$

祭　韻：蕝$_{sei}$ 彙$_{sei}$——歲$_{sai}$

月　韻：厥$_{kwati}$ 鱖$_{kwati}$ 月$_{gwati}$——闕$_{kweti}$

肴韻系：飽$_{hau}$——鮑$_{hou}$ 豹$_{heu}$ 麭$_{beu}$,兒$_{mau}$——卯$_{meu}$

麻韻系：嘉$_{ka}$ 賈$_{ka}$ 駕$_{ka}$ 嚇$_{ka}$ 鴉$_{ya}$ 啞$_{a}$——煆$_{ke}$ 騢$_{ke}$ 雅$_{ge}$ 下$_{ge}$ 牙$_{ge}$ 迓$_{ge}$ 暇$_{ge}$

陽韻系：薑$_{kau}$ 羌$_{kau}$ 强$_{gau}$——央$_{ou}$

覃韻系：耽$_{tomu}$ 探$_{tomu}$ 襑$_{tomu}$——黮$_{tamu}$；勘$_{komu}$ 弇$_{komu}$ 諳$_{omu}$ 僋$_{gomu}$ 憾$_{gomu}$ 暗$_{omu}$ 顲$_{komu}$ 頷$_{gomu}$——龕$_{gamu}$ 諵$_{kamu}$ 勘$_{kamu}$ 坎$_{kamu}$ 唵$_{amu}$

其中,關於月韻的讀法有不同看法。如：鎋韻不念 e 而念 a,麻韻不念 e 而念 a,覃韻不念 o 而念 a。

以上例子通常與漢音讀法一致,却與吳音讀法不同。由此可知,這是大矢博士所依據的吳音資料本身的問題。以“我國古史書和古經書裏表現爲旁訓、音注”的吳音作爲資料,這是文獻學家的正確做法,但若資料不純,則無法把握吳音系統。甚至會出現這樣的情況,其編製的音圖還不如文雄根據自己腦袋裏想象的吳音系統填寫的圖來得可靠。

古書古經書的音注可作爲吳音的研究資料,但因資料不純粹而無法直接使用。舉例來說,僧心空在正平 20 年(1365)寫的《法華經音義》的卷頭雖明寫着“吳音”,然而,在對其音注的假名標記進行調查時發現：第$_{tei}^{dai}$、提$_{tei}^{dai}$、懷$_{kwai}^{e}$、顏$_{gan}^{gen}$。會出現兩個音。下行是漢音,上行爲吳音。而“宛蜿圓$_{en}$”爲漢音,若爲吳音,肯定念 won。“尾$_{bi}$”“慕$_{bo}$”“舞$_{bu}$”“泥$_{dei}$”爲漢音,若爲吳音,應是“尾$_{mi}$”“慕$_{mu,mo}$”“舞$_{mu}$”“泥$_{nei}$”。“讓$_{zyau}$”爲漢音(吳音爲$_{nyau}$),“適$_{teki}$”也是漢音(吳音爲$_{tyaku}$)。把入聲韻尾音譯成 ti 是吳音的常見方式,把其音譯成 tu 是漢音的常見方式。因此“別$_{beti}$”“滅$_{meti}$”“質$_{siti}$”“密$_{miti}$”“必$_{hiti}$”“日$_{niti}$”“熱$_{neti}$”“律$_{riti}$”等是吳音,“察$_{satu}$”“脱$_{tatu}$”“達$_{tetu}$”“鐵$_{tetu}$”“月$_{gwatu}$”“卒$_{sotu}$”“出$_{syutu}$”等則特別像漢音。對於入聲的職韻字,會見到如“識$_{siki}$”“直$_{diki}$”“色$_{siki}$”“測$_{siki}$”等吳音讀法,但另一方面,又會見到如“食$_{syoku}$”“殖$_{syoku}$”“飾$_{syoku}$”“敕$_{tyoku}$”等漢音讀法。這些僅僅是一部分,即使是吳音讀法的佛經,其音注也不能直接看作吳音。

　　然而,心空的音義是爲普及《法華經》而作,因此采用了當時寺院裏通俗的讀法,並不會特別選擇吳音。他本人也在序文中説到:

　　　　今經悉以吳音爲本,少少讀其爲漢音是。不可笑之。

　　如此看來,在 14 世紀,表面上説是吳音讀法的佛經,其實混用了吳音與漢音。再試着追溯歷史。在藤原公任(966—1041)的著作和 1164 年僧淳關來寫的《大般若經字抄》(石山寺藏,中田祝夫先生、築島裕先生校訂)裏很少有假名標音,而多爲"音某"等使用同音字表示的音注,從中也可以看出漢、吳音混用的情況。例如:

　　　　刺 rati、蠍 kati、奈 na、某 mo、己——音古(ko)
　　　　臑——音腦(nau)
　　　　螫——音尺(不讀漢音 seki 而讀 syaku)
　　　　脊——音尺(不讀漢音 seki 而讀 syaku)
　　　　甕——音雄音尺(不讀漢音 yuu 而讀 wou)

以上是吳音讀法。但是:

　　　　竭$_{ketu}$、若——音時阿(不讀吳音 nya 而讀 zia)
　　　　藕——音五宇(不讀吳音 gu 而讀 gou)
　　　　諫——音漢(不讀吳音 ken 而讀 kan)
　　　　健——音見(不讀吳音 kon 而讀 ken)
　　　　杙——音欲(不讀吳音 iki 而讀 yoku)
　　　　荏——音尋(不讀吳音 nim 而讀 zim)
　　　　赫——音角(不讀吳音 kyaku 而讀 kaku)
　　　　酸——音删(不讀吳音 sen 而讀 san)

這些也可作爲漢音的音注。

　　因部分陀羅尼經中混用吳音和漢音,故在此不作詳細解釋,只看幾個例子,"弭$_{bi}^{mi}$""那$_{da}^{na}$"的上行爲吳音,下行爲漢音,而"尼$_{ni}$""末$_{ma}$""莫$_{ma}$"用吳音,"牟$_{bo}$""木$_{bo}$""没$_{bo}$""奴$_{do}$"等則作爲漢音的音注。加之日本人的音注常把濁音替換爲清音,因此,無法重視清濁問題。例如,公任的音注常常把漢語的濁音注爲清音。

　　　　腎——音信(不讀 zin 而讀 sin)

　　　　踐——音淺（不讀 zen 而讀 sen）

　　　　眩——音券（不讀 gwen 而讀 kwen）

如此清濁不分,也是漢音特色之一。

　　考慮到上面幾點,雖説佛經大體用吳音來念,但在 10 世紀時就與後代一樣,已經呈現吳、漢混用的狀態(特別是天台宗已用漢音誦讀阿彌陀經[abitakei],漢音當然已經傳入)。然而,説到其來源,大約 8 世紀末,朝廷已嘗試命令僧侶把佛經的讀法改爲漢音式。此嘗試有何種影響並不明確,但不可否認的是,至少在僅用吳音讀法的佛經誦讀裏已混入了漢音。倘若如此,則大矢博士將 8 世紀以後的"古經卷的音注"作爲吳音資料的做法頗不足取。因爲這些音注無論如何都是不純粹的。因此,爲了把握吳音的系統,必須利用某種方法除掉這些雜質。如果以自己想象的系統爲前提進行操作,就如文雄的工作一樣,不免主觀臆斷,遭人詬病。那麼,該如何做? 我想唯一可靠的方法是,以"和音"中出現的系統爲標準,吳音資料中符合此系統的留下,不符合的則視爲雜質而剔除掉。

九、吳 音 的 系 統

　　源順於 934 年左右寫成的著作《倭名類聚鈔》(《和名抄》)(據狩谷棭齋簽注 20 卷本),可以説是和音的寶庫。此書是用萬葉假名將漢語翻譯成日語的百科詞典,其序文説到,除了純粹的漢語詞之外,還收錄了已成爲日語的漢語詞("沈香$_{dimkau}$""磁石$_{zisyaku}$"等),因爲它們都是重要的詞。文中列舉漢字並加上"此間云……""此間音……"等注釋,這些就是和音。現在,要除掉如"相 su 撲 mahi"等没有其他例子的字詞,如"雙六$_{sugoroku}$"的"雙$_{sugo}$"等,還有其他用例極少的以及日本古老的地名裏用的漢字音(此層另外作爲音韻研究的資料有用,但與當前的問題無關)。而"帛$_{hatanokinu}$""靴$_{kwenokutu}$""瓷$_{zinoutuhamono}$"等詞中,hata、kwe、zi 明明是漢語的和音却采用,"橘皮$_{kikaha}$"的 ki 和"鮒$_{huna}$"的 hu 需要詞源的線索,故在此將其去除。但是不去除如"林檎$_{riukou}$"等明確知道由於音變而從 rimukomu 變化來的作爲資料可能有用的漢字音。然後再整理殘存的和音就可以得到約 200 個字音(如果加上傳説是菅原是善所作但其實是真言僧侶所作的《類聚名義抄》的和音,資料會成倍增加,但是時代往後推延,漢音式和音會混入,因此現在並不論及)。現在把其作爲鑰匙，與心空的《法華經音義》進行對照，除掉不純的要素，就可以得到吴音的概略系統。但是，由於篇幅的限制，在此無法提供字音的全表。因此，僅就各聲母舉一個主要字音。│ 線之前爲《和名抄》的和音，"│"線之後爲與其平行的法華經的吴音。

A. 果攝、假攝

歌韻系　$訶_{ka}$ $賀_{ga}$ $餓_{ga}$ $多_{ta}$ $駝_{da}$ $羅_{ra(ro)}$ $儸_{ra}$ │ $阿_{a}$ $可_{ka}$ $歌_{ka}$ $我_{ga}$ $作_{sa}$ $左_{sa}$ $娑_{sya}$ $多_{ta}$ $駝_{da}$ $羅_{ra}$ $那_{na}$

果韻系　$魔_{ma}$ $蟆_{ma}$ $靴_{kwe}$ │ $坐_{za}$ $墮_{da}$ $污(涴)_{wa}$ $果_{kwa}$ $火_{kwa}$ $過_{kwa}$ $臥_{gwa}$ $和_{wa}$ $破_{ha}$ $婆_{ba}$ $磨_{ma}$ $魔_{ma}$

麻韻二等系　$袈_{ke}$ $裟_{sya}$ $紗_{sya}$ $权_{sa}$ $芭_{ba}$ $豝_{ha}$ $麻_{ma}$ $馬_{me}$ $碼_{me}$ $花_{kwe}$ $瓜_{kwe}$ │ $假_{ke}$ $家_{ke}$ $牙_{ge}$ $雅_{ge}$ $下_{ge}$ $茶_{da}$ $叉_{sya}$ $沙_{sya}$ $差_{sya}$ $蹉_{sya}$ $麻_{ma}$ $馬_{me}$ $罵_{me}$ $碼_{me}$ $瓦_{gwa}$ $化_{kwe}$ $華_{gwe}$ $窊_{wa}$

麻韻三等系　$碑_{sya}$ │ $夜_{ya}$ $野_{ya}$ $也_{ya}$ $舍_{sya}$ $拾_{sya}$ $車_{sya}$ $斜_{zya}$ $且_{sya}$ $寫_{zya}$ $邪_{zya}$ $咩_{mya}$

注：麻韻二等與e對應是一般原則，"$茶_{da}$"屬例外。二等齒音與sya對應是一般原則，"$权_{sa}$"可能屬例外。但是二等唇音是否與如"$芭_{ba}$""$麻_{ma}$"等a對應或者與如"$馬_{me}$""$碼_{me}$"等e對應則很不明確。合口"$花_{kwe}$""$瓜_{kwe}$""$靴_{kwe}$"符合原則。

B. 效攝

豪韻系　$襖_{awo}$ $草_{sau}$ $道_{dau}$ $桃_{dau}$ $老_{rawo}$ $磝_{nau}$ $寶_{ho(u)}$ │ $奧_{au}$ $高_{kau}$ $好_{kau}$ $豪_{gau}$ $號_{gau}$ $遭_{sau}$ $澡_{sau}$ $造_{zau}$ $到_{tau}$ $刀_{tau}$ $盜_{tau}$ $道_{dau}$ $老_{rau}$ $牢_{rau}$ $勞_{rau}$ $惱_{nau}$ $鬧_{nau}$ $寶_{hou}$ $報_{hou}$ $保_{hou}$ $毛_{mou}$ $帽_{mou}$ $暴_{bo(u)}$

肴韻系　無 │ $交_{keu}$ $教_{keu}$ $孝_{keu}$ $巧_{keu}$ $爪_{sau}$ $抄_{sau}$ $泡_{hau}$ $飽_{hau}$ $貌_{meu}$ $豹_{heu}$

宵蕭韻系　$鞘_{eu}$ $簫_{seu}$ $蕉_{sewo}$ $貂_{ten}$ $療_{heu}$ │ $要_{eu}$ $遙_{eu}$ $潮_{teu}$ $超_{teu}$ $調_{teu}$ $鳥_{teu}$ $彫_{teu}$ $照_{seu}$ $少_{seu}$ $燒_{seu}$ $笑_{seu}$ $消_{seu}$ $遶_{neu}$ $嬈_{neu}$ $饒_{neu}$ $尿_{neu}$ $了_{reu}$ $療_{reu}$ $表_{heu}$ $漂_{heu}$ $苗_{meu}$ $渺_{meu}$ $廟_{meu}$

注：豪韻一等的唇音與如"$寶_{hou}$""$毛_{mou}$"等o對應，肴韻二等的唇音與如"$貌_{meu}$"等e對應或者與如"$泡_{hau}$"等a對應。齒音二等在《法華經》中與如"$抄_{sau}$"等a對應，但因缺少"和音"的例子，無法確認。或者也可能是"$抄_{seu}$"。

C. 山攝

寒韻系　$檀_{dan}$ $彈_{dan}$ $蘭_{ran}$ $癧_{kati}$ $坰_{rati}$ $鉢_{hati}$ $撥_{bati}$ │ $安_{an}$ $乾_{kan}$ $看_{kan}$ $岸_{gan}$ $散_{san}$ $讚_{san}$

殘$_{zan}$單$_{tan}$丹$_{tan}$歎$_{tan}$但$_{dan}$亶$_{dan}$

桓韻系　萱$_{kuan}$｜官$_{kuan}$冠$_{kuan}$歡$_{kuan}$丸$_{guan}$玩$_{guan}$算$_{san}$短$_{tan}$斷$_{dan}$亂$_{ran}$卵$_{ran}$奻$_{nan}$

删山韻系　斑$_{hen}$版$_{hen}$關$_{kwan}$纈$_{keti}$｜間$_{ken}$閑$_{gen}$限$_{gen}$顏$_{gen}$山$_{sen}$産$_{sen}$撰$_{sen}$殺$_{seti}$刹$_{seti}$

元韻系　苑$_{won}$礬$_{mon}$｜建$_{kon}$健$_{kon}$言$_{gon}$權$_{gon}$反$_{hon}$販$_{hon}$煩$_{bon}$越$_{woti}$發$_{hotu}$髪$_{hotu}$

仙先韻系　旆$_{sen}$線$_{sen}$癬$_{sen}$天$_{ten}$樂$_{ren}$｜咽$_{en}$演$_{en}$筵$_{en}$見$_{ken}$遣$_{ken}$仙$_{sen}$先$_{sen}$鮮$_{sen}$淺$_{sen}$前$_{zen}$泉$_{sen}$川$_{sen}$船$_{sen}$專$_{sen}$宣$_{sen}$全$_{zen}$典$_{ten}$田$_{den}$傳$_{den}$展$_{ten}$轉$_{ten}$練$_{ren}$連$_{ren}$戀$_{ren}$變$_{hen}$面$_{men}$免$_{men}$切$_{seti}$熱$_{neti}$涅$_{neti}$別$_{beti}$滅$_{meti}$決$_{kweti}$缺$_{kweti}$穴$_{kweti}$血$_{kweti}$

注：所有删山韻二等，包括唇音在內，原則上與 e 對應，但如"關$_{kwan}$"等合口很有可能與 a 對應。元韻三等與 o 對應，但《法華經》中的"願$_{gwan}$""卷$_{kwan}$""萬$_{man}$""曰$_{watu}$""月$_{gwatu}$""罰$_{bati}$"等合口爲 a 的也可能是一種吳音（若是漢音，就爲"卷$_{kwen}$""月$_{gwetu>getu}$""曰$_{etu}$"）。加之，"返"在《法華經》中讀 hen，屬例外。在"和音"裏，有"苑$_{woni}$""線$_{seni}$""蘭$_{rani}$"。可見，n 韻尾讀爲 ni，在表中改爲 n。而在《法華經》中，有唇音的"遍$_{hemu}$""反$_{homu}$""煩$_{bomu}$"之類音譯成 mu 韻尾的毛病，在表中一律改爲 n。

D. 蟹攝

咍韻系　采$_{sai}$台$_{dai}$倍$_{bo}$｜愛$_{ai}$哀$_{ai}$開$_{kai}$礙$_{ge}$采$_{sai}$哉$_{zai}$才$_{zai}$怠$_{tai}$待$_{dai}$乃$_{nai}$來$_{rai}$每$_{mai}$

泰韻系　梛$_{nai}$｜泰$_{tai}$太$_{tai}$奈$_{nai}$邁$_{mai}$昧$_{mai}$貝$_{bai}$會$_{we}$外$_{gwe}$

灰韻系　無｜悔$_{kwe}$誨$_{kwe}$回$_{we}$背$_{hai}$

皆佳韻　鞋$_{kai}$｜戒$_{kai}$界$_{kai}$皆$_{kai}$芥$_{ke}$解$_{ke}$賣$_{mai}$快$_{kwe}$懷$_{we}$壞$_{we}$畫$_{we}$拜$_{hai}$

祭齊韻系　犀$_{sai}$醍$_{dai}$筓$_{kei}$｜鋭$_{wei}$穢$_{we}$衛$_{we}$慧$_{we}$計$_{ke}$系$_{ke}$啓$_{kei}$谿$_{kei}$妻$_{sai}$西$_{sai}$齊$_{sai}$濟$_{zai}$歲$_{sai}$際$_{sai}$祭$_{sai}$世$_{sei}$制$_{sei}$勢$_{sei}$體$_{tai}$弟$_{dai}$帝$_{dai}$第$_{dai}$提$_{dai}$禮$_{rai}$戾$_{rai}$米$_{mai}$迷$_{mei}$蔽$_{hei}$陛$_{hei}$弊$_{hei}$

注：和音的"倍$_{bo}$"爲更古老的層次（與"愛$_o$""乃$_{no}$"等平行）的殘留。泰、灰、皆韻的合口如"會$_{we}$""悔$_{kwe}$""懷$_{we}$"等與 we 對應。但皆佳韻與"鞋$_{kai}$""皆$_{kai}$"等對應，還是與"芥$_{ke}$""解$_{ke}$"對應尚不清楚。另外，祭齊韻的牙喉音如"筓$_{kei}$""慧$_{we}$""計$_{ke}$"等與 e 對應，舌音、齒音如"體$_{tai}$""妻$_{sai}$"等與 ai 對應，這都是一般原則，不會說如"世$_{se}$"等與 e 對應的例子不是吳音。甚至唇音，如"米$_{mai}$""迷$_{mei}$"a 及 e 都出現，無法決定二者何爲原則。和音的例子極少就是關鍵問題。

E. 咸攝

覃談韻系　庵$_{amu}$柑$_{kamu}$醰$_{tamu}$楠$_{namu}$三$_{samu}$衲$_{nohu}$｜暗$_{amu}$感$_{kamu}$敢$_{kamu}$堪$_{kamu}$含$_{gamu}$擔$_{tamu}$黮$_{tamu}$貪$_{domu}$曇$_{domu}$欖$_{ramu}$南$_{namu}$男$_{namu}$簪$_{samu}$蹔$_{zamu}$合$_{gahu}$塔$_{tahu}$鑷$_{rahu}$納$_{nohu}$

咸銜韻系　甲$_{kohu}$夾$_{kehu}$｜咸$_{gemu}$監$_{kemu}$甲$_{kahu}$洽$_{gahu}$

鹽添韻系　簷$_{emu}$蝶$_{tehu}$茨$_{keti}$｜厭$_{emu}$鹽$_{emu}$兼$_{kemu}$謙$_{kemu}$嫌$_{gemu}$險$_{kemu}$苦$_{semu}$念$_{nemu}$厭$_{ehu}$叶$_{ehu}$妾$_{sehu}$疊$_{tehu}$獵$_{rehu}$

嚴凡韻系　無｜嚴$_{gomu}$梵$_{bomu}$凡$_{bomu}$犯$_{homu}$劫$_{kohu}$業$_{gohu}$法$_{hohu}$乏$_{bohu}$

注：咸銜韻系的入聲可能以“夾$_{kehu}$”爲通則，但也有如“甲$_{kohu、kahu}$”與 o 及 a 對應而不與 e 對應的例子。應該關注“衲$_{nohu}$”“納$_{nohu}$”等合韻入聲與 o 對應，以及覃韻中如“貪$_{domu}$”“曇$_{domu}$”等與 o 對應的例子。但是這也無法參照和音進行確認。

F. 宕攝

唐韻系　瘡$_{sau}$榔$_{rau}$黃$_{wau}$駱$_{raku}$薄$^{haku}_{ha}$博$_{haka}$珀$_{haku}$帛$_{haku}$幕$_{maku}$莫$_{maku}$簒$_{waku}$｜剛$_{gau}$當$_{tau}$堂$_{dau}$浪$_{rau}$狼$_{rau}$倉$_{sau}$桑$_{sau}$旁$_{bau}$廣$_{kwau}$光$_{kwau}$惶$_{wau}$各$_{kaku}$度$_{daku}$落$_{raku}$寞$_{maku}$郭$_{kwaku}$

江韻系　覺$_{kaku}$柵$_{saku}$蒴$_{soku}$藋$_{toku}$｜江$_{kau}$講$_{kau}$巷$_{kau}$學$_{gaku}$捉$_{syaku}$雹$_{haku}$數$_{soku}$

陽韻系　帳$_{tyau}$枋$_{hau}$方$_{hou}$雀$_{zyaku}$葤$_{nyaku}$｜央$_{au}$向$_{kau}$強$_{gau}$羊$_{yau}$楊$_{yau}$壯$_{zyau}$狀$_{zyau}$莊$_{syau}$相$_{sau}$象$_{zau}$祥$_{zyau}$上$_{zyau}$章$_{syau}$常$_{zyau}$梁$_{ryau}$兩$_{ryau}$涼$_{ryau}$張$_{tyau}$丈$_{dyau}$放$_{hau}$房$_{bau}$忘$_{mau}$網$_{mau}$況$_{kyau}$王$_{wau}$往$_{wau}$藥$_{yaku}$著$_{tyaku}$略$_{rya}$若$_{nya}$弱$_{nyaku}$爵$_{syaku}$

注：值得關注的是，覺韻有如“蒴$_{soku}$”“藋$_{toku}$”“數$_{soku}$”等與 o 對應的和音，若根據平行對應來看，估計會有如“江$_{kou}$”“雙$_{sou}$”等音，但事實上沒發現和音的例子。陽韻齒上音“壯”“狀”“莊”之類帶拗音的現象很有趣。

G. 梗攝

庚耕清青系　磬$_{kyau}$箏$_{syau}$生$_{syau}$青$_{syau}$猩$_{syau}$鉦$_{syau}$井$_{zyau}$石$^{zyaku}_{zaku}$柏$_{hyaku}$｜櫻$_{yau}$盈$_{yau}$迎$_{gau}$更$_{kyau}$敬$_{kyau}$京$_{kyau}$經$_{kyau}$形$_{gyau}$行$_{gyau}$打$_{tyau}$頂$_{tyau}$定$_{dyau}$領$_{ryau}$冷$_{ryau}$靈$_{ryau}$寧$_{nyau}$性$_{syau}$情$_{zyau}$平$_{byau}$兵$_{hyau}$病$_{byau}$命$_{myau}$名$_{myau}$明$_{myau}$猛$_{myau}$盲$_{mau}$橫$_{wau}$頃$_{kwau}$迴$_{kwyau}$永$_{wyau}$營$_{wyau}$榮$_{yau}$厄$_{yaku}$益$_{yaku}$易$_{yaku}$客$_{kyaku}$逆$_{gyaku}$適$_{tyaku}$擲$_{tyaku}$歷$_{ryaku}$責$_{syaku}$索$_{syaku}$昔$_{syaku}$寂$_{zyaku}$釋$_{syaku}$赤$_{syaku}$尺$_{syaku}$迫$_{haku}$白$_{byaku}$百$_{hyaku}$辟$_{byaku}$覓$_{myaku}$獲$_{kwyaku}$

注：可以清楚地看到，梗攝下的韻大都被音譯爲“yau”“yaku”，這是吳音的特色。

H. 遇攝

模韻系　胡$_{go}$琥$_{ku}$鼓$_{ko}$酗$_{go}$兔$_{to}$艫$_{ro}$轤$_{ro}$酢$_{su}$蘇$_{su}$酥$_{so}$丨烏$_{u}$惡$_{wo}$苦$_{ku}$故$_{ko}$古$_{ko}$虎$_{ko}$五$_{go}$度$_{do}$土$_{to}$路$_{ro}$盧$_{ro}$奴$_{nu}$祖$_{so}$菩$_{bo}$布$_{ho}$普$_{hu}$步$_{bu}$

魚韻系　碟$_{ko}$椆楚$_{so}$疽$_{so}$丨於去$_{ko}$舉居$_{ko}$巨$_{go}$語$_{go}$御$_{go}$與$_{yo}$餘$_{yo}$猪$_{tyo}$除$_{dyo}$女$_{nyo}$如$_{nyo}$慮$_{ryo}$欄$_{ryo}$所$_{syo}$疏$_{syo}$初$_{syo}$助$_{zyo}$處$_{syo}$書$_{syo}$詛$_{syo}$序$_{zyo}$

虞韻系　枸$_{ku}$具$_{go}$柚$_{yu}$麈$_{syu}$珠$_{zu}$鉗$_{bu}$丨雨$_{u}$羽$_{u}$軀$_{ku}$愈$_{yu}$逾$_{yu}$柱$_{tiu}$住$_{diu}$數$_{syu}$主$_{syu}$銖$_{syu}$樹$_{zyu}$殊$_{zyu}$取$_{syu}$趣$_{syu}$須$_{syu}$付$_{hu}$敷$_{syu}$無^{mu}務$_{mu}$

注：模韻系有"兔$_{to}$""酥$_{so}$""菩$_{bo}$"等與 o 對應的例子，也有"琥$_{ku}$""酢$_{su}$""布$_{hu}$"等與 u 對應的例子。

I. 通攝

東韻系　筌$_{ku}$弓$_{kuu}$楑$_{syu}$風$_{huu}$鳳$_{huu}$六$_{roku}$轆$_{roku}$木$_{muku}$竹$_{tiku}$褥$_{niku}$熟$_{zuku}$丨孔$_{ku}$功$_{ku}$通$_{tuu}$痛$_{tuu}$東$_{tou}$銅$_{dou}$動$_{dou}$送$_{sou}$揔$_{sou}$躬$_{ku}$宮$_{kuu}$雄$_{wou}$中$_{tyuu}$蟲$_{dyuu}$終$_{syuu}$衆$_{syuu}$充$_{zyuu}$豐$_{hu}$夢$_{mu}$蒙$_{mu}$穀$_{koku}$哭$_{koku}$族$_{zoku}$叔$_{siku}$目$_{moku}$鬱菊$_{kiku}$逐$_{tiku}$畜$_{tiku}$

冬韻系　無丨冬$_{tou}$宋$_{sou}$毒$_{doku}$耨$_{noku}$僕$_{boku}$

鍾韻系　燭$_{soku}$綠$_{roku}$丨共$_{gu}$恐$_{ku}$供$_{gu}$用$_{yo}$容$_{yo}$勇$_{yu}$湧$_{yu}$癰$_{wou}$擁$_{yuu}$重$_{dyuu}$龍$_{ryuu}$種^{syu}$_{syuu}$腫$_{syuu}$從$_{zyuu}$縱$_{syuu}$奉$_{bu}$峯$_{bu}$曲$_{koku}$獄$_{goku}$欲$_{yoku}$足$_{soku}$俗$_{zoku}$屬$_{zoku}$觸$_{soku}$

注：東韻和冬韻的區別不清楚。但是東韻主要與 u 對應、冬韻主要與 o 對應。東韻拗音和鍾韻的區別也不清楚，但從"竹$_{tiku}$""菊$_{kiku}$""熟$_{zuku}$"——"燭$_{soku}$""獄$_{goku}$""屬$_{zoku}$"等的對立中可以看出東韻主要與 u 對應、鍾韻主要與 o 對應的傾向。這似乎與遇攝中的虞韻和魚韻的差別有關係。

J. 臻攝

痕魂韻系　無丨恩$_{on}$根$_{kon}$損$_{son}$鈍$_{don}$論$_{ron}$本$_{hon}$門$_{mon}$骨$_{koti}$卒$_{soti}$沒$_{moti}$麧$_{hoti}$

欣韻系　乞$_{koti}$丨隱$_{on}$慇$_{on}$欣$_{kon}$近$_{gon}$勤$_{gon}$乞$_{koti}$

文韻系　雲^{u}$_{un}$篁^{ku}$_{kun}$熏$_{kun}$粉$_{hun}$丨云$_{un}$君$_{kun}$訓$_{kun}$群$_{gun}$分$_{hun}$文$_{mon}$聞$_{mon}$屈$_{kuhu}$堀$_{kuhu}$拂$_{hohu}$物$_{moti}$佛$_{butu}$

真韻系　巾^{ko}$_{kon}$牝^{hi}$_{hin}$檳$_{bin}$鎮$_{din}$室$_{siti}$篳$_{hiti}$饆$_{hiti}$筆$_{hiti}$密$_{miti}$丨引$_{in}$銀$_{gon}$緊$_{kin}$信$_{sin}$身$_{sin}$親$_{sin}$神$_{zin}$陣$_{din}$塵$_{din}$鄰$_{rin}$人$_{nin}$忍$_{nin}$賓$_{hin}$貧$_{bin}$民$_{min}$乙$_{oti}$一$_{iti}$逸$_{iti}$吉$_{kiti}$七$_{siti}$質$_{siti}$失$_{siti}$日$_{niti}$律$_{riti}$慄$_{riti}$匹$_{hiti}$密$_{miti}$

諄韻系　無丨順$_{zyun}$旬$_{zyun}$純$_{zyun}$倫$_{rin}$輪$_{rin}$潤$_{nin}$

注：真韻三等包含"巾$_{kon}$""銀$_{gon}$""乙$_{oti}$"等與 o 對應的例子,四等如
"引$_{in}$""緊$_{kin}$""一$_{iti}$i"等則與 i 對應。《法華經》裏,"骨$_{kotu}$""卒$_{sotu}$"等若干字
的入聲韻尾帶 tu,在此表中統一改爲 ti。但"佛$_{butu}$"是唯一的特例,保留原
形。《法華經》中的"恩$_{won}$""隱$_{womu}$""慇$_{womu}$"改爲 on。

K. 深攝

侵韻系　金$_{komu}$檎$_{komu}$浸$_{simu}$林$_{rimu}$心$_{simi}$│陰$_{omu}$音$_{omu}$飲$_{omu}$今$_{komu}$品$_{bomu}$禀$_{homu}$
姪$_{imu}$禽$_{kimu}$琴$_{kimu}$禁$_{kimu}$針$_{simu}$審$_{simu}$甚$_{zimu}$尋$_{zimu}$沈$_{dimu}$臨$_{rimu}$任$_{nimu}$賃$_{nimu}$姙$_{nimu}$

注：和音"林檎$_{riukou}$"應看作 mu 的音變,改爲 rimukomu。侵韻三等如
"音$_{omu}$""檎$_{komu}$""金$_{komu}$""品$_{bomu}$"等與 o 對應,四等如"姪$_{imu}$"等則與 i 對應。
但是,"禁$_{kimu}$""禽$_{kimu}$""琴$_{kimu}$"等也是三等字,却與 i 對應,説明對應並不嚴
密,有點類似於真韻的"巾$_{kon}$""銀$_{gon}$"。

L. 曾攝

登韻系　燈$_{tou}$塞$_{soko}$│肯$_{kou}$恒$_{gou}$僧$_{sou}$增$_{zou}$等$_{tou}$能$_{nou}$崩$_{hou}$弘$_{gu}$刻$_{koku}$國$_{koku}$
德$_{toku}$勒$_{roku}$則$_{soku}$賊$_{zoku}$北$_{hoku}$墨$_{moku}$或$_{waku}$惑$_{waku}$

蒸韻系　無│興$_{kou}$應$_{ou}$證$_{syou}$昇$_{syou}$乘$_{zyou}$陵$_{ryou}$憶$_{oku}$棘$_{koku}$極$_{goku}$息$_{soku}$即$_{soku}$
色$_{siki}$測$_{siki}$識$_{siki}$食$_{ziki}$直$_{diki}$

注：除了蒸韻系的一部分,所有例子基本上都與 o 對應,"或$_{waku}$"
"惑$_{waku}$"則是例外。《法華經》的"應$_{wou}$""忆$_{woku}$"分別改爲 ou、oku。

M. 流攝

侯韻系　篌$_{go}$喉$_{go}$蒟$_{ko}$枸$_{ku}$斗$_{to}$飳$_{to}$頭$_{du}$瘻$_{ro}$│歐$_{u}$口$_{ko}$垢$_{ko}$後$_{go}$兜$_{to}$頭$_{du}$逗$_{tou}$
陋$_{ro}$漏$_{ro}$走$_{sou}$餡$_{u}$部$_{bu}$茂$_{mu}$某$_{mu}$牟$_{mu}$母$_{mo}$

尤韻系　游$_{yu}$柚$_{ro}$牛$_{ro}$琉$_{ru}$榴$_{ro}$首$_{su}$鍮$_{iu}$鑄$_{diyu}$│有$_{u}$右$_{u}$友$_{u}$優$_{u}$郵$_{iu}$由$_{yu}$猶$_{yu}$油$_{yu}$
舊$_{ku}$久$_{ku}$休$_{ku}$籌$_{tiu}$稠$_{tiu}$柔$_{niu}$留$_{ru}$琉$_{ru}$廋$_{yu}$手$_{syu}$守$_{syu}$周$_{syu}$受$_{zyu}$壽$_{zyu}$就$_{zyu}$酒$_{syu}$浮$_{bu}$
富$_{hu}$婦$_{bu}$

注：侯韻大體上與 o 對應,但其中也包含如"枸$_{ku}$""頭$_{du}$"等讀 u 的情
況,而唇音如 hu、mu 等與 u 對應。尤韻原則上與 u 對應,特別是三等字
"友""有""優"爲 u,四等字"由""油"則爲 yu。其他和音中有"鏂(音謳)"
"鹀(音母)",恐怕分別是 u、mu。

N. 止攝

支脂韻系　綺$_{ki}$履$_{ri}$璃$_{ri}$紙$_{si}$紫$_{si}$雌$_{si}$鴟$_{si}$瓷$_{zi}$痺$_{hi}$臂$_{hi}$枇$_{bi}$鼻$_{bi}$琶$_{bi}$丨夷$_{i}$棄$_{ki}$器$_{ki}$伎$_{gi}$奇$_{gi}$祇$_{gi}$義$_{gi}$宜$_{gi}$戲$_{ke}$是$_{ze}$施$_{se}$智$_{ti}$地$_{di}$池$_{di}$致$_{ti}$利$_{ri}$梨$_{ri}$二$_{ni}$兒$_{ni}$尼$_{ni}$膩$_{ni}$指$_{si}$氏$_{si}$自$_{zi}$彼$_{hi}$畀$_{hi}$比$_{hi}$備$_{bi}$美$_{mi}$眉$_{mi}$

支脂韻合口　位$_{wi}$錘$_{tui}$丨爲$_{wi}$危$_{guwi}$僞$_{guwi}$惟$_{yui}$唯$_{yui}$維$_{yui}$衰$_{sui}$水$_{sui}$瑞$_{zui}$醉$_{sui}$隨$_{zui}$墜$_{tui}$追$_{tui}$

之韻　碁$_{go}$杞$_{ko}$子$_{si}$兹$_{si}$士$_{se}$丨以$_{i}$己$_{ko}$欺$_{go}$喜$_{ki}$記$_{ki}$疑$_{gi}$絲$_{si}$使$_{si}$事$_{zi}$止$_{si}$之$_{si}$治$_{di}$持$_{di}$里$_{ri}$吏$_{ri}$耳$_{ni}$

微韻系　衣$_{e}$飛$_{hi}$鬼$_{ki}$丨依$_{e}$氣$_{ke}$希$_{ke}$幾$_{ki}$豈$_{hi}$非$_{hi}$味$_{mi}$未$_{mi}$微$_{mi}$謂$_{wi}$畏$_{wi}$圍$_{wi}$威$_{wi}$鬼$_{kuwi}$歸$_{kuwi}$

注：微韻裏有許多字讀 e，如"衣$_{e}$""气$_{ke}$"等，可以認爲它們與之韻的"碁$_{go}$""己$_{ko}$"等共同保留了古老的字音層次。合口三等表現爲"位$_{wi}$""爲$_{wi}$"，合口四等則表現爲"惟$_{yui}$""唯$_{yui}$"。

十、漢音、吴音系統的比較

爲明確表現出上一節已闡明的吳音系統的特色，最好的方法是與後面傳入的漢音系統進行比較。由有坂秀世博士整理的正倉院藏舊抄本蒙求上的漢字音注，是古老又可靠的漢音資料（《國語音韻史の研究》增補新版第609—616 頁所收）。現在，我們以此爲標準，與吳音進行比較，並把值得注意的地方列出來：

A. 聲母

上文屢次提到，六朝的漢語鼻音在吳音裏與 ma、na 對應，在漢音裏與 ba、da 對應。而漢語的 ń-（日母）在吳音裏與 ni、ne 對應，在漢音裏與 zi、ze 對應。例如（上面爲吳音，下面爲漢音）：

奴$^{nu}_{do}$女$^{nyo}_{dyo}$二$^{ni}_{zi}$日$^{niti}_{ziti}$任$^{nimu}_{zimu}$毛$^{mou}_{bou}$苗$^{meu}_{beu}$米$^{mai}_{bei}$密$^{miti}_{bitu}$文$^{mon}_{bun}$

但是，在漢音裏，名$^{myau}_{mei}$、寧$^{nyau}_{nei}$等-ng 韻尾的字讀 mei、nei，而不讀 bei、dei（有坂秀世《メイ（明）ネイ（宁）の类は果して漢音ならざるか》，《國語音韻史の研究》第 396 頁以下）。而且，漢音有時候也保留着-n 韻尾，如"門$_{mon}$""年$_{nen}$"等鼻音，很有可能不與 bon、den 對應。

其次，在漢語濁音 ɦ-（匣母）作爲聲母的例子中，有許多合口字在吳音裏與 wa 對應，在漢音裏與 ka 對應。

和$^{wa}_{kwa}$ 會$^{we}_{kwai}$ 懷$^{we}_{kwai}$ 胡$^{u}_{ko}$ 黃$^{wau}_{kwau}$

另外，吳音正確地反映了漢語聲母的清濁區別，漢音則把兩者混在一起。但是對於這一點，因爲在日本的音注資料上附上假名標音時，會把清音假名與濁音假名混用在一起，所以很難依據合適的古代資料來確認。但是，可以根據當代的例子來推測，如"極$_{goku}$""直$_{diki}$""成就$_{zyau}$"等，在所謂的吳音式讀法裏，漢語"極"的 g-、"直"的 ḍ-、"成"的 ź-、"就"的 dz-都用濁音來表示，在漢音裏"極$_{kyoku}$""直$_{tyoku}$""成$_{sei}$""就$_{siu}$"等則都用清音來表示，這就是明確的事實。

B. 韻母

以下列舉主要幾點。其中，上面爲吳音，下面爲漢音。

1. 東韻（直音）如"公$_{kou}^{ku}$""孔$_{kou}^{ku}$""通$_{tou}^{tu}$"等，散見於吳音裏的 u 讀法在漢音裏統一讀爲 o。

2. 模韻如"琥$_{ko}^{ku}$""蘇$_{so}^{su}$""都$_{to}^{tu}$""布$_{ho}^{hu}$""步$_{ho}^{bu}$"等，散見於吳音裏的 u 讀法在漢音裏統一讀爲 o。

3. 侯韻如"喉$_{kou}^{go}$""斗$_{tou}^{to}$""頭$_{tou}^{du}$""某$_{bou}^{mu}$"等，吳音爲 o、u 的短音，容易與模韻相混，漢音譯爲 ou 型的雙元音，清楚地反映了漢語的 ou 型韻母。

4. 之韻如"己$_{ki}^{ko}$""士$_{si}^{se}$"等，散見於吳音裏的 o 和 e 等不規則性讀法在漢音裏統一讀爲 i。

5. 微韻如"衣$_{i}^{e}$""希$_{ki}^{ke}$""氣$_{ki}^{ke}$"等，散見於吳音的 e 讀法在漢音裏統一讀爲 i。

6. 齊韻如"妻$_{sei}^{sai}$""西$_{sei}^{sai}$""題$_{tei}^{dai}$""米$_{bei}^{mai}$""禮$_{rei}^{rai}$"等，散見於吳音裏的 ai 型讀法在漢音裏統一讀爲 ei 型。

7. 庚韻（直音）、耕韻如"客$_{kaku}^{kyaku}$""百$_{haku}^{hyaku}$""更$_{kau}^{kyau}$"等，吳音讀爲 iaku、iau 型，漢音則全讀爲 aku、au 型。

8. 庚韻（拗音）、清韻、青韻如"敬$_{kei}^{kyau}$""京$_{kei}^{kyau}$""生$_{sei}^{syau}$""平$_{hei}^{byau}$""命$_{mei}^{myau}$""井$_{sei}^{zyau}$""領$_{rei}^{ryau}$""石$_{seki}^{zyaku}$""尺$_{seki}^{syaku}$"等，吳音讀爲 iau、iaku 型，漢音則全讀爲 ei、eki 型。

9. 真韻如"巾$_{kin}^{kon}$""銀$_{gin}^{gon}$"等，在吳音裏出現的一部分 on 型在漢音裏統一讀爲 in 型。

10. 侵韻如"金$_{kimu}^{komu}$""音$_{imu}^{omu}$""陰$_{imu}^{omu}$"等，在吳音裏出現的一部分 omu 型在漢音裏統一讀爲 imu 型。

11. 元韻如"建$_{ken}^{kon}$""言$_{gen}^{gon}$""苑$_{en}^{won}$""反$_{han}^{hon}$"等,吳音爲 o,漢音則轉移至 e（脣音爲 a）。

12. 嚴韻、凡韻如"嚴$_{gemu}^{gomu}$""犯$_{hamu}^{homu}$"等,吳音爲 o,漢音則轉移至 e（脣音爲 a）。

13. 麻韻（直音）如"下$_{ka}^{ge}$""牙$_{ga}^{ge}$""華$_{kwa}^{kwe}$"等,吳音爲 e,漢音則爲 a。

14. 佳韻、皆韻如"芥$_{kai}^{ke}$""解$_{kai}^{ke}$""懷$_{kwai}^{we}$"等,吳音爲 e,漢音則爲 ai。

15. 肴韻如"交$_{kau}^{keu}$""教$_{kau}^{keu}$""孝$_{kau}^{keu}$""巧$_{kau}^{keu}$"等,吳音爲 eu,漢音則爲 au。

16. 山韻、删韻如"間$_{kan}^{ken}$""顔$_{gan}^{gen}$""山$_{san}^{sen}$""斑$_{han}^{hen}$"等,吳音爲 en,漢音則爲 an。

17. 咸韻、衔韻如"監$_{kamu}^{kemu}$"等,吳音爲 emu,漢音則爲 amu。

這些差異並不是孤立的。從某一個系統到另外一個系統的變化,需要通過觀察整體才能明白。下面將對每一個以橫線分開的群組加以解釋。

1 東韻,2 模韻,3 侯韻

六朝的東韻可能是 ung 或者 ong,模韻則可能是 u 或者 o,在吳音中反映出來的是東爲 ung、模爲 u 或 o。現在看《切韻》,其開頭有兩個十分相似的韻:東、冬。因爲屬於冬韻的字很少,我們不清楚如何發音,但在古老的真假名[4]中爲了表示"蘇我馬子"的 so 有過用"宋"的例子[5]（見《上宮聖德法王帝説》）。吳音讀法中,東韻如"公$_{ku}$""孔$_{ku}$""通$_{tu}$"等,讀 u 的傾向很强。因此可以認爲,六朝時代的漢語可能有東 ung——冬 ong 的區别,日本人把其分别讀爲 u 和 o。然而,《切韻》的東韻及冬韻在唐代已合體爲 ong。唐代傳入的漢音的所有字,如"公$_{kou}$""通$_{tou}$""宋$_{sou}$"等,都讀爲 o。

在唐代漢語裏,可以認爲模韻爲 o,侯韻爲 ou。但是,侯韻在更古老的時候可能爲 uu,日本的吳音裏也有如"枸$_{ku}$""頭$_{du}$"等讀爲 u 的例子。吳音幾乎不分模韻和侯韻的讀法。然而,到了唐代,模韻爲 o,侯韻則變成了雙重元音 ou。因此,在漢音裏,"侯$_{hou}$""頭$_{tou}$"等明確讀成與模韻不同的音。

4 之韻,5 微韻

之韻的"己$_{ko}$""士$_{se}$",微韻的"衣$_{e}$""气$_{ke}$"等,反映了它們是三國六朝時代的漢語,而且還包含了如之 iei、微 iəi 等作爲主元音的 e 和 ə。然而,到了唐代,首先支、脂、之等三個韻合流爲 i,其次微韻也與之合流。因此,在漢音裏,"己$_{ki}$""士$_{si}$""衣$_{i}$"等統一成爲 i。

6 齊韻,7 庚韻二等、耕韻,8 庚韻三等、清韻、青韻六朝的漢語,齊韻 ei、庚韻 ɛng、清韻 iɛng、青韻 ing 大都包含 e 类的主元音。但庚韻又包含了如"名""京""庆"等在上古音裏屬於 iang 的若干文字,可是僅有一小部分。漢語有 e,日本人爲何將"西$_{sai}$""青$_{syau}$"讀成 a。更甚者,將"更$_{kyau}$""爭$_{syau}$"這些直音字也讀成拗音。關於這點,吴音的系統好像與《切韻》表示的系統不一致。這个不一致並不是個別字呈現出不一致,而是整體呈現出不一致——即系統性的不一致。這個問題,在沒有掌握作爲吴音基础的六朝朝鮮漢字音之前,恐怕無法解决。而比吴音古老的真假名的層次裏有"禮$_{re}$""低$_{te}$""泥$_{ne}$"等把齊韻字讀成 e 的例子,這些例子符合《切韻》的齊韻 ei,問題更加複雜了。但是在漢音裏,有統一讀爲 e 的元音,如"西$_{sei}$""京$_{kei}$""青$_{sei}$"等(當然直音方面如"更$_{kau}$""爭$_{sau}$"等讀爲 a)。

9 真韻,10 侵韻

看《韻鏡》,真韻和侵韻分別被填在三等欄和四等欄,即屬於三四等兩屬韻之类。那麼,吴音之中如"巾$_{kon}$""銀$_{gon}$""乙$_{oti}$""金$_{komu}$""音$_{omu}$""品$_{bomu}$"等讀爲 o 的是屬於三等的字,《韻鏡》中填在四等的字如"印$_{in}$""緊$_{kin}$""一$_{iti}$""淫$_{imu}$"等在吴音裏也讀爲 i。日本的音韻學家認爲,雖是同樣的拗音,但三等的拗音性很弱,爲 ïen、ïəm 等形式;四等的拗音性則很强,爲 ien、iəm 等形式。弱拗音不讀爲 i 而讀爲 o,與此相反,强拗音由於 i 介音的影響使得日本人聽到的 i 爲 in、imu。然而,拗音具有兩種類型這一複雜系統在唐末開始不穩定,到了南宋就完全消失了,拗音成爲一個種類。漢音反映了此趨向,把所有的拗音如"巾$_{kin}$""銀$_{gin}$""乙$_{itu}$""金$_{kimu}$""音$_{imu}$""品$_{himu}$"等統一讀爲 i。

11 元韻,12 嚴韻、凡韻

這些可以認爲在《切韻》中分別包含了如 ïen、ïəm 等央化的元音,但在吴音裏與 o 對應。然而就像在唐代元韻開始變成仙韻似的,嚴韻也開始變成鹽韻。換言之,這些都變爲 ïen、ïəm 型韻母。大島正健先生在《韻鏡と唐韻广韻》中詳細解釋了《韻鏡》中提示的韻的組合在唐末發生的此種變化。漢音反映唐末音系的特色,如元音的"建$_{ken}$""言$_{gen}$",嚴韻的"嚴$_{gen}$",統一讀爲 e。但是對唇音需要注意。在吴音裏,"反$_{hon}$""凡$_{bomu}$""犯$_{homu}$"等唇音也是 o,但在漢音裏"反$_{han}$""凡$_{hamu}$""犯$_{hamu}$"等讀爲 a。因此可以認爲,由於在唐末出現了輕唇音或者轉移至輕唇音的過渡中有 ɸ 音,韻母的範圍也變寬了,如反 fan、犯 fam 等發音。

13 麻韻,14 佳韻、皆韻,15 肴韻,16 山韻、刪韻,17 咸韻、銜韻

在《韻鏡》中,這些位於二等欄。二等韻是直音,但其元音與一等韻相比又窄又前。那麼,可以認爲,假如與一等韻的歌 a、泰 ai、豪 au、寒 an、談 am 等相比,那些二等韻具有更淺更窄的 ǎ,在吳音裏讀爲 e,如麻 ǎ->e、佳皆 ǎi->e、肴 ǎu->eu、山刪 ǎn->en、咸銜 ǎm->emu。與此相反,在漢音裏二等元音肯定也是 a 類的元音,與一等元音没有區別。這是因爲在基於吳音的漢語方言裏,二等元音發成特别淺而窄的 ɛ 或 æ,日本人會有像 e 的感覺。

如上所述,吳音和漢音都可以根據《切韻》表示的漢語系統對其特色進行系統的解釋。雖然高本漢先生説,在吳音中,特别是唐清青韻及齊韻不符合《切韻》,因此,吳音是與《切韻》不同系統的方言的語音系統。但其"不符合"的部分都有不同的語音,换言之,系統上都不相同。因此,不可以説吳音反映了與《切韻》無關的漢語。不僅如此,吳音系統中還包含了寶貴的資料,如:一等韻和二等韻有不同的元音;真韻、侵韻等反映了其三等拗音和四等拗音之間的差異;把元韻、嚴韻、凡韻等讀爲 o,與仙韻、鹽韻明確地分語音等,爲闡明《切韻》的語音系統提供了不可或缺的線索。

十一、吳音、漢音與漢語音韻史

上節已提到,吳音與漢音可各自作爲反映漢語古音層次的寶貴資料。下面提出三個細節問題,對漢語的演變作出更深入的解釋。

(一)民間的漢和字典中,"帽子bausi""毛髮mauhatu"是對"帽""毛"注吳音及漢音,"帽bau mau""毛bau mau"(上面爲吳音,下面爲漢音)是假名。有坂秀世博士曾在《帽子等の假名遣について》中詳細説過這是錯誤的説法。我也找了若干資料,在《和名抄》和《法華經》的吳音中,豪韻一等唇音爲 ou 型,肴韻二等唇音爲 au 型(或者 eu 型)。例如:

豪韻系　寶hou 報hou 保hou 毛mou 帽mou
肴韻系　泡hau 飽hau 貌meu 豹heu

查看《伊吕波字類抄》,豪韻系在 ho、bo 和 mo 之類,肴韻系則在 ha、ba 和 ma 之類。例如:

豪韻系　寶hou 報hou 毛mou、bou 保ho、hou 帽bou
肴韻系　胞hau 庖hau 飽hau 苞hau 皰hau 茅bau 茆bau

因此，以豪韻系的唇音全都與 ou 型對應爲原則，那麽"帽$_\text{bou}^\text{mou}$""毛$_\text{bou}^\text{mou}$""保$_\text{hou}^\text{hou}$""報$_\text{hou}^\text{hou}$""寶$_\text{hou}^\text{hou}$"等注音吴音、漢音則是当然的。

換言之，幾年前我和語言學系的服部四郎教授出版《中原音韻の研究・校本篇》時，發現了一個問題。在本書的蕭豪韻保留如下細微區別：

> 陰平　褒──包胞苞　　　　　上聲　寶保──飽
> 去聲　報抱──豹爆

這裏左右兩項在北京話裏同音，很難想象它們在元代有實際區別。因此，有個疑問，《中原音韻》是否因韻書特有的保守性，故意提示實際不存在的細節上的區別。確實在這些例子中左項爲豪韻系，右項爲肴韻系。但又很難想象如《中原音韻》那樣忠實於口語的書會保守地留存如此區別。因此，將如何給這左右兩項定音值成爲討論的主要問題。然而，日本的吴音及漢音，加之後面如《伊呂波字類抄》和《節用集》（1474 年前）等平安末期至室町初期的字書都設立了"寶$_\text{hou}$""報$_\text{hou}$""褒$_\text{hou}$"──"胞$_\text{hau}$""飽$_\text{hau}$"之間的區別，那麽不得不承認當時的漢語實際上存在過這樣的差異。因此，對《中原音韻》也可以加如下音注：

> 陰平　褒 pou──胞 pau　　　上聲　寶 pou──飽 pau
> 去聲　報 pou──爆 pau

但是，在《中原音韻》裏，陽平的"毛 1"—"茅 2"，及去聲的"冒 1""帽 1"—"貌 2"互相混同，其他若干字音也呈現混同狀態。因此，以元代爲界，兩者恐怕在北方話裏漸漸統一成 au 型。

（二）衆所周知，當代北京話具有許多卷舌音，以前的漢語並不如此。可以使用多種資料追溯北京話卷舌音的發展階段。當代北京話那樣的狀態在明末清初才首次出現，之前如"師""使""事""疏""初"；"梢""霜""莊"；"鄒"；"生""争"等被填在中世的韻圖中的二等欄，確實爲卷舌音 sr-、cr-、c'r-。被填在三等欄的"詩""支"；"書""諸"；"少""照"；"奢""車"；"章""商"；"周""收"；"省""正"之類還是 ʃ-、tʃ-、tʃ'-，我把它們寫成 srj-、crj-、c'rj-。

追溯至六朝和唐初，二等齒音爲 srj-、crj-、c'rj-，三等齒音則爲完全不同的舌面音 sj-、cj-、c'j-。總之，卷舌音隨着時代發展而不斷擴大領域，終於形成了當代北京話的狀態，其變遷如下圖所示：

六　　朝	唐末、宋、元	明末、清
二等齒音（"師""疏""霜"等）	srj- > sr-	> sr-
三等齒音（"詩""書""商"等）	sj- > srj-	> sr-

可以把吳音、漢音作爲資料來推定其過程。在六朝漢語裏，"師""疏""霜"等還是 ʃ-，因此，日本的吳音把其讀爲拗音。然而在唐末的長安，其已變爲卷舌音，日本人却會將卷舌音聽成直音。因此，在日本的漢音裏，這些都被讀爲直音（漢音根據正倉院蒙求的音注）。例如（上面爲吳音，下面爲漢音）：

　　魚韻　初$_{so}^{syo}$所$_{so}^{syo}$（三等齒音爲處$_{syo}^{syo}$書$_{syo}^{syo}$）

　　陽韻　莊$_{sau}^{syau}$裝$_{sau}^{syau}$牀$_{sau}^{zyau}$（三等齒音爲章$_{syau}^{syau}$商$_{syau}^{syau}$）

　　尤韻　鄒$_{su}^{?}$瘦$_{?}^{syu}$（三等齒音爲臭$_{siu}^{syu}$周$_{siu}^{syu}$）

　　職韻　測$_{soku}^{siki}$（三等齒音爲識$_{syoku}^{siki}$）

從上可以明確地看出，三等齒音在吳音、漢音裏都作爲拗音，二等齒音在吳音裏與拗音對應，在漢音裏與直音對應。應該説，被認爲是唐末作品的《韻鏡》把"初""莊"" 鄒"之類填寫在二等欄（在韻圖二等爲直音）符合此漢音的對應方式。幸好時代層次不同的吳音、漢音兩個音系都傳到了日本，我們才能利用它們對這樣的細節進行研究。

（三）關於舌上音。

上文説到，在吳音裏，虞韻和尤韻之間的區別不是很清楚。在漢音裏，尤韻明確地呈現出 ou 型的雙元音，如：

　　虞韻　於$_u$鵒$_{ku}$朱$_{syu}$

　　尤韻　友$_{iu}$糺$_{kiu}$周$_{siu}$

兩者大概讀成不同的音。然而舌音（虞、尤都作爲拗音韻，故此舌音與韻圖舌上音對應。我將其標記爲 trj-）讀音相同，如：

　　虞韻　柱$_{tiu}$住$_{tiu}$

　　尤韻　抽$_{tiu}$冑$_{tiu}$

這説明在漢音裏也没有任何區別。這是爲甚麽呢？《切韻》的音系認爲虞韻爲 iu，而尤韻爲 iou，可以推測與此相似的情況在唐末也有。雖然尤 iou 包含主元音 o，但它也可能是央化的 ə。總之，虞韻是很短的 yu，尤韻則是較長的 iu。羅常培先生在《唐五代西北方音》中介紹的藏譯版《千字文》和《金剛經》裏也涉及虞、尤韻：

	虞　韻	尤　韻
《千字文》	駆 kʻu 具 gu	<--> 九 guʻu 舊 giʻu
《金剛經》	須 su 喻 yu	<--> 修 siʻu 由 yiʻu

我們發現，尤韻 i 明確出現了並讀爲 iu，與此相反，虞韻讀爲很短的 u 或 yu。在漢音裏，虞與 u 或 yu 對應，尤則與 iu 對應。似乎在藏文裏它們也是對應的。

這個問題的核心點越來越明確。虞韻的舌上音"柱""住"等爲何與 tiu 對應，肯定是因爲當時的舌上音有相當明顯的舌面性，滑音 i 的響度很強。更極端地説，在日本人聽來幾乎都是 tyiu。《韻鏡》的系統裏沒有舌上音的四等，該欄均爲空白。舌上音是 trj-，即使舌面性稍微變强成了 tj-，也不會引起音系上的混亂。而"柱"在後面與"朱$_{syu}$""注$_{syu}$"等正齒音三等合流變成塞擦音（其時期爲南宋），在當代北京話裏都變成了卷舌音 cru。雖然如此，但"柱"和"住"的卷舌化，有着比正齒音稍微晚點發生的痕迹。由於篇幅限制，不再在這裏詳細地描述這個問題了。不過還是得提出，這是由於唐代的舌上音有舌面性的傳統。

總結一下上文的敘述，本文探討的問題如下：

一、吴音的名稱模仿唐都長安的稱呼，而不是日本人因"是從江南引進過來的"而自覺命名的。

二、基於吴音的名稱，不要立刻把它定義爲從江南引進的語音。

三、吴音反映了與《切韻》音系沒有異質的某種六朝式音系。

四、因爲吴音資料不純粹，爲了把握其系統，需要利用古老的和音資料進行篩選。

五、通過吴音和漢音的對比，能解決漢語音韻史上的幾個問題。

注釋：

[1]【譯者注】日本律令制時期（7 世紀後期—10 世紀左右）設置的一種博士，屬大學寮，教習明經道的學生漢語音讀，一般定員 2 名，相當於從七位上。

[2]【譯者注】自西晉永嘉之亂以來，北方士民相繼南渡，大多聚族而居。東晉南朝統

　　　治者爲拉攏南渡士民,在長江南北和梁益通路設置僑州郡縣安置僑人,保持其原來籍貫,另立户籍,給以優待特權,不受當地政府管轄。

[3]【譯者注】上古日語没有"拗音"。"拗音"一般分開拗音和合拗音,開拗音指由輔音硬齶化産生的音,合拗音指由輔音圓唇化産生的音。"拗音"的出現,是因爲古代日本人在引入漢語借詞時,需要新的音以擴充日語音系轉寫來自中古漢語的發音。因此,大部分的拗音詞彙出現在漢語詞彙,亦或和制漢語詞彙。"直音"與"拗音"相對,指無齶化和圓唇輔音的音節。

[4]【譯者注】"假名"的名稱由來,是因爲相對於"真名"(即漢字)而言。假名中的"假"爲"假借"之意,此處"真假名"表示在"片假名""平假名"未發明前,日本人選用數十個漢字直接作爲音標,表音但是用法與後來的假名相同,一般稱之爲"萬葉假名"。

[5]【譯者注】蘇我馬子(そが の うまこ,Soga no Umako),日本飛鳥時代的政治家與權臣。蘇我馬子爲蘇我稻目之子,其女兒爲欽明天皇的妻子,以外戚的身份掌權,歷經用明天皇、崇峻天皇、推古天皇的4代,長達54年之久。萬葉假名中,"素、蘇"等常被用以表記サ行的so,據《上宫聖德法王帝説》也曾使用"宋"表記so。

《韻鏡》與越南漢字音[*]

三根谷徹 著

鈴木博之 石静雅 譯 趙清泉 校

《韻鏡》在中國是業已失傳的書。但在我國,這部書作爲校正漢字讀音的依據而被重用,抄本、刊本等種類豐富,研究它的歷史也頗久遠[1]。後來,我國永禄七年的版本回歸中國,並被收録於《古逸叢書》。在那之後,寬永十八年的版本也得以在北京影印出版,成爲漢語音韻史研究的重要資料。在瞭解中古漢語的音韻體系方面,一般認爲《廣韻》作爲韻書,其反切注音不能把某一個字在整個系統中的地位展示出來,反而利用作爲韻圖的《韻鏡》時,某個字和另外一個字之間的音韻的異同,根據圖中的位置有可能一目了然。

對以《廣韻》爲首的《切韻》系韻書中展示的反切進行的整理和研究,闡明了《韻鏡》的圖表化不是對整理《廣韻》的反切後得到的中古漢語音韻系統的反映,而是根據《韻鏡》編撰時期的音韻體系,將在《廣韻》中被解釋過的各種漢字的位置確定下來[2]。有人認爲《韻鏡》在中國失傳,不僅由於作詩時的押韻規則放寬而出現的新規範的韻圖(《切韻指掌圖》《四聲等子》等),使它丟失了實用價值;而且如其編者張麟之所説,其音韻體系(與當時實際語音)存在差距,使人不能一見便理解其内容。

儘管如此,我們不能因爲把《韻鏡》認定爲"擬古的工作"[3]而不承認其價值。我們應認識到"《韻鏡》並不是忠實地反映實際語音,而是對《切韻》的一種解釋"[4]時,還保留了一個問題,即這種解釋是如何成立的。比如,對於歌(戈)韻和麻韻分別給予不同的轉圖,而且作爲"外轉"的後者被解釋爲"内轉"這一問題,筆者認爲應由歌韻從中古音的-ɑ變成-ɔ這一點加以解釋[5]。但是僅根據時代上的差異進行分析,很難對"内、外"的注記給予全

---

* 本文譯自三根谷徹:《韻鏡と越南漢字音》,收録於《中古漢語と越南漢字音》,東京:汲古書院,1993 年,103—114 頁;原文載於《言語研究》1965 年第 48 號,13—22 頁。本文係根據 1959 年 10 月在東洋文庫談話會上宣讀的《韻鏡的清濁和越南漢字音》中的資料修改而成。

面性的解決,而最大的難關留在臻攝的外轉。

　　對於《韻鏡》的"內、外"問題已有許多學者加以討論,相反的是"清、濁"却幾乎沒有被看作是問題。《韻鏡》的各個轉圖,在縱向分爲"平、上、去、入"等聲調,對各調分爲四等等呼,在此基礎上再加以《廣韻》的韻目。在橫向設唇音、舌音、牙音、齒音、喉音、舌音齒等六個欄目,以此分開唇、舌、牙、齒、喉等五個音以及通稱爲半舌、半齒的兩個音,合計所謂的"七音",並給七音的各加以"清、次清、濁、清濁"之別的注記。在此配三十六個字母而揭示如下:

	唇 音	舌 音	牙 音	齒 音	喉 音	舌齒音
清	幫非	端知	見	精心照審	影曉	
次清	滂敷	透徹	溪	清 穿		
濁	並奉	定澄	群	從邪牀禪	匣	
清濁	明微	泥娘	疑		喻	來日
	重 輕 唇 唇 音 音	舌 舌 頭 上 音 音		齒 細 正 細 頭 齒 齒 正 音 頭 音 齒 　 音 　 音		半 半 舌 齒 音 音

由此可見,"清、濁"注記是作爲七音的次分類而給出的,因此可以認爲"清、次清、濁、清濁"表示聲母之別。對於"清、濁"等術語,發現《切韻》派"和"《韻鏡》派"之間對其用法有不同之處的趙元任提到[6]:《切韻》派(對"清、濁")的認識"大半是注意到韻母的分類,對於聲母幾乎沒有關係",和《韻鏡》派認爲("清、濁")"只用在聲紐而不用在韻"這觀點大有不同。後者的用法用當代語言學的術語來表達的話是這樣:"清是不帶音的輔音,濁是帶音的輔音;同時全清是不送氣的塞音(包括塞擦音,下仿此)跟摩擦音;次清是送氣的塞音;全濁是送氣的塞音(一説不送氣)跟摩擦音;次濁是鼻音邊音半元音等發音較軟性的輔音。"這裏所説的"全清、次清、全濁、次濁"是等韻學裏慣用的術語,分別相當於《韻鏡》注記中的"清、次清、濁、清濁"。

　　對於"清濁"(=次濁)包括的輔音的多樣性,趙文不遵從它們是缺少清、濁對立的聲母這一通説[7],而認爲這些輔音相當於霍凱特(Charles F. Hockett)[8]所説的響音(sonorants,與阻音[obstruents]相對立),在此不討論該問題[9]。把“清濁”改爲“次濁”的説法是依照了等韻學的習慣,但可以認爲在漢語諸方言中的聲母的不帶聲和帶聲的對立消失的過程中,其差别引起聲調差别時,清、次清的不帶聲輔音會屬於高聲調系列、清濁跟濁的帶聲輔音會一起屬於低聲調系列這一一般性趨向可以成爲其證據。

這種清、次清(全清、次清)——高聲調,濁、清濁(全濁、次濁)——低聲調的關係,雖然至少在漢語諸方言關於平聲的分化中有所發現,但正是在關於平聲的分化上,越南語中的漢字音呈現出存在特殊對應的問題。日語、朝鮮語、越南語因借用漢語及漢字而受過巨大的影響,形成了漢字音系統,其中和漢語一樣具有聲調的越南語中的聲調對應方式當然應該被重視,對於其特殊性也要給予解釋。

現在,當代越南語河内方言中的聲調分爲六類,並分爲高低兩系列如下[10]:

(高)1. bằng　　平聲　　3. hỏi　問聲　　5. sắc　鋭聲

(低)2. huyền　玄聲　　4. ngã　跌聲　　6. nặng 重聲

此系列的區別是基於所謂的雙聲叠韻而構詞時才明確呈現的對立,而與聲母的不帶聲、帶聲之别無關,每個聲調都可以與任何聲母同時出現。但是,看其漢字音,與中古漢語原則上有如下對應:

$$平聲\begin{cases}清:1\\濁:2\end{cases} \quad 上聲\begin{cases}清:3\\濁:6(4)\end{cases} \quad 去聲\begin{cases}清:5\\濁:6\end{cases} \quad 入聲\begin{cases}清:5\\濁:6\end{cases}$$

在這裏寫的“清、濁”是等韻學所謂的“全清、全濁”。濁上字的大部分變爲第6聲反映了漢語中的全濁上聲變成了去聲。越南漢字音不把清、濁的對立作爲聲母的不帶聲、帶聲的區別[11],而將其作爲高低對立的聲調之别。

僅以這一事實,不能證明在越南漢字音產生的時代,其來源的漢語已丢失了聲母的不帶聲、帶聲對立,也不能證明當代越南語中的調值完全模仿着當時漢語中的調值。然而,認爲越南語把清、濁之别作爲不帶聲聲母和帶聲聲母之别,並作爲自身的語音演變,在丢失了其輔音之間的對立後產生了聲調對立這一觀點,在越南語語音史上絕不能被接受。因此,不管中國人是否已在漢語裏意識到聲調之别(聲調是否已成爲音系上的差别),這個事實可以表明已經產生了能被外國人視爲不同聲調的(語音上的)差别。

然而,問題在於:雖然“次清”的字音與“清”有同樣的聲調,但屬於“清濁”（等韻學的所謂“次濁”）的漢字字音並不一定與“濁”的聲調一致，在平聲中呈現出與“清”相同的聲調：

	清	次清	濁	清濁	
平聲	1	1	2	1	（平）
上聲	3	3	6(4)	4	
去聲	5	5	6	6	（仄）
入聲	5	5	6	6	

由此可見，“清濁”在越南漢字音聲調中橫跨了“清”與“濁”。

這一事實是通過越南語漢字音的整理得到的結果，並不是新發現。馬伯樂（H. Maspero）早已闡明這一情況[12]，王力也提出了同樣的結論[13]。但是，爲何呈現這種對應仍是尚未解決的問題。馬伯樂認爲，漢語在古代的低聲調系列並不一樣，以帶聲的塞音（occlusive）、塞擦音（mi-occlusive）以及噝音（sifflante）爲聲母的一組，和以鼻音（nasale）、半元音（semi-voyelle）以及流音（liquide）爲聲母的一組在發音時聲調不同，漢語丟失了這種差異，但越南語中却保存了。但是，他又指出古時候分化並發展的廣東方言（譯者按：即粵方言）和客家方言中也沒有保留聲調之別的痕迹，這是個值得思考的問題[14]。高本漢也認爲，中古漢語的帶聲聲母根據與聲調的關係可以分爲以鼻音和邊音（latérale）以及零聲母（喻母）組成的 a 群和以 occlusives 和擦音（fricatives）構成的 b 群，他雖然對有關廣東方言和客家方言的問題表示反對，但整體上贊同馬伯樂的看法“Il faut donc se figurer que le ton des mots aux initiales a（nasale, latérale, et 0）a été moins bas que celui des mots aux initiales b（occlusive et fricative）. D'autre part, le premier n'a pas été purement et simplement un ton haut ……”［因此必須知道 a 群的音（即鼻音、邊音、零聲母）所開頭的單詞的聲調，和 b 群的音（即 occlusives、擦音）所開頭的單詞的聲調相比，相對不低。另一方面，前者並非純粹簡單的高聲調］，把古代的聲調分爲高、低兩個系列，而低調系中設了兩個變體[15]。對此，在高本漢 *Etudes sur la phonologie chinoise* 的漢譯本中，譯者（趙元任、羅常培、李方桂）對該觀點附上如下注釋：“據譯者看，馬伯樂跟高氏的理論似乎有一點邏輯的漏洞。哪怕現在全國方言平上去入全四聲都因古次濁全濁而分化出兩種陽調來,那只能證明古濁音的次全變成今陽調的分歧,不能證明古已有兩種陽調。爲同樣理由,因爲在許多方言跟着古聲母的清濁而分陰陽調,是只能證明古清濁變成今陰陽的分別,不能證明古平上去入已有陰陽或高低兩種調。"[16]他們提出反對,認爲 a 和 b 的區別雖然會成爲之後的分化條件,但不能證明在中古漢語的時候聲調已經分化爲兩系列的觀點。

然而,越南漢字音的問題,正如上面提到的,我們不能認爲這一問題是在越南語里發生的分化,而必須將其看作是其來源的漢語裏已經發生分化的反映。因此,在越南漢字音的研究中看到了其關係的王力説到:"最有趣的是次濁的聲調,它們不是 2、4、6,而是 1、4、6。次濁和全濁的畛域是那樣分明,令人佩服古人把它們分爲兩類。"而對於這個區別[17],因爲疑、泥、娘、明、微、來、日等七母爲鼻音和邊音(在希臘語裏都屬於 liquids),不需懷疑它們構成一類。對於喻母説其三等可以解釋,但喻母四等則説"這是暫難解答的一個問題",不過"在未得解答以前,我們只有先佩服古人分類的高明"[18]。

由此可見,在越南漢字音的平聲裏反映的聲調分化的事實,由於等韻學裏慣用的"全清、次清、全濁、次濁"等稱呼的使用,被直接與聲調聯繫在一起考慮而造成了障礙。與此相對,《韻鏡》注記的"清、次清、濁、清濁"等稱呼裏,次清和清濁之間的稱呼不平衡,促使我們再次考慮此問題。

眾所周知,越南語中除了根據漢字讀音所系統地接受的漢字音("越南漢字音"一般指此種字音)以外,還有可能通過口傳而來的漢語借詞,其一部分與漢字聯繫起來取代了具有系統性的漢字音(比如:地 đia6、義 nghia4 等),這爲字音的研究提供了一些有趣的案例[19]。而關於目前提起"清濁"問題的漢字,我們得注意有相當多和字音一樣源自漢語且和字音相近的單詞存在並被使用。

現在,從越南人學習漢語時使用的《三千字解譯國語》(1908 年出版)中提取出屬於"清濁"漢語平聲字並附上與漢字字音接近的越南語形式的詞,我們可以注意到有相當多字音爲第 1 聲而口語音則爲第 2 聲的例子(從左:漢字、漢字音、字喃、口語音)。但是,由於印刷的限制,聲調符號用數字表示,字喃中一部分是以前分析過的。

明母	貓 Miêu1	貓 meo2		來母	移 Ri1	拵 ro'i2
	眉 Mi1	眉 may2			霪 Râm1	淫 giâm2
	綿 Miên1	綿 mên2			樑 Lu'o'ng1	樑 ru'o'ng2
	磨 ma1	磨 mai2			樓 Lâu1	樓 lâu2
泥母	濃 Nung1	濃 nông2			良 Lu'o'ng1	簹 lanh2
娘母	娘 Nu'o'ng1	娘 nang2			龍 Long1	蟻 rong2
疑母	垠 Ngân1	垠 ngân2			鑪 Lô1	爐 lo2
	研 Nghiên1	研 nghiên2			連 Liên1	連 liên2
	疑 Nghi1	疑 ngo'2			籠 Lung1	櫳 lông2
	蛾 Nga1	蜍 ngai2			鎌 Liêm1	鎌 liêm2
	源 Nguyên1	源 nguôn2			離 Ly1	離 lia2
喻母	姨 Ri1	姨 ri2			驢 Lu'1	驢 lu'a2
	舳 Ru1	舳 ru2			聯 Liên1	連 liên2
	椰 Ra1	椰 ru'a2			爐 Lô1	爐 lo2
	油 Ru1	油 râu2				

不過,這本《三千字》由於押韻的關係對越南語的對應產生了影響(但在這種情況下一般有注釋),因此需要一一討論,但可以認爲在此揭示的例子,大體上是來源於字音和與其形式接近的越南語是相當於同一個漢字的漢語[20]。

王力所謂"古漢越語",是在系統性地形成越南漢字音之前進入越南語的漢語音。如前文所述,有很多與漢語諸方言的區分一樣的平聲與清、次清對應的濁、清濁的對立現象。若是如此,則:

	高調系(陰調)	低調系(陽調)
A	清、次清	濁、清濁
B	清、次清、清濁(平)	濁、清濁(仄)
C	清、次清	濁、清濁

這三種分化存在於漢語中。

然而,把 A、B、C 等分化方法看作漢語中的一個方言的時代變遷會有困難。清濁的一部分(平)在 B 時代遷移至清群,又在 C 時代離開清群而如 A

時代一樣回歸爲濁群等變化幾乎是難以想象的。那麼，可否設想，越南漢字音是因爲所根據的字音與當時的口語語音不同而呈現如 B 那樣的狀態，可否設想越南漢字音反映的具有 B 特徵的規範性系統存在於 A－C 的系統之外？作爲中古漢語標準的《切韻》都已在其序文中説到當時的方言差異，所以更需要編纂作爲規範的韻書。由此，是否可以認爲越南漢字音所依據的漢語是不同於《切韻》系列的方言？

同樣的問題也存在於《韻鏡》中。《韻鏡》的開頭部分記載的《調韻指微》和在《五音清濁》解釋的"清、濁"的意思並不明確，但其解釋説明了它不同於竪向的四聲之别，是作爲横向的七音之别中的次分類。然而解釋者張麟之本人自收到原版起，花了不少的時間才瞭解到其性質，出版《韻鏡》之時他有"或苦其難，因撰《字母括要圖》，復解數例"等考慮。因此，這只是張麟之的一個解釋，而並不一定完全傳承原作者的意圖。

與《韻鏡》同一系列的韻圖《七音略》把"唇、舌、牙、齒、喉、舌齒、齒舌"叫作"羽、徵、角、商、宫、半徵、半商"，其次分類用了三十六字母。因此，"清濁"的問題就没有出現。但是，張麟之也引用過鄭樵的序文，因此足以使人瞭解到原本成立的背景："漢人課籀隸，始爲字書，以通文字之學。江左競風騒，始爲韻書，以通音聲之學。然漢儒識文字而不識字母，則失制字之旨。江左之儒識四聲而不識七音，則失立韻之源，（中略）七音之韻，起自西域，流入諸夏，梵僧欲以其教傳之天下，故爲此書。雖重百譯之遠，一字不同之處，而音義可傳。華僧從而定之，以三十六爲之母。重輕清濁，不失其倫，天地萬物之音，備於此矣。"[21] 並且説爲了越過語言障礙把孔子之道擴散到國外，音韻之學爲重。關於原書則説道："臣初得七音韻鑑，一唱而三嘆，胡僧有此妙義，而儒者未之聞。"在《六書略》末尾的《論華梵》也有同樣主旨的描述："觀今七音韻鑑，出自西域，應琴七弦，天籟所作，故從衡正倒，展轉成圖，無非自然之文，極是精微，不比韻書但平上去入而已，七音之學，學者不可不究。"（《論華梵》中）又説："梵人别音，在音不在字，華人别字，在字不在音，（中略）華人苦不别音，如《切韻》之學，自漢以前，人皆不識，實自西域流入中土，所以韻圖之類，釋子多能言之，而儒者皆不識起例，以其源流出於彼耳。"

因此，我們可以瞭解到，無論現存的《韻鏡》和像《七音略》這樣的韻圖，以由胡僧編輯、華僧傳來的版本作爲原書而成，或以學過胡僧的音韻學的華僧編輯的版本作爲原書而成，都能在不同於儒者的僧侣之間找到其原書。

這個事實包含了一種可能的推測,即不同於儒者之間通用的標準型讀音,僧侶之間對佛經的讀音傳承了另外一種讀音。若是如此,從這個角度來看,可以瞭解到韻圖傳承到儒者手裏進行修訂時,他們把一部分不能正確理解的音以舊有狀態保留了下來。

反過來説,關於越南漢字音的由來,我們需要探討是否在其傳入時有過佛僧的介入。

陳重金把越南之歷史分爲如下五個時代[22]: Ⅰ. 上古時代(公元前2879—公元前 111 年),Ⅱ. 北屬時代(公元前 111—939 年),Ⅲ. 自主時代,統一時代(939—1528 年),Ⅳ. 南北分争時代(1528—1802 年),Ⅴ. 近今時代(1802 年—)。在此説的北屬時代還分爲自漢武帝的征服至徵側、徵貳姊妹的獨立(40—43 年)的第一次北屬時代,東漢、三國、晉、南北朝時期的第二次北屬時代,以及包括越南前李氏時代(544—602 年)在内的隋、唐、五代時期的第三次北屬時代。在這段時間,漢字的知識傳到了越南,但是儒學未能浸入到民間。在中國,平行於儒教和道教,佛教也擴大了影響,佛教也經中國流入到越南。六朝至唐代,中國佛教極盛的氣氛在越南也同樣存在,並凌駕於儒教之上,在唐朝的統治下已有越南高僧的名字。等到擺脱了中國的羈絆,佛教傳播至民間。李太祖出身於佛門,通過李朝(1010—1225 年)佛教發展得極爲興盛。一方面,李聖宗(1054—1072 年)首次建立了文廟,祭拜周公、孔子、七十二賢,1076 年創立了國子監。在陳朝(1225—1413 年),儒教和佛教同樣興盛,從佛教獨尊時代轉移到三教(儒、佛、道)齊盛的時代。到了隸屬於明之後獨立的黎、阮朝,隨着科舉制度的發展又變成儒教獨尊時代[23]。

瞭解到這樣的歷史背景,我們可以看到在越南漢字文化雖然與儒教的聯繫頗大,但與佛教的聯繫更早而深。因此,可以推測越南漢字音很有可能是基於與儒者使用的標準音不同的佛僧的傳承而形成的。如此設想,《韻鏡》的"清、次清、濁、清濁"就有可能不但表示聲母之别,還表示聲調的特色,根據其"清濁"的特徵在越南漢字音中的平聲至第 1 聲,仄聲至第 4、6 聲等分布上的反映,我們可以推斷《韻鏡》是基於漢語從中古音至近古音的變化過程之外的語音傳承編纂的。

對於《韻鏡》"是依據著作當時唐朝晚期的口音即中古音"[24]這一主張,值得關注的點是不能把它理解成表現了中古音,然而僅在標準音的歷史上考慮其前後,這個問題就無法得到解決。如筆者在開頭處提到過,以"《韻鏡》歌(戈)韻的位置"爲例,對於歌(戈)韻和麻韻分別給予不同的轉圖,而且標示出了"外轉"與"内轉"之別,筆者認爲這是因爲歌韻從中古音的/-ɑ/變成/-ɔ/。然而,對於臻攝爲外轉這一問題,由於從具有内轉特徵的舌面央元音(中舌音)ə一度變爲外轉的元音(在這一階段《韻鏡》認爲是外轉),之後又變成内轉的元音這一設想幾乎不可能成立而無法得以解決。但是,若《韻鏡》反映的是與儒者的標準音歷史偏離的另外一個語音系統的話,那麽這一問題也並不是無法解決的。這個元音在越南漢字音也是寫成ā的短舌面央元音(中舌元音),因此不可能成爲解決問題的關鍵,但短ə很有可能被胡僧聽成ǎ。實際上,粵語臻攝的元音在很多描寫中標爲ɐ,與其他方言一樣不作爲外轉性元音,但在西貢的華裔中不少人的發音成極爲接近於ǎ,對於没有ə音素的外國人來說,臻攝的元音是會聽成ǎ程度的音。該問題説明,關於江攝,即使ɔŋ>ɡŋ等變化没發生,也因爲中古音形式爲/auŋ/而被看作外轉,而胡僧對於其是如何理解也會成爲一個問題。

如上所述,對於從未解決的《韻鏡》中的術語問題,如果我們從《韻鏡》反映了偏離儒者的標準音歷史的音韻系統,或經過胡僧的理解而受他們的解釋影響的標準音系統角度來考慮的話,這個問題可以得到解決。同樣,關於越南漢字音,從是否源於不同於標準音的歷史變遷上的另外一個系統來考慮,可以看到《韻鏡》與越南漢字音之間的特殊性具有一部分共通點。

注釋:

［1］ 參看馬淵和夫:《韻鏡校本和廣韻索引》,東京:日本學術振興會,1954年。
［2］ 自陳澧以來,許多學者對《廣韻》的反切進行了整理研究。有關内容參看三根谷徹:《關於韻鏡的三四等》,《言語研究》1953年第22—23期。
［3］ 高本漢(B. Karlgren):*Étude sur la phonologie chinoise*. Archaives d'téudes orientales, Leiden and Stockholm: E. J. Brill, 1915–1926。高本漢著,趙元任、羅常培、李方桂合譯:《中國音韻學研究》,商務印書館,1940年。
［4］ 河野六郎:《朝鮮漢字音的特徵》,《言語研究》1939年第3期,50頁。
［5］ 三根谷徹:《韵鏡中歌(戈)韻的位置》,《東洋學報》1953年第35期,291—310頁。
［6］ 趙元任:《説清濁》,《歷史語言研究所集刊》30本下册,1959年,494頁。
［7］ 如果那樣的話,爲何將不存在清濁對立的影母作爲"清",如果將影母和喻母視爲清濁對立,喻母爲何不作爲"濁"而作爲"清濁",對於這些問題這一説法無法給予解答。

［8］ Charles F. Hockett：*A Course in Modern Linguistics*. New York：MacMillian，75，97，1958.

［9］ 趙元任前引文，494 頁，腳注（2）。

［10］ 西貢等（方言）的五聲，可以看作是一部分失去了區別的六聲變爲了五聲。聲調不采用慣用的説法叫作第一聲、第二聲，用此處記録的名稱來稱呼的話，無法確立它們的排列順序。此處附加的 1 到 6 的數字，參照了三根谷徹《關於安南語的聲調體系》（《金田一博士古稀紀念言語・民俗論叢》，東京：三省堂，1953 年，1017—1040 頁）。L. C. Thompson：“The problem of the world in Vietnamese”（*World* 19：39‐52，1963）一文用“首調”（first level tones）、“次調”（second level tones）的叫法來區別高低（參看該文 42 頁）。

［11］ 例如幫並兩母都是/b-/，端定兩母都是/d-/，見群兩母都是/k-/，在聲母中不存在這類區別。

［12］ 馬伯樂（H. Maspero）“Etudes sur la phonétique historique de la langue annamite，Les initiales”（*BEFEO* 12：1‐127，1912），首先區分高調聲母（intiales hautes）和低調聲母（initiales basses），後者分爲阻音和響音，“清濁”相當於響音（包括鼻音），參看該文第 95 頁。

［13］ 王力：《漢越語研究》，《漢語史論文集》，北京：科學出版社，1958 年，290—406 頁（原文見於 1948 年的《嶺南學報》，323 頁）。

［14］ 高本漢前引書，93 頁。

［15］ 高本漢前引書，595—597 頁。

［16］ 高本漢前引書，450 頁。

［17］ 王力前引文，324 頁。

［18］ 王力前引文，352—353 頁。

［19］ 王力將越南漢字音稱作“漢越語”，對從漢語進入越南語口語中扎根的“古漢越語”和“漢語越化”二者進行了區分。

［20］ 雖然次濁的漢字音讀作陰平，王力也舉出了古漢越語和漢語一樣讀作陽平的例子：眉、連、樓、鐮籠、離、疑、姨、移（上引書，372—373 頁）。還有，可以看到本文的表中喻母寫作 *R* 的，因爲已經發生了 *d* 和 *r* 的混同，現在也有一般寫作 d 的情況。此外，也有蘭 *Lan1*、鶯 *Loan1*、文 *Văn1*、民 *Dân1*、緣 *Ruyên1*、迷 *Mê1*、糯 *Nho1*、訛 *Ngoa1*、魔 *Ma1* 等漢字音就這樣按照口語的形式使用的例子，相反的也有寅 *Dân²* 這種口語的聲調侵入了字音位置的例子。

［21］ 此處據商務印書館“國學基本叢書”本《通志略》引。

［22］ 陳重金：《越南史略》，西貢，1954 年。

［23］ 陶維英（Ðao duy Anh）：《越南文化史綱》（*Việt nam văn hoa su' cu'o'ng*），西貢，1951 年。此外，因爲這裏不敍述越南思想史，之後儒教游離於民心之外，西歐思想

的移入等内容在此省略。

［24］ 満田新造：《韻鏡集韻等承襲中古分韻形式但其發音是近世音》（韻鏡集韻等は唯中古分韻の形式を踏襲せるものにしてその発音は近世音なり），《藝文》14 卷 7 期，1923 年（満田新造博士遺著刊行會編《中國音韻史論考》，東京：武藏野書院 1964 年，482 頁）。

泰語與漢語[*]

西田龍雄 撰

温 睿 譯 鄭 偉 校

一

關於泰語與漢語是否存在親屬關係,至今已有不少論著問世[1]。其中對這一問題探討範圍最廣的是吳克德(K. Wulff)。Wulff 在其佳作 "*Chinesisch und Tai*"(《漢語與泰語》)[2]中,對泰語諸方言首次作了頗爲詳細的比較研究;儘管這還不是方言之間全盤的比較,但通過高本漢重構的中古漢語與泰語諸方言的形式比較之後,可以發現其成果的確影響深遠,然而與迄今爲止的許多嘗試一樣,學者們在這兩種語言形式之間也確實發現了一些語音對應規則,却都未能成功立論。一般來説,"漢藏語系"所涵蓋的各大語族,單一語言都與各語族內部語言(方言)之間所普遍認爲的緊密的親屬關係,都有着不小距離,以比較語言學的規則去理解一個語族與另一語族的形式,是極爲困難的。泰語和漢語無論是音系還是音節形式乃至句法細節[4]上都頗爲類似,説明二者之間存在平行關係,但每個單詞的形式和每個音素的對應規律却不明顯。不僅如此,泰語的系屬問題本身也存在頗多疑問,其事實並非確鑿當然。

實際上,"泰語和漢語屬於同一語系"這一常識,並未加以證明。

二

也有人認爲存在一個更大的語系,可將包括泰語在內的漢藏語系與印

* 本文譯自西田龍雄:《タイ語と漢語》,收録於《東西學術研究所論叢》,關西大學東西學術研究所,1960 年,1—15 頁。

度尼西亞語系合而爲一[5]，Wulff 在著作 *Über das Verhältnis des Malayo-Polz-nesischen zum Indochinesischen*（《馬來波里尼西亞語系與漢藏語系的關係》，哥本哈根，1942 年）中再次提及兩個語族的關係。然而，Wulff 的這次嘗試同樣説明，泰語和印尼語之間存在衆多形式類似的詞彙，也充分提示了其間可能存在一定的對應關係，但如果不經過具體的逐一比較，我們是無法完全承認這一假説的。1942 年美國人類學家白保羅提出"卡岱語族（kadai）"這一新説法[6]，將原本所屬不明的分佈於"東京"[7]高地的普標語（Laqua）、拉基語（Lathi）、中南半島的仡佬語（Kelao）以及海南島的黎語（Li）合爲一個語族，並以此爲媒介，將泰語和原印尼語聯繫起來[8]。白保羅將這一主張總結爲以下兩條：

一、亞洲本土印尼語的真正根基，散存於中國南部（包括海南島）以及北部東京，以構成一個語族的四種語言爲代表。

二、認定泰語隸屬於擁有大量共通點的卡岱語族，開闢了通往"視泰語爲上古泰語、卡岱語、印尼語等語言復合體中任意一個演變而來的（語族）成員"這一全新解釋的道路。

儘管白保羅的論證不能充分證明源於材料不完備的卡岱語族的存在，其中卻包含諸多值得矚目的意見，美國的人類語言學家接受其新穎設想乃至學説的也不在少數[9]。

亞洲諸地區，除泰語支、漢語族、藏語族、緬語族等具有各自特徵的大語族之外，還存在很多明顯不屬於上述任一語族、顯示出介於多個語族之間的特點的語言。但它們大部分尚未被正式調查。就白保羅已經發表的少數資料來看，他認爲把具有泰語和印尼語混合特徵的四種語言稱爲卡岱語之後，爲了將它們確立爲一個語族，還必須堅持調查與之具有相近特徵的語言。另外還必須考慮到它們與莫水語支（Mak-Sui）、壯侗語族（Chuang）的聯繫。但是，即使 Wulff 和白保羅承認泰語中的印尼語詞彙所依據的那些共同要素是源於系統的對應關係，換言之即借用層，也仍須仔細加以探討。我們不能因爲先入之見（認爲存在這種可能性）而輕易作出否定。

三

關於泰語與漢語的關係，奧德里古爾（A. G. Haudricourt）曾有如下觀點："這兩種語言音系的一致性，限於韻尾和聲調，元音和起首（輔）音差異顯著。誠然,與漢語相近的共同詞彙,有數詞、軍事用語(馬、鞍、象)、職業技術用語(機械紡織、技工、紙)之類容易借用的書面語詞。與之相對,描述身體部位的詞彙和農業用語就和漢語不甚相近。"[10]

由此,泰語和漢語是分屬完全不同系統的語言,即使屬於同一語系,親屬關係也相當疏遠,泰語中表面上具有共同形式的詞彙是來自漢語的借詞,此推論可能更爲穩妥。雖然這篇小論文不能明確解答所有問題,但我想論述其中一部分。

四

首先從奧德里古爾的結論引出一個問題,即能否斷定泰語中表示身體部位的詞彙的形式,來源於與漢語完全不同的詞幹甚至詞根? 以下是任選的 30 組詞語,本文將通過比較它們在兩種語言中的形式,來探討這一觀點[11]。

	共 同 泰 語		上古漢語	中古漢語
〈あたま〉(頭)[12]	hrəu H1	首	śi̯ôg	śi̯ə́u
〈かみのけ〉(頭髮)	phrom H1	髮	pi̯wät	pi̯wɐt
〈みみ〉(耳)	hruu H1	耳	ńi̯əg	ńźi
〈はな〉(鼻)	dang H1	鼻	bhi̯əd	bhji
〈め〉(目)	taa M1	目	mi̯ôk	mi̯uk
〈くち〉(口)	paak, suup.	口	khu	khə́u
〈は〉(齒)	qhiəu H3, van L1	齒	t̂hi̯əg	tśhi
〈した〉(舌)	lin L3	舌	d̂hi̯at	dźhi̯ät
〈かお〉(臉)	hnaa H3	顏	ngan	ngan
〈くび〉(頸)	ɢɔɔ L1	頸	ki̯ĕng	ki̯äng
〈あご〉("顎",下巴)	gaang L1	頤	gi̯əg	i
〈ほほ〉(頰)	kɛɛm M3	頰	kiap	kiep
〈て〉(手)	mï L1	手	śi̯og	śi̯ə́u

續　表

	共　同　泰　語		上古漢語	中古漢語
〈ゆび〉(指)	niu L3	指	t̂i̯ər	t́śi
〈ひじ〉(肘)	sɔɔk	肘	ti̯og	t̂i̯ou
〈あし〉("足",腳)	qha H1	腳	ki̯ak	ki̯ak
〈すね〉("脛",小腿)	khɛɛng H3	脛	ghieng	ɣieng
〈からだ〉(體)	ton M1	身	śi̯ĕn	śi̯ĕn
〈こし〉(腰)	'ew M1	腰	i̯og	i̯äu
〈かた〉(肩)	вaa M2	肩	kian	kien
〈はら〉(腹)	puum M1	腹	pi̯ôk	pi̯uk
〈きも〉(肝)	tap	肝	kân	kân
〈しんぞう〉(心臟)	caï M1	心	si̯əm	si̯əm
〈はい〉(肺)	pɔɔt	肺	phi̯wäd	phi̯wɒi
〈い〉(胃)	dɔɔng L3	胃	gi̯wəd	jwei
〈にく〉(肉)	nïə L3	肉	ńi̯ôk	ńźi̯uk
〈ち〉(血)	lïət	血	xiwet	xiwet
〈きんにく〉("筋肉",肌肉)	ʔen M1	筋	ki̯ən	ki̯ən
〈はだ〉(膚)	phiu H1	膚	pli̯wo	pi̯u
〈へそ〉(臍)	sai-вrii M1	臍	dzhi̯ər	dzhiei

　　"目""鼻""口""肩""肝"等確實有顯著的形式差異,完全無關,但也有兩種語言中形式明顯相似的單詞,如"腰""脛""肺""筋肉""膚""臍"。實際上它們從共同語的同一詞幹而來的可能性和來自借詞的可能性差不多大。並且,還必須查證是否還有和這些單詞具有平行對應關係的單詞。這裏特別針對元音和韻尾的對應問題進行考察。

　　〈腰〉T.C. ew：Ch. i̯og>i̯äu 與〈ねこ〉(貓) T.C. mew L1：貓 mi̯og>mi̯äu,〈おわる〉(結束) T.C. lew L3：了 li̯og(?)>li̯äu 是平行的對應例子。

　　與〈すね〉("脛",小腿) T.C. ɛɛng：Ch. i̯ĕng>i̯äng 平行的有〈かたい〉(堅硬的) T.C. khɛɛng H1：勁 ki̯ĕng>ki̯äng,〈粉末〉>T.C. pɛɛng M1：餅

pi̯ĕng(？)>pi̯äng。

與〈へそ〉(臍)T.C. ai：Ch. ieg>iei, iər>iei 平行的有〈にわとり〉(“庭鳥”,雞)T.C. kai M2：雞 kieg>kiei,〈はしご〉(梯子)T.C. Dai M1：梯 thiər>thiei,〈耕す〉(耕作)T.C. thai ʜ1：犁 liər>liei 等例子。

與此相對,〈肺〉T.C. ɔɔt：Ch.i̯wäd>i̯wɒi[13],〈筋肉〉(肌肉)T.C. en：Ch. i̯ən>i̯ən,〈皮膚〉T.C. iu：Ch. i̯wo>i̯u[14]找不到平行例子。

不過,單從這一事實來看,我們必須慎將“肺”“筋肉”“皮膚”當作漢語借詞。除上述 7 個詞之外,〈かみのけ〉“頭髮”、〈ほぼ〉“臉頰”、〈はら〉“腹”、〈あし〉“脚”、〈にく〉“肉”這 5 個例子,在兩種語言中的形式也是近似的,我也仍不確定它們是否來自同一詞根。這 5 例中,前 3 例與後 2 例分別體現了同一個對應條件,“髮”“頰”“腹”中,泰語的鼻音韻尾與漢語的塞音韻尾對應(-m：-t,-m：-p,-m：-k)。這樣的例子還有數種：-n：-t〈食べる〉(吃)T.C. kin M1<T.M.C. *krin：吃 ki̯ət>ki̯ət.;-n：-k〈石〉T.C. hrin ʜ1：石 d̂i̯äk>źi̯äk;〈力〉rɛɛng ʟ1：力 li̯ək>li̯ək。與之相反,泰語的塞音韻尾也有和漢語鼻音韻尾相對應的情況：〈うろこ〉(鱗)T.C. klet：鱗 li̯ĕn>li̯ĕn;〈むち〉(鞭)T.C. vaat：鞭 pi̯an>pi̯än。實際上,儘管不能明確這些韻尾的作用,但應該可以將其當作一種接尾詞,並且〈かみのけ〉(頭髮)有共同形式*phrwa~prwa(?),還可以解釋爲何泰語中附有後綴-m、漢語中附有後綴-t。〈ほほ〉(頰)是在詞根*kɛɛ-後加詞綴-m(泰語)或-p(漢語),〈はら〉(腹)是在詞根*pu-和*piu-後附加詞綴-m(泰語)或-k(漢語),〈たべる〉(吃)的詞根*kia-後附有詞綴-n(泰語)或-t(漢語),〈うらこ〉(鱗)是在詞根*kle-後附加詞綴-t(泰語)或-n(漢語),〈むち〉(鞭)是在詞根*baa 後附加詞綴-t(泰語)或-n(漢語),由此分別构成各單詞。

後兩例〈あし〉(脚)、〈にく〉(肉),這一類後綴僅在漢語中附加,在泰語中找不到例子。〈あし〉(脚)的漢語形式 ki̯ak 是在其泰語共同詞根形式 qha 之後附加詞綴-k,〈にく〉(肉)的漢語形式 ńi̯ôk 也同樣可以解釋爲與泰語共同詞根 nïə 相近,並在其後附加詞綴-k。與此相對,下面各例的詞綴-m、-ng 被認爲僅在泰語形式中出現,其漢語形式中則沒有。

〈みぞ〉　(溝) T.C. khum H1 ：　溝 ku>kə̯u：<*khu-
〈にがい〉　(苦) T.C. khom H1 ：　苦 kho>khuo：<*kho-
〈大鼓〉　(鼓) T.C. klɔɔng M1 ：　鼓 ko>kuo：<*klɔɔ-
〈はら〉　(腹) T.C. dɔɔng L3 ：　肚 dho (?) >dhuo：<*dɔɔ-

　　在上述各例之外，上文記載的表示身體部位的泰語詞不僅被認爲表面上與漢語關係甚篤，實際上還顯示了具有共同詞幹乃至詞根的可能性。〈ち〉（血）泰語 lïət 和漢語 xiwet 一眼就能看出兩者語音形式上沒有關係，但兩種形式從 * qʷhlïət 而來的可能性却不小[15]。就像不能否定〈はり〉（針）泰語 khem H1 和 "針" tî̯əm>tś̯i̯əm 是具有同一個詞幹的詞彙一樣，也不能斷言〈は〉（齒）qhiəu H3 和 "齒" t̂hi̯əg>tśhi 就完全沒有關係。另外〈て〉（手）泰語 mï L1 和漢語 ś̯i̯ôg>ś̯i̯uəu 在形式上具有顯著差異，但並不妨礙同時確認泰語 m-：漢語 ź 的對應關係。

　　〈とき〉（時）T.C. mïə L2 ：　　時 d̂i̯əg>źi< * md-（？）

　　〈樹〉T.C. mai L3　　 ：　　樹 d̂i̯u>źi̯wo< * md-（？）[16]

　　我認爲這些平行的對應關係絕非偶然。我們必須盡力推敲那些隱藏在這兩個語族之間，具有規整對應關係的平行例證乃至確認其數目。我的意見是這兩種語言中與身體部位相關的詞彙，上述 30 詞中約 60% 可能有共同詞幹乃至詞根，奧德里古爾的結論並不妥當。

五

　　這兩種語言之間，泰語的 abc 形式與漢語的 a'b'c' 形式對應，並且與中古漢語等韻差異的各形式之間的對應有着明顯區別。例如，共同泰語 aa 對應中古漢語果攝二等麻韻。

　　〈馬〉馬　må>ma ：　　maa L3

　　〈きば〉（牙）牙　ngå>nga ：　　ngaa L1[17]

　　〈かち〉（價值）價　kå>ka　 ：　　gaa L2

　　〈茶〉茶　dhå>d̂ha ：　　ǰaa L1

　　另外，山攝三等（仙韻）和-ien，四等（先韻）和 ɛɛn 相對應，泰語中三四等的差別也很明顯。

三等	〈つらなる〉（連接）	連	li̯an>li̯än	：	lien L1
	〈かわる〉（變化）	變	pli̯an>pi̯än	：	plien M2
	〈切る〉（剪,切）	剪	tsi̯an>tsi̯än	：	cien M1
四等	〈かたい〉（堅硬的）	堅	kien>kien	：	kɛɛn M2
	〈薄くひらたい〉（薄而扁平的）	片	phian>phien	：	phɛɛn H2

這些例詞與前述身體部位詞等相比，對應關係非常明確，並且大部分與

中古漢語形式相當一致,因而這些詞是借詞,尤其是在中古漢語左右的時代借入泰語的漢語詞的可能性更大。然而找不到强有力的證據。

六

我在上文舉出了一些泰語和漢語有共同詞幹乃至詞根的例證,但我並不認爲這種例子能進一步證明兩種語言的親屬關係。這兩種語言之間的關係存在諸多複雜的要素,難以輕易證實。不過必須强調的是,像這樣的規則還具有其他重大意義,即把兩種語言比較之後,不僅限於某幾個詞是否被借用,泰語形式應該還能提供補足證據、修正漢語的重構形式等作用,而上古漢語形式應該也能成爲推定比泰語更古老的形式的依據。

七

首先論述第一組事實。例如上文提到的果攝二等麻韻對立的一等歌韻中,有如下對應的例子:

〈左〉 左　tsâ>tsâ :　　zaai ʟ3

〈歌〉 歌　kâ>kâ :　　gaai ʟ1

〈それ〉(那個)那　nâr>nâ :　　naai ʟ3

〈火〉 火　xwâr>xwâ[18]　　:　　vai ʟ1<vaai ?

由同屬中古漢語歌韻推定這 4 個詞的主元音爲 â,但上古漢語中"左""歌"屬於第 35 類(高本漢的分類),與此相對,"火"和"那"屬於第 8 類,即推定前者的主元音是 *-â,後者的則是 *-âr。將後者的主元音推定爲 *-âr,其根據的所謂事實是同屬一類的詞爲-n 類及-r 類詞、它們與《詩經》押韻和諧聲文字有所接觸。在《詩經》中"火"讀 i̯ər(154)與 dhi̯ər 押韻(212),"那" nâ 與"翰"gân、"憲"xi̯än、"難"ńian 押韻(215)。第 35 類與之對立,和具有輔音韻尾的類別没有關係[19]。泰語形式 aai 與之相對應的事實充分支持"火""那"的推定音是 *-âr,但我認爲屬於第 35 類的詞語中,至少對"左"和"歌"來説,即使在上古漢語材料中没有直接的依據,從與泰語比較的結果推定爲 *-âr 一樣妥當。我們想從比較語言學的觀點出發,去補足《詩經》押韻和諧聲文字材料重構上古漢語的缺陷。

關於第二個事實,以下面 3 個詞爲中心論述。

1. 〈九〉　　　　　　九　ki̯ŭg>ki̯əu　：　T.C. kau M3

2. 〈舊い〉（舊的）　　舊　ghi̯ŭg>ghi̯əu　：　T.C. kau M2

3. 〈搔く〉（撓，抓）　搔　sôg>sâu　：　T.C. kau M1

這 3 個基本詞幾乎毫無疑問，來自同一詞幹。中古漢語 k-（見母）：共同泰語 k-，中古漢語 gh-（群母）：共同泰語 k-；中古漢語 s-（心母）：共同泰語 k-，有數個平行例證，例如〈廣い（寬廣的）〉[20] 廣 kwâng：T.C. kwaang M3，〈老いる（衰老）〉耆 ghji：T.C. kɛɛ M2，〈さき（先前）〉先 sien<si̯ən：T.C. kɔɔn M2），中古漢語 i̯əu（尤韻）：共同泰語 au 除了〈九〉、舊い〉（舊的）之外，還有〈はと〉（鴿子）鳩 khi̯əu：T.C khau ʜ1，〈やま〉（山）丘 khi̯əu：T.C. khau ʜ1，中古漢語 âu（豪韻）：共同泰語 au 除了〈搔く〉（撓，抓）之外，還有〈早い〉（時間早的）早 tsâu：T.C. ǰau ʟ3，〈酒〉醪 lâu：T.C. hlau ʜ3<* khlau 之例。

不妨認爲上述三個詞的對應關係顯示了兩點：第一，共同泰語的 *k-有 3 個來源；第二，共同泰語 au 有 2 個來源：

我以自己之前發表的關於共同泰語和莫水語支比較的論文爲基礎[21]，假定共同泰語的 *k-有 *k-和 *kr-兩個來源。這裏的 *k-和 *kr-顯示了如下對應關係。

1）*k-　（a）T.C. k-：Mak k-：Sui q-

　　　例：〈にわとり〉（雞）*kai，〈旧い〉（舊的）*kau，〈さき〉（先前）*kɔɔn

　　（b）T.C. k-：Mak ʈ-：Sui ʔ

　　　例：〈九〉*kau，〈老いる〉（衰老）*kɛɛ，〈采集する〉（采集）*kep

2）*kr-　T.C. k-：Mak s-：Sui ts-

　　　例：〈食べる〉（吃）*krin，〈草鞋〉*krïək

這些例子與漢語進一步比較，就可能推定〈九〉〈にわとり〉（雞）對應 *k-，〈旧い〉（舊的）、〈老いる〉（衰老）對應 *g-，〈さき〉（先前）對應 *kj-，〈食べる〉（吃）對應 *kr-。由漢語 s-：泰語 k-的對應，可以推得"先"kjon>kjən>si̯ən，"相"kjang>si̯ang（T.C. kan）。根據共同泰語的 *g-（還有與莫水語之間對應的 *g-）與漢語的比較可以推得〈旧い〉（舊的）、〈老いる（衰老）〉的 *g-是依據怎樣的條件，但之後 g-和 k-是否分立，在此無法説明。

我在上述論文中提到，從共同泰語 *au 和與之對應的莫水語支形式假定了 3 種 au，用 au$_1$、au$_2$、au$_3$代表[22]。

1. au$_1$　T.C. au：Mak au：Sui ău

例：〈吠える〉(吼，叫)hau，〈軽い〉(輕的)ʙau，〈主人〉(丈夫)cau

2. au$_2$　T.C. au：Mak aau：Sui au

例：〈とる〉(拿，取)'au，〈つの〉(犄角)qhau，〈柱〉sau，〈旧い〉(舊的)〈酒〉

3. au$_3$　T.C. au：Mak əu：Sui?

例：〈九〉，〈旧い〉(舊的)

如果把它們跟上古漢語形式比較的話，與莫語的對應形式 au、aau、əu 無關，共同泰語的 au 中可以找到 3 種對應形式。

1. a) T.C. au：上古漢語 -ŭk，-uk.

T.C. khau〈米〉：穀 kuk>kuk

khau 〈つの〉(犄角)：角　kŭk>kåk

'au 〈つかむ〉(抓住)：握 ŭk>åk

b) T.C.au：上古漢語 -i̯ŭg

上文〈九〉、〈旧い〉(舊的)、〈はと〉(鴿子)、〈山〉

2. T.C. au：上古漢語 ôg

上文〈早い〉(時間早的)、〈掻く〉(撓，抓)、〈酒〉、〈吠える〉(吼，叫)

T.C. hau<khrau(？)：　　叫　ki̯ôg>kieu.

3. T.C. au：上古漢語 i̯u[23]

T.C. sau〈柱〉：　　柱　dhi̯u>ɖhi̯u.

T.C. cau〈主人〉(丈夫)：　主　t́i̯u>tśi̯u.

與 1a)所屬詞語對應的詞幹末尾形式，在上古漢語中是-ŭk、-uk，原始泰語中是與之對應的-ug。原始泰語〈米〉*kug，〈つの〉(犄角)*khug，〈つかむ〉(抓住)*'ug。不僅如此，原始泰語末尾形式應該與 1b)没什麽差别。

中古漢語虞韻(-i̯u)，與其在諧聲材料和《詩經》押韻中是否和-uk、-ôg 相通的條件相對應，在上古漢語中分爲-i̯ug(31 類)和-i̯u(34 類)。具有 3)的對應關係的〈主〉、〈柱〉，因爲不與-uk、-ôg 類韻母相通，上古音被推定爲t́i̯u、dhi̯u。但是我認爲，從與泰語的比較結果出發來考察的話，與上述 1a)、1b)平行，將這兩個詞語加入-i̯ug 類(31 類)應該比較恰當。至少作爲原始泰語的形式，必須要推定爲*ci̯ug、*si̯ug。换言之，這是如同對應 1a)的 1b)一樣，采用了三等韻的詞根形式。

更有趣的是具有對應關係 2)的詞語。它們乍一看像是具有一等韻詞幹形式,實際上却是與“叫”kiôg 平行、和-lôg、-rôg 一樣有介音-l-或-r-的三等韻的形式。從“醪”的泰語形式 khlau 可見其最早是 ＊khlôg,“叫”kiôg 則是從 ＊krôg 而來,〈掻く〉(撓,抓)sôg 是從 ＊khjôg 而來。另外〈早い〉(時間早的)tsôg 從〈左〉tsâ:泰語 zaai<＊dzaai<draai 類推,可推定最初是 ＊drôg 或 ＊trôg。高本漢采用了這些詞的上古漢語韻母-ôg 中的韻腹,即與-u 相近的、較窄較閉的-o[24]。最好這麽説:與泰語 au 對應的上古漢語形式中的主元音是 u。然而,該主元音 u 與泰語形式 au 的 u 並不對應。後者可以解釋爲來源於韻尾-g 的形式,然後推定主元音 ＊u 與該推移(移變)相關,經央元音 ə 變爲 a。這一音變與上古漢語轉向中古漢語的變化平行。

〈米〉＊khug>khəu>khau,〈主人〉(丈夫)＊ciug>ciəu>cau

〈掻く〉(撓,抓)＊kjug>kjəu>kau,〈酒〉＊khlug>khləu>khlau

八

比起中古漢語的形式,這些詞語和上古漢語的形式更爲一致。因此這些詞是借入泰語的漢語詞的可能性極小。我不想把這些詞語當作借詞。但是,這些詞語已經具備這樣的條件,就更可以懷疑它們不是被借用的漢語詞。看下面的實例,就可以確認表示十二地支的一系列詞彙借自漢語,其中有以下例子[25]:

	上古漢語	中古漢語	八百語	阿洪姆語	傣仂語	
丑	thnịôg	t̂hịəu	pao	plāo	pau3	<plau<＊tlau(?)
酉	zịôg	ịəu	rao	rāo	hrau4	<hrau
卯	mlôg	mau	mao	māo	mau3	<mau

儘管無法確認這些漢語詞是什麽時候借入泰語的,但由於其變化過程與具有前述 1b)2 的對應關係的詞語形式平行,如果這些明顯是借詞的話,後者也就有了身爲漢語借詞的可能性。然而我想否定這一假設。這些十二地支借詞與上述泰語原來的同詞幹語言具有相同的音節形式,所以我認爲比較妥當的推測是,它們被借用以後合流,並經歷了相同變化。泰語和漢語

的音節形式極其相近,因而從一方借用的詞語和原詞經歷了没有差别的同種變化過程。在這一點上這兩種語言的比較研究是很複雜的。

　　現存的關於泰語歷史的材料並没有 12 世紀以前的。但從前文提到的論據來看,12 世紀以後的泰語形式與漢語的對應關係很清晰,如果認爲其後的變化也具有平行性的話,有可能由上古漢語的形式推測 12 世紀以前的泰語(或者説原始泰語)。在這一階段,借詞應該也可以作爲支持這一推測的根據之一。

九

　　語言比較時,比起各語言中同時存在某些音素如 gl-、gr-、pl-等的情況,一對具有對立意義的平行形式,例如近和遠、左和右等,能更有力地證明親族關係。

近	ghi̯ən>ghi̯ən	：	T.C. klaï M3	： <* gʷhla-
遠	gi̯wăn>ji̯wɒn	：	T.C. klai M1	： <* gla-[26]
左	tsâ(r)>tsâ	：	T.C. zaai<draai L3	： <* draar
右	gi̯ŭg>ji̯ə̯u	：	T.C. khwaa н1<* qʷhua	： <* gʷu-

這種成對的詞語中,兩者同時作借詞的情況較少,可以認爲是證明這兩種語言的親屬關係的有力基礎之一。較之單單追求兩種語言形式上的一致,我們更必須着眼於那些能夠證明來自同一語源、由不同音節尾構成的例子。並且,正是上述〈かみのけ〉(頭髮)、〈ほほ〉(頰)、〈はら〉(腹)、〈あし〉(脚)、〈にく〉(肉)、〈たべる〉(吃)、〈ちから〉(力)、〈うろこ〉(鱗)、〈むち〉(鞭)等具有對應條件的詞語,才能證明泰語和漢語的親屬關係。此外還要考慮到下面這種情況:比如表示〈來る〉(過來)意思的漢語"來"lai(中古音)和泰語 maa L1,乍一看没有關係;但不能斷定 lai 和 maa 來自不同的語源。"來"的上古漢語形式是*mləg[27],泰語 maa 在原始泰語裏是*mlaa 的可能性很大。緬-倮倮語形式 laa 也與之對應。

　　在泰語是否屬於漢藏語系的問題上,我認爲還應該收集此類例證,並仍有進一步考察的餘地。我不認爲泰語和漢語是分屬不同系統的語言,儘管事實是有相當數量的借詞來自漢語,也無法斷定表面形式類似的單詞全是漢語借詞。至於這兩種語言是否存在較遠的親屬關係,也還存在許多問題,一時無法解答。

注釋：

［１］ 有關文獻主要參考謝飛（Robert Shafer）：*Bibliography of Sino-Tibetan languages*，Wiesbaden，1957，163—166、190—193 頁。

［２］ Det Kgl：“Danske Videnskabernes Selskab”，*Historisk-filologiske Meddelelser* xx. 3，Kφbenhavn，1934.

［３］ Wulff 贊同高本漢在《中日漢字分析字典》（*Analytic Dictionary of Chinese and Sino-Japanese*，巴黎，1923）裏的觀點。

［４］ 相關研究如下：邢公畹《漢臺語構詞法的一個比較研究——大名冠小名：漢語“子”“兒”和臺語助詞 Luk 試譯》（叔重編：《中國語文研究參考資料選輯》，中華書局，1955 年）；張公瑾《在與漢語比較分析中看傣語動詞 ʔauˋ 的來源和用法》（《少數民族語文論集·第一集》，中華書局，1958 年）。

［５］ 比如 Conrady August：*Eine indochinesische Kausativ-Denominativ-Bildung und ihr Zusammenhang mit den Tonakzenten*，Leipzig：Otto Harrssowitz，1896。

［６］ P. K. Benedict：“Thai, Kadai and Indonesian：A new alignment in Southeastern Asia”，*American Anthropologist*，4 卷 2 期，1944 年。松山納：《關於 P. K. Benedict 對泰語系統的異説》，《東京外國語大學論集》1953 年第 3 期。

［７］【譯者注】法語 Tonkin，法國殖民時期指稱越南北部地方，即今河内。下同。

［８］ Haudricourt 的研究不同於 Benedict，針對 14 個詞，與推定爲拉基語、普標語、仡佬語、岱（＝黎）語同源的共同泰語進行了比較，並且得出結論，即這些語言具有泰語在受到漢語和高棉語影響之前的最初形態。參看 Haudricourt：“Les phonèmes et le vocabulaire du Thai commun”，J. A. 1948。

［９］ J. H. Greenberg：“Historical Linguistics and unwritten Languages”（Kroeber，*Anthropology Today*，芝加哥，1953 年）等。

［10］ 參看前引 Haudricourt 文。

［11］ 以下中古漢語、上古漢語均采用高本漢的擬音。*Grammata Serica Recensa*，Stockholm. 1957。但是書寫時用 h 表示送氣音。

［12］【譯者注】關於全文尖括弧中的日語詞，一旦拼寫中包含假名，就都在後面附上圓括號，注明中文含義。如果整個詞全是日語漢字，字面與意義相符的，不再注中文含義；否則仍注。下同。

［13］〈脱ぐ〉脱 thwât>thuât：T.C. thɔɔt 與之接近。

［14］ 其他與中古漢語虞韻對應的泰語形式可見本文 11 頁及注21。【譯者注】此處所指均爲日文原文頁碼及注腳信息，下文所涉本文此類信息，亦同此。

［15］ 這與莫語 phjaat、水語 phjat 對應，因而可推定其共同起首輔音形式爲雙唇-軟齶音 *qʷh-。參見拙稿《莫水語支和共同泰語》，《言語研究》1955 年第 28 號，34 頁以下。

[16] 與之相對,可想見〈手〉是 *mth-。由於共同形式是 *md-、*mth-,朝向泰語、漢語的
變化與藏緬語中 *mth-、*md-的變化十分相似。可參拙稿《藏緬語語彙比較問題》
(《東方學》第 15 輯)。

[17] 〈馬〉條目下包括〈乘る〉騎 ghia>ghjię;T.C. khii ʜ1,〈鞍〉鞍 ˙an; ˙an;T.C. ʔaan,
〈きば〉條目下包括"象"dzi̯ang>zi̯ang;T.C. jaang ʟ3. 相關詞彙也整齊對應。

[18] 該上古漢語形式應該可以追溯爲 *xvar 或 *xbar< *sbar?。克欽語 wân<火>與藏緬
語形式 mi-對應。

[19] 參拙稿《高本漢的業績與漢語學》,高本漢《中國の言語》,江南書院 1957 年所收。

[20]【譯者注】此句本身已位於圓括號中,故將日文漢譯及圓括號移入尖括弧內,下同。
其他日文漢譯,仍按原樣放在尖括弧外。

[21] 前引《言語研究》28 號,36—37 頁。

[22]《言語研究》28 號,49 頁。

[23] 除此之外還有虞韻對應共同泰語 ɔɔ 的例子。〈父〉父 bhi̯wo>bhi̯u;T.C. bɔɔ L2;
〈みこ〉巫 mi̯wo<mi̯u;T.C. hmɔɔ H1。而且,上古漢語中這兩個分類從泰語的對
應形式來看,可以説是正確的。與這兩例和上古漢語的一致相對的是,上述<皮
膚>的例子與中古音形式一致。

[24] B. Karlgren:*Compendium of phonetics in Ancient and Archaic Chinese*, 1954.

[25] Li Fang-kuei, Some old Chinese loan words in the Tai languages, *HJAS* 8. 1945。拙
作《關於 16 世紀的漢語百夷語對譯語彙集》將刊載於《東洋學報》。

[26]〈近い〉〈遠い〉在漢語形式中都有詞尾-n(可參看本文 5 頁),應該可以假定泰語
的 ï 及-i 來源於 *r-等。

[27] "來" *ləg 被推定爲"麥" *mwɛk 的同源詞,我認爲可以把它構擬爲 *mləg。

中古漢語的音韻[*]

平山久雄 撰

黃　河 譯　鄭　偉 校

一、中 古 音

1.1　中古音和《切韻》

　　所謂"中古音"(又稱"中古漢語")是從高本漢先生(B. Karlgren)所提出的 Ancient Chinese 翻譯過來的術語。狹義上指的是以《切韻》(601 年成書)爲基礎的音韻系統。"中古音"這個術語從廣義上講也可以指六朝後期至唐末宋初的音韻系統。本文取"中古音"狹義上的定義。

　　《切韻》是能夠全面窺探中古音韻系統的最早的韻書。韻書以"小韻"的形式反映了它的基礎方言中的所有音節。每個小韻的讀音又用"反切"記錄下來。對這些反切進行綜合分析,從而知道基礎方言有哪些聲母、韻母,以及知道這些聲母、韻母是如何結合在一起的。換言之,從韻書反切可以得知韻書基礎方言音韻體系的全貌。從《切韻》反切歸納出來的中古音韻體系是目前可以得到的最早的完整的漢語音韻體系。就這點來講,中古音在漢語音韻史上具有極大的價值。

　　先秦時代的音韻系統叫"上古音"(Archaic Chinese)。上古音的構擬一方面依賴於《詩經》押韻和諧聲字的分類,另一方面依據與中古音的對應關係推定大致的音韻框架。就這個意義上説,中古音是探索中古以前音韻史的基點。同時中古音也是記述中古以後音韻史的出發點,例如簡潔地對現

*　【譯者注】本文原載《中國文化叢書(第一卷)語言‧音韻論》第三節,譯文將原文位於行間的引文一律改爲當頁注,注文中日本出版的論著譯爲中文。原文圖片並無序號,爲方便對照譯本給圖片標明序號。爲避免譯文生硬,在不曲解原文文義的前提下,行文措辭盡可能調整爲漢語音韻學的表達習慣。原文是書籍的一章,此處單獨譯文,對原文的章節標號作出適當調整。感謝平山久雄先生慨允本人翻譯此文,譯文若有偏頗,文責一概由譯者承擔,與原作者無關。

代方言音系作歷時性的説明就是依據它和中古音的對應關係。另外,日本、朝鮮、越南等周邊諸國漢字音傳入的時間大致是在中古音和中古音前後,中古音對研究這些漢字音具有十分重要的意義。

1.2 《切韻》基礎方言的性質

關於《切韻》的基礎方言,即中古音的基礎方言的性質有幾種説法。首先可以分爲兩種:一、特定的單一方言音系;二、折中古今南北音韻特徵的混合音系。前者還可以分爲"長安音説""洛陽音説""建康[1]音説"。高本漢先生單純地認爲是隋朝首都長安音系。有坂秀世博士《隋代漢語方言》[2]一文主要分析了《切韻·序》、顔之推《顔氏家訓·音辭篇》的記載,認爲當時的長安尚不是文化中心,北方的文化傳統中心應該是洛陽和鄴[3],認爲以這一帶爲中心的北方標準音是《切韻》的方言基礎。

本文認爲,《切韻》小韻的區分和反切反映了陸法言的方言的音韻體系。所謂陸法言的方言音韻體系可以看作上述北方標準音。只不過有坂博士認爲或多或少摻雜了以建康爲中心的南方標準音的若干成分。本文傾向於從分韻上理解這一點:《切韻》的分韻很大程度上采用了南方系韻書對韻的精密的審定方式。對韻母精細的區分也存在於北方標準音中,要確認這一點只需要對切韻系韻書的反切用字進行細緻的分析。關於這個問題,還可以參看周祖謨先生《切韻的性質和它的音系基礎》[4],雖然他的結論與上述稍有差異,但是考證詳密,可資參考。

二、《切韻》《廣韻》——切韻系韻書

2.1 切韻系韻書的形成

《切韻》是一部韻書。韻書是基於能否一起押韻的標準,對字進行分類編纂的一種字書,也是一種發音字典。第一部韻書是 3 世紀曹魏李登編纂的《聲類》。到了六朝時期,伴隨韻文的盛行,有很多韻書問世。但是這些韻書大都包含編者的個人偏好或者地域方音的差異,內容上存在很多分歧,難以判定以何者爲代表。

不久隨着隋朝一統天下,人們期待重新製定新的押韻規範,《切韻》應運而生。據《切韻》序言(附載於《廣韻》序言)所載,隋開皇年間(581—599年)初期,顔之推、蕭該等在音韻方面頗有造詣的八位名士同詣陸法言門宿,夜永酒闌,論及音韻。他們對之前的韻書進行評判,並討論了理想中的韻書的大致框架。陸法言將其記錄下來，並以此爲基礎於仁壽元年（601 年）編定《切韻》。《切韻》作爲之後詩文押韻的標準盛行於世，《切韻》前的六朝韻書逐漸失去影響力，而今大多亡佚。

《切韻》在唐代被多次增訂，增加了文字和注解。這些增訂本包括長孫訥言《切韻》、王仁昫《刊謬補缺切韻》、孫愐《唐韻》、李舟《切韻》等。作爲最後的增訂工作，北宋大中祥符元年（1008 年）陳彭年等承奉敕命撰定《大宋重修廣韻》（一般略稱爲《廣韻》）。從陸法言《切韻》（原本稱爲《切韻》）至《廣韻》的各個版本的韻書叫作"切韻系韻書"。

《廣韻》刊定後不久，《禮部韻略》（1037 年）、《集韻》（1066 年）相繼問世。它們雖然很大程度上沿襲了切韻系韻書的内容，但是全盤修訂了反切用字。這一根本性的改變使得它們不當納入切韻系韻書體系之中。

2.2　版本和索引

《廣韻》作爲敕定韻書，其刊本廣爲流傳。包括《切韻》在内，之前的切韻系韻書逐漸退出歷史舞臺。目前僅存《廣韻》這一全本（内容完整的文獻文本）存世。中古音研究主要圍繞《廣韻》展開。二次大戰後，王仁昫《刊謬補缺切韻》的一個版本（推定爲 706 年所撰）的全本在北京被發現，略稱爲《全本王韻》《王三》《宋跋本王韻》等。此外還有僅存部分文本的若干殘本：清朝宫廷舊藏王仁昫《刊謬補缺切韻》的一個版本（所謂《王一》）；於北京舊書鋪發現的孫愐《唐韻》；斯坦因（Stein）、伯希和（Pelliot）於敦煌發現的諸多殘卷（所謂《切一》《切二》《切三》《王二》《（五代）刊本》等。據王國維的研究，《切一》可能是原本《切韻》）。這些殘本的主要部分收錄於劉復等所編《十韻彙編》[5]，還有姜亮夫所編《瀛涯敦煌韻輯》[6]。關於切韻系韻書各傳本的系統，王國維《觀堂集林》卷八所收的諸篇論考以及上田正《切韻傳本論考》[7]可資參閱。

《廣韻》文本中周祖謨《廣韻校本》[8]可資使用。據澤存堂本校勘，明確的誤字在欄外注出並訂正。校勘的詳細情況參見周祖謨《廣韻校勘記》[9]。以上兩書分別作爲上下卷收錄在一起，編成周祖謨《廣韻校本附校勘記》[10]。檢索《廣韻》所收字的索引有《十韻彙編》附錄索引，東京教育大學中國文化研究會《廣韻索引》[11]，馬淵一夫《韻鏡校本和廣韻索引》[12]所收的索引。具有概論性質的研究書目有張世祿《廣韻研究》[13]。《全本王韻》有影印本《唐寫本王仁昫刊謬補缺切韻》[14]，臺灣出版了再印本[15]。《全本王韻》反切由李榮先生進行若干校訂載録於《切韻音系》[16]的"單字音表"。

三、《廣韻》的體例

3.1 分類方法——韻的四聲相配

接下來以《廣韻》爲代表，介紹切韻系韻書的體例、内容的梗概。基於《廣韻》所述的若干方面在其他切韻系韻書中基本上是一致的。

《廣韻》共五卷，按照收字聲調分爲上平聲、下平聲、上聲、去聲、入聲。其中需要注意的是平聲字數量很多，分爲上、下兩卷，所以上平聲、下平聲分爲兩卷與聲調區别無關。各卷内部再按“韻”分類，把可以相互押韻的字排列在一起叫作“韻”。從屬於同一個“韻”的字中選出一個字作爲該韻的名稱，這個字就叫“韻目”。例如“○東○同○籠○中○弓○豐○隆……”等字構成“東韻”（圖一）。計算《廣韻》各卷韻的總數爲206個，推算原本《切韻》有193個韻。

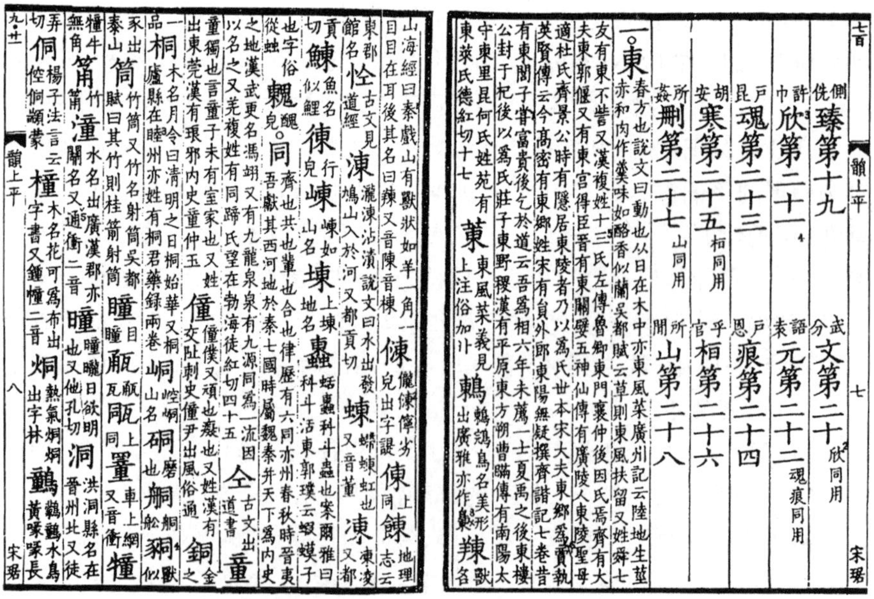
臻第十九
文第二十 欣同用
欣第二十一
元第二十二 魂痕同用
魂第二十三
痕第二十四
寒第二十五 桓同用
桓第二十六
刪第二十七 山同用
山第二十八

圖一　《廣韻》上平聲東韻的部分書影（據周祖謨校本）

那麽，聲音上具有什麽樣的共同性質的字才能相互押韻呢？這種共同性質應當存在於韻母-MVE/T，或者説進一步去掉介音，存在於-VE/T

上。例如東韻指的是韻母爲-uŋ^平、-ĭuŋ^平(-jĭuŋ^平)[17]的字,這種情況下這些字的共同性質是以-VE/T爲單位的。與此相對,痕韻由韻母爲-ən的字組成,韻母爲-ĭen(-jĭen)的字另屬欣韻。這種情況下共同性質是以-MVE/T爲單位。原本《切韻》之後韻的增加主要按照合口介音-u-的有無將韻一分爲二[18]。

韻的編排采取每個聲調平行排列的原則。例如平聲-uŋ^平、-ĭuŋ^{平}爲東韻,上聲-uŋ^上、-ĭuŋ^{上}爲董韻[19],去聲-uŋ^去、-ĭuŋ^{去}爲送韻,入聲-uk^入、-ĭuk^{入}爲屋韻。這種關係叫作“四聲相配”。入聲是以塞音韻尾-p、-t、-k收尾的韻母所特有的聲調[20]。如上面的例子所示,入聲韻的韻尾和陽聲韻的韻尾按照發音部位對應:-p∶-m、-t∶-n、-k∶-ŋ。所以入聲韻也處理爲“四聲相配”的關係。因此,只有陽聲韻才有與之相配的入聲韻。也有一些韻並不是四聲俱全,例如去聲祭韻沒有與之相配的平聲韻和上聲韻。

3.2 韻目

《廣韻》韻目一覽表如下所示。列於同一行的是相配的韻目,數字如“東第一”是附於各卷韻目的編號。切韻系韻書在韻的排列順序上各有出入。相配的平、上、去聲韻和入聲韻在次序的編號上並不平行,入聲韻按照獨立的順序編號,原本《切韻》很有可能也是如此。理論上講,《廣韻》的韻目順序是其中最爲嚴整的。只是從各自與平上去聲韻的相配關係來看,入聲14點韻和15轄韻順序是顛倒的。又上聲52儼韻、去聲57釅韻也有類似的順序混亂。下表對這些韻目的順序進行調整。表中韻目上方或者下方的箭頭表示原本《切韻》中本來沒有的韻,位於箭頭尾巴的那個韻本來屬於箭頭指向的韻。平聲21欣韻、去聲43映韻在《廣韻》以前的韻書中分別稱爲殷韻、敬韻,因避宋朝王室之諱而更改韻目。下表右端標明這些韻分別屬於哪些“攝”。

下表韻目後面用小字表示在《廣韻》各卷首韻目表中與該韻“同用”的韻目。例如平聲2冬韻之下有“鍾同用”,就是説冬韻字在實際作詩時可以和鍾韻字相押。與之相對,如果只允許同一個韻内押韻,該韻目之下標明“獨用”,下表用小字“獨”表示。《切韻》的分韻過於精細以至於作詩押韻十分不便,唐初在許敬宗等人協議下作爲一種變通標明“同用”,這便是“同用”的由來。

《廣韻》韻目及四聲配合表

平　聲	上　聲	去　聲	入　聲	攝
1 東獨	1 董獨	1 送獨	1 屋獨	
2 冬鍾		2 宋用	2 沃燭	通
3 鍾	2 腫獨	3 用	3 燭	
4 江獨	3 講獨	4 絳獨	4 覺獨	江
5 支脂之	4 紙旨止	5 寘至志		
6 脂	5 旨	6 至		
7 之	6 止	6 志		止
8 微獨	7 尾獨	8 未獨		
9 魚獨	8 語獨	9 御獨		
10 虞模	9 麌姥	10 遇暮		遇
11 模	10 姥	11 暮		
12 齊獨	11 薺獨	12 霽祭		
		13 祭祭		
		14 泰獨		
13 佳皆	12 蟹駭	15 卦怪夬		
14 皆	13 駭	16 怪		
		17 夬		蟹
15 灰咍	14 賄海	18 隊代		
16 咍	15 海	19 代		
		20 廢獨		
17 真諄臻	16 軫準	21 震稕	5 質術櫛	
↑	↑	↑	↑	
18 諄	17 準	22 稕	6 術	
19 臻			7 櫛	臻
20 文欣	18 吻隱	23 問獨	8 物獨	
21 欣(殷)	19 隱	24 焮獨	9 迄獨	

續 表

平 聲	上 聲	去 聲	入 聲	攝
22 元魂痕	20 阮混很	25 願慁恨	10 月没	臻
23 魂	21 混	26 慁	11 没	
24 痕	22 很	27 恨		
25 寒	23 旱緩	28 翰	12 曷末	山
↑	↑	↑	↑	
26 桓	24 緩	29 換	13 末	
27 删山	25 潸産	31 諫襇	15 鎋	
28 山	26 産	31 襇	14 黠鎋	
1 先仙	27 銑獮	32 霰線	16 屑薛	
2 仙	28 獮	33 線	17 薛	
3 蕭宵	29 筱小	34 嘯笑		效
4 宵	30 小	35 笑		
5 肴獨	31 巧獨	36 效獨		
6 豪獨	32 皓獨	37 號獨		
7 歌戈	33 哿果	38 箇過		果
↑	↑	↑		
8 戈	34 果	39 過		
9 麻獨	35 馬獨	40 禡獨		假
10 陽唐	11 養蕩	41 漾宕	18 藥鐸	宕
11 唐	37 蕩	42 宕	19 鐸	
12 庚耕清	38 梗耿静	43 映(敬) 静勁	20 陌麥昔	梗
13 耕	39 耿	44 静	21 麥	
14 清	40 静	45 勁	22 昔	
15 青獨	41 迥獨	46 徑獨	23 錫獨	
16 蒸登	42 拯等	47 證嶝	24 職德	曾
17 登	43 等	48 嶝	25 德	

續　表

平　聲	上　聲	去　聲	入　聲	攝
18 尤侯幽	44 有厚黝	49 宥候幼		
19 侯	45 厚	50 候		流
20 幽	46 黝	51 幼		
21 侵獨	47 寢獨	52 沁獨	26 緝	深
22 覃談	48 感敢	53 勘闞	27 合盍	
23 談	49 敢	54 闞	28 盍	
24 鹽添	50 琰忝儼	55 豔㮇釅	29 葉怗	
25 添	51 忝	56 㮇	30 怗	
26 咸銜	53 豏檻范	58 陷鑑梵	31 洽狎	咸
27 銜	54 檻	59 鑑	32 狎	
28 嚴凡	52 儼	57 釅	33 業乏	
	↓	↓		
29 凡	55 范	60 梵	34 乏	

3.3　小韻

各韻內部進一步分爲"小韻"。"小韻"指的是包含聲母在內完全同音的字的集合[21]。《廣韻》中每個小韻的第一個字[22]前標有"○",表示該小韻的開始。各字之下有注文將字與字隔開,注解關於該字的意思和字形等方面。小韻代表字的注解之後附有該小韻的反切。反切之下的數字標明屬於該小韻的總字數。例如平聲東韻第一個小韻的代表字"東",其下有"春方也……"等詳細注釋,其後附有反切"德紅切",其下有數字"十七"[23]。"德紅切"表示以"東"字爲首的這個小韻所含 17 個同音字的讀音。一個"韻"由數個至數十個"小韻"組成。韻內小韻的排列順序沒有一定的規則,不過包含韻目字的那個小韻總是排在第一個。

屬於"東"小韻的"凍"字下面有"又都貢切"幾個字。同樣"蝀"下有"又音董"幾個字。這樣的注文叫作"又音",其中這樣的反切叫作"又切",表示這個字還屬於另一個小韻,另一個小韻可以與該字位於同一個韻,也可以位於不同的韻。這些注文表明一個字有兩個或兩個以上讀音。上例"都貢切"與去聲送韻的"涷"小韻"多貢切"對應。"音董"和上聲董韻"董"小韻"多動切"對應。如本例所示,又切用字和與之對應的"正切"[24]用字相異,這種情況十分常見。不過它們表示的讀音是相同的。需要注意的是小韻代表字本身就有又音的情況。例如去聲送韻"涷"小韻的"涷"字之下有"多貢切",其後又有"又音東"幾個字。"多貢切"標明這個小韻所屬七個字的讀音,而"又音東"僅僅標明"涷"一個字的又音。

一個字有兩個以上讀音的情況,這些讀音並非都能夠據又音相互參照。存在其他的讀音,卻沒有注明又音的情況並不少見。雖然十分麻煩,但是為了確認這一點,只能一點一點地翻查《廣韻》索引。

四、反　　切

4.1　反切法的特點

上文說到了用反切來表示小韻的讀音,"反切"究竟是什麼樣的標引法呢?

東漢時期被稱為"訓詁"的注釋經典的學問十分興盛,這就需要一種能夠客觀地注明字音的方法。不要說生僻字,就是常用字,隨着讀音的不同意思有差別的情況也不少。標明讀音對理解文本內容十分重要。最初采用的注音法是"讀若法",以"A 讀若 B"這樣的形式出現,用同音或讀音相近的字 B 給被注音字 A 注音。這種方法進一步精簡為"直音法",以"A 音 B"的形式出現,用和 A 同音的字 B 來注音。直音法雖然十分簡明,但是有的字完全沒有同音字,有時即便存在同音字,該同音字也十分生僻,一般人並不知道它的讀音。所以直音法有很大的缺陷,因此"反切"法開始登場。

"反切"是以"A, BC 反(或'切')"的形式出現。字 B 的聲母與被注音字 A 相同,字 C 與 A 的韻目相同,B 的聲母和 C 的韻母二者拼合,以此表示 A 的讀音。A 叫作"被切字",B 叫作"反切上字",C 叫作"反切下字"。即便是 A 字不存在同音字的情況,僅僅聲母或僅僅韻母與 A 相同的字肯定是很多的,從這些字中挑選出讀音明確易懂的字作為反切用字 B、C 來使用。因此反切法可以給該音韻體系記憶體在的任何一個音節注音[25]。這種注音的普遍性是反切法的一大特色。

東漢末期 2 世紀中葉開始使用反切,六朝時期開始普及,直至近代反切一直是主要的漢字注音法[26]。另一方面,在能夠找到合適的同音字的情況下,直音法又是最爲簡明的注音方法,即便在反切發明之後,兩者並用的情況也很多。《廣韻》又音的標準中大量使用直音法。

4.2　反切的實例

接下來舉實例來分析反切。《廣韻》平聲東韻“東”小韻的反切是“德紅切”,反切用字的邊上標明高本漢先生的擬音,拼合擬音帶底線的部分就構成被切字的讀音。

“德”t̯ək^∧+“紅”ɣuŋ̱平→“東”tuŋ平

但是,當時人們很可能並没有把反切分析並理解爲上述結構的記號系統,而是把上下字連起來念,融合爲一個音節,直接得到被切字的讀音。

從切韻系韻書等中古時期主要的反切資料來看,反切上字不僅和被切字聲母相同,反切上字介音的洪細也存在和被切字一致的傾向。“細音”指的是包含-i-介音的音節,没有-i-介音的音節叫“洪音”,有無-i-介音的區別叫作洪細。例如同樣是表示見母 *k-,被切字是洪音的話,采用“古公過……”等也是洪音的反切上字;被切字是細音的話,采用“居舉九……”等也是細音的反切上字[27]。例如平聲東韻“公”kuŋ平小韻反切是“古紅切”,反切上字用“古”kwo上。同樣是平聲東韻“弓”kjĭuŋ平小韻反切是“居戎切”,反切上字用“居”kjiwo平。原則上,被切字包含-i-介音的時候,反切上字、下字同時體現-i-介音。乍一看似乎是一種冗餘,但是這使得反切上下字連起來念更加順口。關於這一點請參看陸志韋《古反切是怎樣構造的》[28]一文。

五、《切韻》的替代品——《廣韻》

正如本文開頭所説,中古音是通過分析《切韻》反切從而歸納推測出來的音韻體系。但是原本《切韻》因亡佚而不得見,不得已采用《廣韻》反切替代,從而推進中古音的研究。現在得以使用版本年代更早的“全本王韻”。不過,迄今爲止依據《廣韻》得出的結論依然基本上站得住。

從原本《切韻》到《廣韻》經過不斷修訂,收録字書和注解大幅度增加,追加了若干小韻[29],但是反切本身基本不作改動。只要把《廣韻》反切與《全本王韻》以及《十韻彙編》所收殘卷的反切進行比較就會明白這一點。切韻系韻書的很多反切用字並不一致。舉例而言,入聲屋韻“菊”小韻反切

如下[30]:

《廣韻》　居六切　　　　《王二》　舉六反

《全王》　居六反　　　　《切三》　舉竹反

《唐韻》　居竹反

　　比較這本版本不一致的反切用字來推定原本《切韻》的反切用字是十分困難的。但是上字"居、舉"應該都有相同的聲母,下字"六、竹"應該都有相同的韻母。因此這些用字有差異的反切所表示的音節本質上是一樣的[31]。用不同的反切用字表示本質上不同音節的情況相對較少。

　　基於這一點,我們可以暫且以《廣韻》或《全本王韻》的反切代替原本《切韻》反切。只有當細節問題需要處理或者存在特別的疑問時,我們才需要比較對照其他殘卷的反切。盡可能努力逼近原本《切韻》用字,並努力剝離後加小韻的反切。《廣韻》相對後期的版本偶見反映唐代音韻變化的反切用字。例如同樣是入聲屋韻"囿"小韻 jĭuk$^\wedge$ 的反切,在《廣韻》《唐韻》中是"於六"切,在其他韻書《全本王韻》《王二》《王一》《切三》中都是"於目"切。"目"的讀音 mĭuk$^\wedge$ 到了唐代失去-i-介音變爲洪音 muk$^\wedge$,作爲反切下字的話會造成與實際讀音不符,於是改用沒有丟失-i-介音的"六"lĭuk$^\wedge$,這十分容易理解。

六、《廣韻》反切的整理

6.1　反切系聯法

　　爲了利用《廣韻》反切來研究中古音的音韻框架,就必須使用"反切系聯法"。"反切系聯法"是清末學者陳澧(1810—1882 年)創立的方法,該方法及其研究結果見其著作《切韻考》(1844 年)。《廣韻》反切中表示同一個聲母全卷並非只用同一個反切上字,而是使用各種不同的字。表示同一個韻母的反切下字在一韻之內也使用各種不同的字。因此"系聯"是可能也是必要的。

　　"反切系聯法"由兩部分組成,後人分別稱之爲"正例"和"變例"。

6.1.1　正例

　　"正例"將反切上下字各自系聯得到的關係分爲"同用""互用""遞用"三種。以上字的情況爲例:

　　"同用"如"冬 都宗切"(平聲冬韻),"當 都郎切"(平聲唐韻)。兩個反切的上字相同説明兩個被切字的聲母相同,因此得到"冬-都-當"的系聯。

"互用"如"當 都郎切"(平聲唐韻),"都 當孤切"(平聲模韻)。兩個字互爲被切字和反切上字,因此得到"當-都"的系聯。

"遞用"如"冬 都宗切","都 當孤切"。多個字順次遞迴地具有"上字-被切字"的關係,因此得到"冬-都-當"的系聯。這些條例對韻母同樣適用,例如:

"東 德紅切","公 古紅切"(皆爲平聲東韻)

這是下字"同用"的例子,由此得到"東-紅-公"的系聯。系聯得到的上字和被切字組,取上字作爲代表叫作"聲類";系聯得到的下字和被切字組,取下字作爲代表叫作"韻類"。

6.1.2 變例

僅僅由"正例"歸納得到的聲類、韻類並不能保證可以一一反映中古音的聲母、韻母。因爲反切用字最初就不是爲了系聯而製定的,有時聲母或韻母明明完全相同的反切上下字却無法建立"同用""互用""遞用"的系聯關係。這種情況導致一個結果:實際上是同一個聲類、韻類,却因無法系聯而分爲兩個或兩個以上的聲類、韻類。加之偶見極少數不規則的甚至存在訛誤的反切夾雜其中。不同聲母、韻母的字可能被系聯爲一個聲類、韻類。爲了解決這些問題,需要導入若干"變例"。"正例"來自純粹客觀的歸納,而"變例"依賴於主觀的分析。例如入聲鐸韻反切下字"落、各、博、郭"按照"正例"得到如下系聯:

(1)"落 盧各切" ⇆ (2)"各 古落切"→(3)"博 補各切"→(4)"郭 古博切"→(5)"廓 苦郭切"[32]

這些系聯的下字中,"落""博"的上字都是"古"。於是,(2)(4)兩個反切的上字的聲類、下字的韻類都相同。那麽兩個被切字就應該是同音的。按照韻書體例,同音字都應該編入同一個小韻才對,此處成了很奇怪的"例外"。因此陳澧判斷"博 補各切"的下字"各"爲訛誤,切斷了(2)(3)兩個反切的系聯,於是分爲"落—各""博—郭"兩個韻類。此爲變例之一,後人稱"變例"爲"分析條例"。但是"郭 古博切"的下字"博"是否可以看作訛誤,從而切斷(3)(4)兩個反切的系聯呢?我們似乎找不到假設成立的客觀依據。

其他"變例"例如使用"又切"作爲系聯依據,運用四聲相配的原理排比相配的韻的韻類數目,把難以系聯的反切視爲後來增入的小韻剔除。這些變例雖然都有各自的分析角度,但是難以客觀地運用,結果變成爲了論證自己預先的假設而采用變例尋找"證據",特別是對"又切"的利用。因爲不少又切是原原本本從其他文獻抄録的,也有不少是後來的版本重新增入的部分,所以必須格外慎重。在得到合乎常識的結果的前提下,陳澧有限地運用了又切材料,而且把不合常理的反切處理爲後來增入的小韻反切。但是今天我們可以對照《廣韻》之前的各種殘卷,客觀地證明哪些小韻是後來增入的。從此看來,比起陳澧那個時代,今天擁有了這個有利條件。

陳澧系聯反切的結果是聲類 40 個,韻類 311 個。韻類的數目比韻的數目(206)多了很多,是因爲一韻之内分爲 2—4 個韻類。但是之後的學者進行同樣的系聯操作得到的結果多少都有差異,其原因主要在於"變例"的使用,判斷因人而異。

6.2　演繹法的運用

就算依賴"變例"也無法正確歸納中古音聲母、韻母的話,那麼什麼方法是有可能的呢? 自然會想到用演繹法去替代歸納法。先假設中古音聲母、韻母的框架應該是什麼樣的,然後通過"正例"得到反切系聯的結果,兩者相互比對。用假設的音韻框架對系聯上存在問題的部分進行解釋,如果這個解釋可以從整體上自圓其説且没有自相矛盾之處,就承認假設的音韻框架是妥當的。如果存在自相矛盾之處並難以解釋,就需要把原先假設的框架朝着解決矛盾的方向修正。

例如反切上字"都、當、丁、冬"和"多、得、德",如果僅依據"正例"兩組只能内部各自系聯,那麼應該就是兩個聲類。陳澧使用又切系聯兩組,認爲是一個聲類。平聲東韻"涷"字的又切"又都貢切",與去聲送韻"涷"小韻的正切"多貢切"相合[33]。但是又切偶爾會有訛誤,這種方法不見得很好。這種情況我們可以先假設兩個聲類是一個聲母,然後去調查分屬兩個聲類的反切上字(例如"都"和"德")和屬於同一韻類的反切下字能否拼合。如果存在這樣的用例,還是必須認爲這兩個聲類代表不同的聲母。實際上並不存在這樣的用例,所以這兩個聲類在與韻類結合時是互補分佈。與現代方言讀音的對應關係來看,兩個聲類之間也看不出任何差別。無論是它們的反切行爲還是它們與方音的對應關係都和之前的假設不矛盾,所以我們認爲原來的假設應該是妥當的。從而證明兩個聲類無法系聯完全是偶然的。上文所説用假設對系聯存在的問題進行"解釋"就是這個意思。

運用"變例"的時候其實也暗含一種預斷,實際上這和上述的假設是一回事。"變例"乍一看似乎披着"客觀歸納"的外衣,其實也包含一點的假設。把自己的假設明確地提出來,然後將假設體系化、精密化,進一步和"正例"系聯的結果比對,檢討假設的合理性。在反切整理的工作進行到後期,開始運用這種演繹的方法科學地證明中古音的聲母、韻母。不過,"變例"着眼的那些問題仍然可資參考,不失其價值。

七、韻　圖

7.1　對音韻框架的假設

那麼,如何假設中古音聲母、韻母的框架呢？過於隨意的假設在與"正例"系聯的結果進行比對時必然需要大幅度地修正,這樣的假設很可能毫無作用。一種可行的方法是運用歷史比較法比較現代方言的聲母、韻母,從而構擬這些方言的"祖語",以此作爲框架。但是這需要進行龐大而複雜的工作,而且僅僅依賴一部分方言難以清晰地構擬祖語的面貌。

因此更加簡便實際的方法是運用"韻圖"(或稱"等韻圖")的框架。其實學者們在反切系聯的結果存在分歧時,都是通過對韻圖框架進行若干調整,以此求得一個共同的公認的框架,然後在這個基礎上討論音值的構擬。本質上講,前一節後半部分主張的演繹法已經暗含其中。

7.2　轉圖的結構

研究中古音可資利用、年代較爲古老的韻圖有《韻鏡》[34] 和鄭樵(1104—1162 年)《通志·七音略》所收"内外轉圖"[35] 等。這些韻圖的作者和創製年代都不明確,推測是北宋之前流傳下來的。這些韻圖的原圖至少可以追溯至唐代中期。有文獻可證,某些種類的韻圖甚至在 8 世紀就已經出現[36]。以下以《韻鏡》爲例説明韻圖的結構。

《韻鏡》由"第一轉"至"第四十三轉"共計四十三張韻圖構成,下面所附圖二爲"第二十三轉"。韻圖結構的基本概念是"等韻學的概念"。轉圖的核心概念是"等位"及"字母"。所謂"等位"指的是依據發音時開口度的大小對韻母的分類,分爲"一等""二等""三等""四等"。按照這個順序,開口

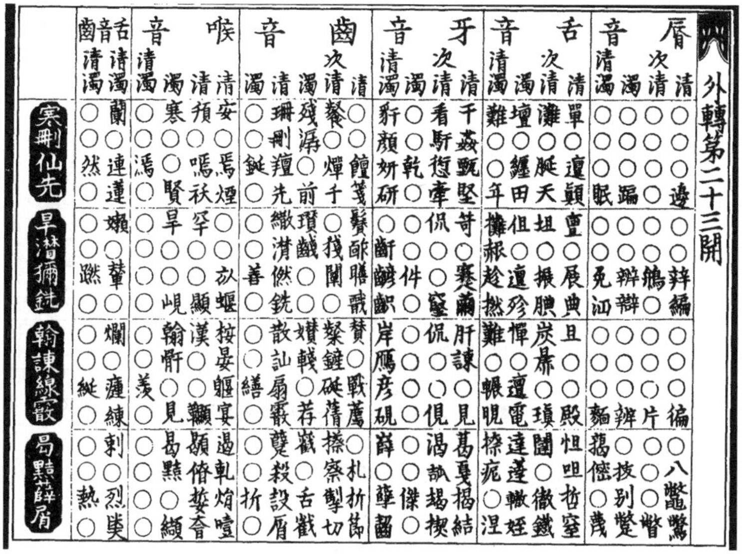

圖二　《韻鏡》第二十三轉（據古逸叢書覆永禄本）

度由大變小[37]。

　　轉圖縱向先按照四聲分爲平、上、去、入四部分。各部分進一步依照等位"一等"→"四等"的順序分爲四行。"字母"是基於對聲母的認識,從同一聲母的字中選出一個代表字,然後把代表字排列成一個清單。《韻鏡》的字母數是三十六個,被稱作"三十六字母"。

　　轉圖把字母橫向排列,但是《韻鏡》並不直接標出字母,而是先粗分出唇、舌、牙、齒、喉"五音"[38]。"五音"是按照發音部位對聲母的分類。五音之下再按照"清-濁"的標準進一步分爲清、次清、濁、清濁[39]。"清-濁"是按照送氣與否、聲帶振動與否等發音方法對聲母的分類。"清"指的是不送氣清音,"次清"指的是送氣清音,"濁"指的是濁音,"清濁"指的是鼻音、流音、弱擦音。"清"和"次清"不對立的清擦音也歸入"清"。通過五音和清濁的組合表示各個聲母。《韻鏡》卷首有"三十六字母圖"標示五音、清濁和三十六字母之間的對應關係。但也有以等位不同來表示聲母不同的情況。圖三説明了等位和字母的關係,空位表示轉圖中該等位沒有對應的字母。唇音三等的字母在轉圖中有些是幫滂並明,另一些是非敷奉微。

半齒	半舌	喉	齒	牙	舌	唇	
清濁	清濁	清濁清清濁	濁清濁次清清	清濁次清	清濁次清	清濁次清	
	來	匣曉影	心從清精	疑　溪見	泥定透端	明並滂幫	一等
	來	匣曉影	禪審牀穿照	疑　溪見	娘澄徹知	明並滂幫	二等
日	來	喻　曉影	禪審牀穿照	疑群溪見	娘澄徹知	明並滂幫 微奉敷非	三等
	來	喻匣曉影	邪心從清精	疑群溪見	泥定透端	明並滂幫	四等

圖三　中古等位和字母關係圖

7.3　中古音的聲母

三十六字母本身並非就能代表中古音的聲母。把三十六字母作爲一個假設的框架和《廣韻》反切上字進行比對會產生若干分歧。爲符合《廣韻》反切的情況，對三十六字母進行若干修正之後，才可以代表中古音的聲母。

首先，《廣韻》反切上字並不能區分"唇音"的幫滂並明和非敷奉微。被稱爲"重唇音"的幫滂並明的被切字采用被稱爲"輕唇音"的非敷奉微的字作爲反切上字的例子很多，不過也存在一些反例。由此可以推斷中古音時期還没有重唇音和輕唇音的區別。進入唐代之後發生了"輕唇化"的音韻變化，即一部分重唇音變爲輕唇音。三十六字母的唇音字母反映的是輕唇化的音變結果。中古音的唇音聲母只有幫滂並明一組。其次，"舌音"的娘母、泥母形成互補分佈，反切上字多爲通用，因此泥娘母合併的説法應該十分可靠。不過爲了留有進一步檢討的餘地，本文暫且保留二者的區別。再次，"齒音"照穿牀審與上述情況相反，反切上字還分爲兩個聲類，因爲這兩個聲類可以和同一個韻類拼合，所以應該是有差別的兩組聲母。因此，照穿牀審分爲莊初崇生（或"莊初牀疏"）、章昌船書（或"照穿神審"）兩組。以前者爲聲母的字位於韻圖二等，後者爲聲母的字位於三等，於是分別叫作照二穿二牀二審二，照三穿三牀三審三，以資區別。禪母也與之平行分爲俟（禪二）母和常（禪三）母。俟母只出現於第八轉（之韻）。俟母可以和崇母系聯，據韻圖可作如上解釋。同樣，"喉音"喻母也必須分爲于（喻三或云）母、羊（喻四或以）母。就與韻類拼合的分佈而言，于母和匣母並非互補分佈[40]。殘卷所反映的早期版本中，匣母、于母共用的反切上字比較多。爲了貼合中古音聲母的狀況可將圖三修正爲圖四：

半齒	半舌	喉	齒	牙	舌	唇	
清濁	清濁	清濁清清濁	濁清濁次清清	清濁次清清	清濁次清清	清濁次清清	
	來	匣曉影	心從清精	疑　溪見	泥定透端	明並滂幫	一等
	來	匣曉影	俟生崇初莊	疑　溪見	娘澄徹知	明並滂幫	二等
日	來	匣　曉影	常書船昌章	疑群溪見	娘澄徹知	明並滂幫	三等
	來	羊匣曉影	邪心從清精	疑群溪見	泥定透端	明並滂幫	四等

圖四　修訂後的中古等位和聲母關係圖

7.4　攝

《韻鏡》在上述轉圖的基礎上，將切韻系韻書的小韻代表字據其字音填入相應的位置。根據某小韻代表字所在位置可以反推該字的讀音。從性質上講屬於音節表，類似於日本的“五十音圖”。像“五十音圖”這樣的一張圖表顯然是不夠的，因爲中古音的音節總數遠遠多於日語，一共用了 43 張轉圖。一張轉圖排列了一個乃至數個韻的小韻代表字。那麼，哪些韻配入哪些韻圖呢？首先需要明確“攝”這個概念。

“攝”是把讀音相近的若干韻歸納在一起，歸納的大致原理是把相同韻尾的韻按照主元音開口度的大小進行排列。“攝”這個名稱是宋代之後才有的，假定已經存在“攝”這個概念，就很容易理解《韻鏡》的結構了。攝的數目雖然有 16 攝、14 攝、13 攝等各種説法，但是爲了理解《韻鏡》，采用 16 攝的框架來考察是最合適的。所謂 16 攝指的是“通、江、止、遇、蟹、臻、山、效、果、假、宕、梗、曾、流、深、咸”諸攝。其中如果把宕攝併入江攝、假攝併入果攝就是 14 攝，如果再把梗攝併入曾攝就是 13 攝。各攝包含哪些韻，請參看上文“《廣韻》韻目及四聲配合表”。

以攝爲單位，同攝諸韻相當於一張或數張連續的轉圖。例如通攝相當於第一轉、第二轉，江攝相當於第三轉，山攝相當於第二十一轉至第二十四轉。轉圖的右端有“內轉”“外轉”的注記[41]，真正的意思尚不明確，大致的傾向是主元音開口度比較小的攝,其轉圖通常是"內轉";主元音開口度比較大的攝,其轉圖通常是"外轉"。

接下來説明同攝之內的排列方法。首先按照開合將韻或韻母分類,開合不同的韻放入不同的韻圖。介音爲-u-的叫作"合口",介音不爲-u-的叫作"開口",這種介音的區別叫作"開合"。如轉圖右端"外轉第三十二開""外轉第二十四合"表示該轉圖韻的"開合"。另外,還存在如"內轉第二開合"這樣同時標明"開合"的,其真正的意義尚不明確。即便沒有介音-u-,只要主元音具有圓唇性質,《韻鏡》也將其處理爲"合"。

同攝之內,無論開合都將同一個韻或韻母按照"等"[42]分爲一至四等。然後按照"四聲相配"的原理進行組合,得到一張韻圖。同攝同開合的韻如果無法列入同一張圖的一至四等,就另起一圖進行排列[43],新起的轉圖與之相鄰。例如山攝開口韻"寒-刪-仙-先"諸韻位於第二十三轉,與之相配的合口韻位於第二十四轉。剩下的"○-山-元-仙"諸韻位於第二十一轉,與之相配的合口韻位於第二十二轉。同樣是仙韻開口的韻母,既有位於第二十三轉三等的,又有位於第二十一轉四等的,其實是不同的韻母。轉圖左端標有各等相應的韻目。各轉圖各等的韻目一覽表,請參考下文 11.2 節的"韻母音值表"。

不同聲母相配的等位不同,韻母可以跨越它本來所屬的等位竄入其他等位的格子。例如舌音的情況,舌頭音端透定只能與一等、四等[44]韻相配,舌上音知徹澄只和三等韻相配,聲母和等位的配合是限定的。齒音的情況是三等韻除了和正齒音章昌船書常相配,還可以和正齒音莊初崇生俟、齒頭音精清從心邪相配。這樣,二等和四等格子裏就有三等韻。再如喉音的情況,三等韻與羊母相配,四等羊母的格子裏就會有三等韻。這些竄入其他等位格子的韻爲了不與原本位於這些等位格子裏的韻衝突,製圖者有十分巧妙的設計。例如仙韻齒頭音小韻放入第二十一轉開口、第二十二轉合口齒音四等格子,先韻齒頭音小韻放入第二十三轉開口、第二十四轉合口齒音四等格子,兩者不會發生衝突。但是,正齒音二等的情況就無法避免衝突[45],無論如何二等韻和三等韻都會在齒音二等格子發生衝突。例如第二十三轉平聲那一欄,刪韻、仙韻共用同一個格子,"刪"字是生母刪韻,"潺"字是崇母仙韻。韻圖必須限定在一定大小之內,這是不得已而爲之的辦法。實際上這種情況下小韻發生衝突的不算多,是可以容許的。

7.5　對反切系聯的解釋

從上述説明可以知道《韻鏡》《七音略》的結構其實是基於韻圖作者對中古音聲韻的分析。按照"正例"進行反切系聯,用系聯的結果和韻圖比對,從而檢討韻圖分析的合理性。關於聲母,就要按照上文圖 4 對三十六字母進行修正。但是整體而言,這些韻圖能夠對反切系聯的結果進行十分合理的"解釋",從這點來看,這對把握中古音的框架十分有效。很多僅僅基於反切系聯無法很好把握的問題,若對照這些韻圖的框架進行分析,很多都能明確而便捷地得到解決。此外,基於韻圖,也可以進一步加深我們對反切性質的認識。

例如 6.1.2 節遺留的一個疑問: (1)至(5)的反切系聯到底在哪裏中斷。這個問題可以如下解決。對照韻圖,可以知道唇音聲母條件下韻母無開合對立。唇音之外的聲母條件下,例如"奸"kan$^{平[46]}$和"關"k^{w}an$^{平[47]}$,存在開合對立的小韻。在開合相配的轉圖中,轉圖唇音欄總要在其中一幅作爲空欄出現[48]。唇音聲母會影響到後面的介音,因此依靠介音部分是否撮唇進行區別十分困難。換言之,在唇音聲母的影響下,韻母模糊了開合的區別,可能具有介於開合的中間性質的聲學聽感。唇音小韻的反切使用唇音以外的反切下字時,其反切下字既可以是開口,也可以是合口。而且唇音聲母以外的開口或合口被切字的反切都可以使用唇音字作爲反切下字。這些都可以説明唇音字無論開合口的中間性質。基於中古音一般性質來考量,(1)(2)(4)(5)的被切字包含開合對立的不同韻母,(3)"博"因爲是唇音字,以該字爲中介系聯兩組反切。事實上,《韻鏡》第三十一轉開收録了(1)(2)的被切字"落、各",第三十二轉合收録了(4)(5)的被切字"郭、廓"。韻圖對分析反切系聯在哪裏中斷,以及如何對系聯的事實進行解釋十分關鍵。

再舉一例,關於聲類的數目,不同學者有不同意見,陳澧認爲是四十聲類。諸家意見不一致之處在與三十六字母進行比對的時候就可以有所取捨。三十六字母中可以同時和洪音、細音結合的字母,除了知徹澄娘、莊初崇生,聲類分爲洪細兩類的傾向十分明顯。例如第 5 章談到反切提及的,見母對應爲"古公過各格兼姑佳乖""居舉九俱紀幾規吉詭"兩組聲類。前者本身是洪音,主要用於洪音被切字的反切用字;後者本身是細音,主要用於細音被切字的反切用字。反切上字和被切字的洪細要一致,我們得到了這條反切原理,當然這條原理允許一定的例外,兩個聲類在個別例外的用字上可以進行系聯。這種系聯到底在哪裏切斷,不同學者的判斷是不一樣的,因此聲類的數目也就不同了。但是,如果兩個聲類可以出現在同一個反切下字之前並不造成衝突,那就應該相當於同一個字母,可以認爲是同一個聲母。

既然可以這樣去分析解釋,聲類劃分只不過是一個因操作標準不同而結果不同、如何權宜處理的問題。只是依據聲母系聯,從語音學的角度看存在很有意思的現象。最極端的情況是上述知徹澄娘、莊初崇生諸母不存在聲類按照洪細而分化傾向,説明這些聲母的語音性質導致韻母不再區分洪細。

如此,如果加以一定的修正,可以把《韻鏡》《七音略》看作是反映中古音韻體系的材料。中古音的聲母、韻母或音節時常采用等韻學性質的術語來指稱。例如我們表述"奸"字的中古音韻地位是山攝二等平聲刪韻開口見母,采用等韻學術語是十分便利的做法。儘管如此,在將等韻學術語用於中古音時,要能夠解釋反切系聯的結果,這一點必須不斷反省。

7.6 《韻鏡》《七音略》的版本

《韻鏡》在中國已經亡佚,僅日本存有幾種刊本或寫本。馬淵一夫《韻鏡校本和廣韻索引》[49]比勘了諸多版本,欲求復原作爲諸版本共同底本的張麟之 1203 年刊本,想要整理出書志學意義的校訂本。與此相對,龍宇純《韻鏡校注》[50]是從音韻學的角度出發整理校訂本。《韻鏡》中小韻代表字的位置和該字反切不一致的,以及小韻代表字脱漏而無法看到的情況時而有之。龍氏將這些問題和文字的訛誤一併校訂,並一一給出校勘記,使得作爲切韻系韻書圖解的《韻鏡》更加便於利用。

《七音略》收於《通志》或《通志略》的諸刊本,除此之外還有據元·至治本的抽印本[51]。羅常培《〈通志·七音略〉研究——景印元至治本〈通志·七音略〉序》[52]對《七音略》作了詳細的解題,其中也包含了和《韻鏡》的比較。

八、構擬音值的方法

基於上述操作,可以得知中古音有哪些聲母和韻母。但是這些聲母、韻母都是什麼音值還不得而知。工作進行到這個階段,我們只知道中古音的"音類",而不知道具體的"音值"。我們僅僅知道聲母、韻母的一些音韻關係和性質,從韻圖上的表現看到等位、開合、五音、清濁等。

采用什麼方法構擬中古音音值呢？構擬中古音音值的主要材料是現代方音和域外漢字音。采用歷史比較法，同時參考韻圖的組織構造和反切用字。

8.1　現代方音

遍佈中國的多數方言在音韻上的差異十分顯著。但是，諸方言間存在明確的音韻對應關係。例如，廣州話有三種鼻音韻尾-m、-n、-ŋ，北京話有兩種鼻音韻尾-n、-ŋ。廣州話收-m、-n 尾的字在北京話中幾乎都收-n 尾。廣州話收-ŋ 尾的字在北京話幾乎也都是收-ŋ 尾。例如"三"：廣州 sam，北京 san；"仙"：廣州 sin，北京 ɕiɛn；"行"：廣州 heŋ，北京 ɕiŋ。北京話讀 ər 的字，例如兒、耳、二等，吳語白讀音都是 ȵi，廣州話都是 ji 這樣的讀音。不同方言或語言之間，語義對當的字可以找到系統規則的音韻關係，這樣的關係叫作語音對應關係。上例中的廣州話-m、-n 都和北京話的-n 對應，廣州話的-ŋ 與北京話的-ŋ 對應。現代諸方言之間建立了系統的語音對應關係。

當然也存在偶然情況。我們假定諸方言都是從同一個"祖語"分化而來。祖語音韻系統發生因方言而異的變化，正因為這些變化在各個方言內部具有規則性，我們才能發現這種嚴整的對應關係。歷史比較法以這樣的對應為基礎從而推定祖語的音類，構擬祖語的音值。漢語的話，中古音框架已經提供了方言祖語的音類。中古音聲母、韻母在不同方言中發生不同的演變，現代諸方音的實際狀態很好地説明了這一點。中古音裏面最早就沒有的音韻區別，現代諸方言也不會超越這個框架。因此，我們調查中古音的音類在現代諸方言是什麼音值，即考察中古音和現代諸方言的語音對應關係，然後結合語音學的知識和音韻變化的普遍傾向，從而推測這個音類可能性最高的是什麼音值。

8.2　域外漢字音

"域外漢字音"指的是漢字伴隨它的讀音一起借入鄰近諸國，並被這些外語音韻體系改造接收，最後作為一套系統確定下來。域外漢字音主要指的是日本、朝鮮、越南三國的漢字音。

日本漢字音分為"吳音""漢音""唐音"三個層次。"吳音"的來源尚不明確，大致是六朝後期南方方音通過百濟傳到日本。"漢音"是之後傳入日本的、以長安為中心的唐代西北方音。宋至明清各個時期傳入日本的漢字音統稱"唐音"，這些漢字音以南方方音為主。例如同樣是一個"行"字，吳音讀 giau，漢音讀 kau，唐音讀 an[53]。其他的如《古事記》《日本書紀》《萬葉集》等文獻都存在用漢字來表示日語音節的讀音,即所謂的"萬葉假名"。推古遺文的記音漢字體現了漢魏音的特徵。關於日本漢字音可以參考本居宣長《漢字三音考》,大島正健《漢音吳音的研究》[54],大野晉《上代假名遣的研究》[55],藤堂明保《漢音和吳音》[56]等。研究漢字音,采用訛傳、篡改較少的古代文獻材料是極爲重要的。特別是漢音混入了近世學者基於《韻鏡》草率推斷的讀音。用實例論述這點的有意思的論文如有坂秀世《關於帽子等假名遣》[57],另外還有 T. Kamei(龜井孝)"On the Authenticity of On-readings in Sino-Japanese"[58]。

關於朝鮮漢字音,可以參考有坂秀世《關於朝鮮漢字音》[59],河野六郎《朝鮮漢字音研究》(1—5 輯)[60]。關於朝鮮漢字音的來源,有坂博士認爲是宋代開封音。與這種說法相對,河野博士認爲朝鮮漢字音由不同時期的若干層次構成,其中最主要的層次來源於唐代長安音。關於越南漢字音,可以參考王力《漢越語研究》[61]。王氏認爲漢越語可以分爲"古漢越語"[62]"漢越語"[63]"漢語越化"[64]三個層次。除了以上列舉的,賴惟勤《日本漢字音》《朝鮮漢字音》《少數民族的漢字音》[65]簡明扼要地解說了漢字音的重要問題。

大部分漢字音都是在距離中古音不遠的時代借入其他周邊語言的,因此域外漢字音成了中古音音值構擬的重要參考。尤其是現代諸方言幾乎丟失的中古音音類的區別清晰地保存在域外漢字音中,例如重紐的區別。但是處理這些漢字音要以掌握各國語言的音韻史知識爲前提。例如只要上代日語音韻系統的具體音值沒有明確,就無法充分利用日本漢字音的材料價值。不過,論及這個問題難免有不明確之處,還可以利用構擬的中古音音值反過來作爲討論上代日語音值的根據。正因如此,我們在利用域外漢字音材料時需要格外慎重。

8.3　梵漢對音和漢藏對音

對音材料還有"梵漢對音"。在翻譯經典時,有一部分資料是用漢字對譯梵文的,這些資料也可以成爲構擬音值的參考。

另外,還有些材料是用藏文注明漢字的讀音,這叫作"漢藏對音",這對研究晚期中古音——唐代音來講是重要的材料。關於"漢藏對音"材料及其利用,可以參考馬伯樂(H. Maspéro)《唐代長安方言考》,羅常培《唐五代西北方音》[66]。

8.4　高本漢的功績

在上述方法和材料的驅使下,中古音音值構擬的草創工作始於瑞典學者高本漢(B. Karlgren,1889—)[67] 所著 *Étude sur la phonologie chinoise*,其中譯本爲《中國音韻學研究》[68],高本漢著,趙元任、羅常培、李方桂合譯。中譯本加入了高本漢後期修正之後的觀點,並訂正明顯的錯誤,是優秀譯著的代表[69]。高本漢的“ *Compendium of Phonetics in Ancient and Archaic Chinese*” [70] 一書,是作者對自己觀點的一個概述。

關於高本漢對音值的構擬,從整體上看立足於周全堅實的基礎,其結論也十分穩妥。但是,細節之處也有很多不周到的地方。所構擬的音值也有不少存在爭議的地方。因此,之後的中古音構擬基本上是圍繞高本漢的擬音進行批判和修正。一些論文很好地體現了其過程,大野晉、賴惟勤《萬葉假名字音研究入門》[71],其中賴惟勤《後篇　中國音韻史研究解說》作爲主要文獻的目録,十分有用。

九、音值構擬的實例

9.1　牙音聲母對應表

關於中古音聲母、韻母的音值構擬,本文不打算一一論述。現以牙音,即見溪群疑四母,作爲聲母構擬的例子。考慮到會説北京話的讀者比較多,只要不與現代諸方音有矛盾,一律采用北京音來説明。

我們先來考察中古見母字在今天北京話中讀什麽聲母。一部分在今天北京話中爲洪音,例如“高古工蓋狗括歌……”等,原則上都是以 k-爲聲母。一部分在今天北京話中爲細音,例如“家舉界雞寄九急……”等,原則上都是以 tɕ-爲聲母。然後用同樣的方法調查中古溪母字在北京話的讀音,一部分爲洪音,例如“可誇枯開快渴堪……”等,讀 k^h-聲母。一部分爲細音,例如“去區啓巧丘泣牽……”等,讀 $tɕ^h$-聲母。接下來考察中古群母字,這時候因中古音聲調不同分爲兩類,中古平聲字今讀洪音的,例如“逵葵狂……”等讀 k^h-聲母,今讀細音的,例如“渠奇橋求琴權強……”等讀 $tɕ^h$-聲母;中古仄聲字今讀洪音的,例如“櫃跪……”等讀 k-聲母,今讀細音的,例如“巨懼近轎及郡劇……”等讀 tɕ-聲母。群母在今北京話讀洪音的字比較少,這是因爲中古群母只和細音韻母結合的緣故,少部分的細音韻母丟失-i-介音稱爲洪音韻母。接下來看中古疑母字,今讀洪音的,例如“我瓦五外危藕愕……”等;今讀細音的,例如“牙魚涯詣嶽月言……”等,兩者都是讀零聲母。基於以上考察,我們得到中古牙音和北京話聲母的對應關係圖如下:

中古＼北京	洪　音		細　音	
	平	仄	平	仄
見	k		tɕ	
溪	k‘		tɕ‘	
群	k‘	k	tɕ‘	tɕ
疑	∅			

圖五　中古牙音和北京話聲母的對應關係圖

如圖五所示,語音對應規律十分明顯。一個方言中僅爲一類,對應到另一個方言中分化爲兩類或兩類以上。發生分化一定存在一個音韻條件,所謂條件可以是如上例中的洪細、平仄。某個語音的變化會遍及所有涉及這個語音的語詞,一個音分化爲兩個音的時候,作爲其分化條件的是這個音的語音環境不同,例如鄰接的其他的音不同。語音對應的規則性是語音變化規則性的結果。

9.2　見母、溪母的音值

從圖五的對應,首先構擬見母、溪母的音值,其結論是見母 *k-、溪母 *kʰ-。作爲依據的不僅僅是北京音,還包括其他現代諸方音的對應情況,以及域外漢字音的對應情況。如果把所有的對應情況納入考慮,所構擬的音值就越準確。現代北京話讀洪音時原本保留了中古音的音值[72],讀細音時變化成了 tɕ-、tɕʰ-。這是因爲被-i-介音同化發生了齶化音變,在 i 這樣的前元音的發音部位的同化下,輔音的發音部位也跟着一起靠近硬齶頂端,這樣的音變叫作"齶化音變"。上例中伴隨齶化音變的是發音部位的前移,k-類輔音變爲 tɕ-類輔音。這樣的音變常見於各種語言的演變,是十分常見的音變類型。北京話中不以中古洪細爲條件的是因爲中古之後發生了一些洪細的變化,發生洪細的變化之後才發生齶化音變。見母等"牙音"的齶化也多見於北京話之外的其他方言。閩語、粵語以及官話中的山東方言不發生齶化。域外漢字音也大都不發生齶化。不過,日本漢字音見母、溪母都讀力行,即輔音爲 k-。因爲日語輔音不區分送氣與否,漢字音這麼讀是理所當然的。

9.3　群母的音值

接下來討論群母的音值,僅僅通過圖 5 難以得到答案。這就需要參考吳方言的讀音。蘇州、上海、杭州等吳方言見母、溪母的今讀情況和北京話差不多，但是群母的情況却迥然不同。群母在吳方言中是一個獨立的音類，讀爲濁送氣音[73]。今天吳方言洪音字讀 g^h-，細音字讀 dz^h-。另外一部分湖南方言[74]讀爲不送氣的濁音，洪音字讀 g-，細音字讀 dz-。日本吳音群母字讀ガ行，即輔音爲 g-。基於這些方言讀音和漢字音，可以構擬群母的中古音值爲 g-。群母在上述幾種方言中讀濁音，在其他大部分方言中都已經清化，和見母或溪母合流。北京話等官話方言如圖 5 一樣以中古平仄爲條件發生演變，平聲字與溪母字合流，仄聲字與見母字合流。粵語白讀音平聲上聲字與溪母字合流，去聲入聲字和見母合流。文讀音的情況和官話方言一致。客家話不以聲調爲條件一律與溪母合流。閩語一律和見母合流[75]。日本漢音讀爲力行，即輔音爲 k-。這反映了唐代長安地區群母很大程度上已經清化。

9.4 疑母的音值

疑母的音值無法通過圖五構擬。影母和羊母在北京話讀零聲母，疑母和影、羊二母到底有什麼區別呢？似乎没有什麼線索。但是南方方言裏面疑母常常和影、羊二母有不同的對應關係。大部分吳方言疑母洪音字讀 ŋ-，細音字讀 ɲ-。福州話無論洪細一律讀 ŋ-。另一方面，《韻鏡》把疑母和見、溪、群母一起稱爲"牙音"，這説明它們具有相同的發音部位。《韻鏡》把疑母標爲"清濁"，即我們今天説的"次濁"，其他標爲"清濁"的聲母都是鼻音或者流音。綜合考慮方言對應關係和韻圖的處理，將疑母的音值構擬爲 ŋ-，即疑母是和見、溪、群母發音部位相同的鼻音。這個中古音值完整地保留在福州話裏，吳方言細音則發生齶化變爲 ɲ-，在北京話等絶大部分官話方言裏發生脱落，變爲零聲母。"牛凝逆虐……"等少數中古疑母細音字在北京話保留了鼻音 n-，這可能是從類似於吳方言的 ɲ-這樣的外部方言借入的。方言間的接觸借用會破壞語音對應關係。

以上以牙音爲例説明了構擬音值的方法，這些方法適用於其他聲母以及韻母的構擬。但是上例是比較容易構擬的情況，有時必須使用更加複雜的材料和理論，但是基本原則是相同的。從上例可以管窺構擬音值的要點：必須能夠圓滿地解釋方音演變以及漢字音的情況，並且給不同音類構擬出來的音值之間必須有足夠的區別，還要兼顧構擬出來的音系整體上的合理性。

十、構擬音值的局限

10.1　現代諸方音和中古音——一個假設的祖語

所構擬音值的性質,尤其是構擬的局限必須要事先作下交代。

構擬中古音音值的時候便暗含一個假設——中古音是現代諸方言的"祖語"。既然要基於中古音"音類"匯出現代諸方言的"音類",想必認爲這個假設一定是成立的。但是,我們很難説現代方言的差異都是 7 世紀以來分化的結果。高本漢認爲中古音就像以阿提卡方言爲核心的希臘共通語(koine)一樣是一個覆蓋全境的標準共通語。它壓倒諸方言並吸收方言成分,進一步發生區域分化發展爲地方方言。中古音確實以類似的形式給方言施加了極大的影響,但是對諸方言是否造成了近乎推平置換這樣巨大的影響,這是一個疑問。

依據"語言年代學",通過比較基本詞彙,現代諸方言實際的"祖語"可以上溯到中古音之前。而之前我們構擬中古音是假設現代方言的"音類"源於中古音"音類",中古音呈現現代諸方言"祖語"的面貌。那麼從真正的"祖語"到中古音的音類變化,真正的"祖語"到現代諸方言的音類變化,兩者是平行的。中古音並非現代諸方言的"祖語",這一觀點是穩妥的。把中古音假定爲"祖語"僅僅是爲了方便構擬音值。但是因爲有了如此權宜之計,構擬出來的中古音和實際的中古音之間存在差別,這也是不得已的。構擬出來的音值要比實際音值更加古老。

與之相反,也存在構擬出來的音值比實際音值更晚近的情況。現代諸方言從"祖語"分化至今也發生了不少平行的音韻變化。如果所有的方言都發生了同樣的音韻變化,那麼我們據此構擬出的音值只會比實際"祖語"音值呈現更加晚近的面貌。

某種程度上能夠彌補這種"偏差"的有域外借音、梵漢對音等資料。但是無法保證這些資料在地域上、時間上都能夠嚴格地反映中古音,這些材料的參考價值也是有限度的。

其次,構擬音值時常無法顧及細微的語音特徵,例如同樣是[ə],就有各種各樣的色彩。要追究到這個層面,一般來講非常困難。

10.2　關於構擬局限的實例

全濁音的"送氣-不送氣"問題就是説明構擬音值具有局限性的一個實

例。《韻鏡》裏記作"濁"的所謂"全濁"聲母,高本漢將其構擬爲送氣濁音,爆破之後伴隨濁送氣的濁音,例如群母構擬爲 g'-,其理由是全濁聲母在許多現代諸方言中清化爲清送氣音(即與次清合流),保留濁音的現代吳語也是濁送氣音。和高本漢構擬的上古音關聯起來看,構擬濁送氣似乎是合理的。

與此相對,馬伯樂(H. Maspéro)所著"*Le dialecte de Tch'ang-ngan sous les T'ang*"(《唐代長安方言考》)提出了另一說: 7 世紀初的梵文音譯,以不送氣濁音、濁送氣音[76]開頭的音節,都用漢語的全濁聲母字來對譯。但是對譯梵文的濁送氣音時,會加上特別的注記。由此來看,當時漢語的全濁聲母應該還是不送氣的濁音。可是 8 世紀不空(Amoghavajra)的音譯材料中,漢語全濁聲母字專門對應於梵語的濁送氣音開頭的音節,梵語的不送氣濁音開頭的音節用漢語的次濁聲母中的鼻音聲母字來對譯[77]。馬伯樂由此推斷 8 世紀長安方言的全濁聲母變爲濁送氣音。

根據以上説法,中古音全濁聲母是不送氣濁音的可能性更大。9.3 節我們把群母構擬爲 g-也是這個原因。中古的不送氣濁音在現代諸方言變爲清送氣音,其間應該是經過了 8 世紀長安方言那樣的階段,現代吳語正是體現了這個階段。再來考慮和上古音的關係,"高本漢説"並非不可再討論。因此,"馬伯樂説"更加合理,至少不能排除"不送氣音説",來堅持"送氣音説"。不過,説起不送氣和送氣音,並不是從一者跳躍式地轉爲另一者,而是存在無數的中間狀態。中古音的全濁聲母實際上是多大程度的不送氣音,是多大程度的送氣音,這是無法詳細追究的。

從以上論述可知,中古音音值的構擬只能是在資料和方法所允許的範圍內,以最爲接近真實情況的構擬作爲目標。從現在活語言直接觀察到的語音在這個意義上與之迥異[78]。這一點,我們在處理音值的時候應該牢記於心。

關於"音類"的局限,韻書大致記錄了它的基礎方言所存在的所有音節。但是韻書不包含僅用於表示口頭俗語、没有具體文字的音節。無法保證中古音的基礎方言裏就完全没有這樣的音節,相反存在少量這樣的音節是很自然的。那麼,我們重構的中古音從這個角度來看是不完整的,我們無法保證這種不完整性不會影響整個音韻體系的把握。試舉一例,中古音群母 g-只配三等韻,這個規則是從韻書所記錄的小韻中歸納出來的。但是現代諸方言也存在群母與非三等韻相配的情況,雖然是少數,但還是存在的。例如北京話"扛"的讀音是 k'aŋ²,與之對應的中古音音值爲 gɑŋ˦。但是與之相當的小韻在韻書中並不存在,所以無法立刻判斷中古音基礎方言中有無這個音節。

和上文相關的是"特字"。所謂"特字",指這個字的今音和從切韻系韻書反切得到的中古音不能完全對應,且現代諸方言中在相當的範圍內同樣不能完全對應。上文的"扛"就是一例[79]。其次例如"特"的中古音是德韻定母 dək^,很多南方方言存在與之對應的讀音,許多官話方言如北京話讀 t'ə⁴是來自於德韻透母 t'ək^。"特字"存在的理由很多,其中一個可能就是來自上述俗語性質的詞,還有一個可能是個別詞根在中古音時代存在方言差異。

十一、中古音音值表

在此没有足夠的篇幅一個個詳述中古音聲母、韻母音值構擬的根據和過程,筆者僅展現被認爲是大致合理的結論。爲了對照起來方便,參照趙元任等譯《中國音韻學研究》(138 頁),同時附上高本漢的擬音。關於韻母擬音的若干論點的解説,將在下一節展開。

11.1 聲母音值表

各聲母的音值[80]按照三十六字母的框架來表示。無論是討論中古音時代的相關現象還是討論現代方言音系和中古音的對應關係,把聲母分爲若干"組"來論述是十分方便的。下表分組主要是依據李榮《切韻音系》,不同的是這裏把日母[81]和羊母[82]納入章組,來母[83]單獨作爲來組。比"組"更大的分類是"五音",牙音和喉音並稱"牙喉音"(括號内是高本漢擬音)。

唇音	幫組	幫	滂	並	明			
		p (p	p' p'	b b'	m m)			
舌音	端組 [齒頭音]	端	透	定	泥	來組	來	
		t (t	t' t'	d d'	n n)		l (l)	
	知組 [舌上音]	知	徹	澄	娘			
		ʈ (ʈ	ʈ' ʈ'	ɖ ɖ'	ɳ n)			

續 表

齒音	精 組 [齒頭音]	精	清	從	心	邪		
		ts	ts'	dz	s	z		
		(ts	ts'	dz'	s	z)		
	莊 組 [正齒音二等]	莊	初	崇	生	俟		
		ts̠	ts̠'	dz̠	ʂ	ʐ		
		(ts̠	ts̠'	dz̠'	ʂ	/)		
	章 組 [正齒音三等]	章	昌	船	書	常	日	羊
		tɕ	tɕ'	dʑ	ɕ	ʑ	ɲ	j
		(tɕ	tɕ'	dʑ'	ɕ	ʑ	ȵʑ	0)
牙喉音	見 組	見	溪	群	疑	影	曉	匣
		k	k'	g	ŋ	ʔ	h	ɦ
		(k	k'	g'	ŋ	ʔ	x	ɣ,j(于母))

11.2 韻母的音值

各韻母的音值,按照《韻鏡》轉圖的框架來表示。韻目則以平以賅上去入,入聲韻把韻尾按照 m→p、n→t、ŋ→k 進行置換,括號內是高本漢擬音。

按照韻母在韻圖中的等來表示,此處不表示因和聲母的組合而跨越本來的等位的情況。因聲母不同而選擇不同的介音請參照下節有關"重紐"內容的最後部分。《韻鏡》的開合依據覆永禄本。

攝 \ 等	一等	二等	三等	四等	轉次 開合
通	東 ŏuŋ(uŋ)		東 ɪ̆uŋ(jĭuŋ)		1 開
	冬 oŋ(uoŋ)		鍾 ɪoŋ(jiʷoŋ)		2 開合
江		江 auŋ(ɔŋ)			3 開合
止			支 ɪĕ(jiĕ)	支 iĕ	4 開合
			支 yĕ(jʷiĕ)	支 yĕ	5 合
			脂 ɪi(ji_{α})	脂 i	6 開
			脂 yi(jʷi)	脂 yi	7 合
			之 ɪɤɪ(ji_{β})		8 開

續　表

攝＼等	一等	二等	三等	四等	轉次 開合
止			微 ɪɐ̆i(jĕi)		9 開
			微 ɣɐ̆i(jʷĕi)		10 合
遇			魚 ɪə(jiʷo)		11 開
	模 o(uo)		虞 ɣu(jĭu)		12 開合
蟹	咍 ʌi(ɑi)	皆 ɐi(ai) 夬 ai(ⅶ)	祭 ɪɛi(jĭɛi)	齊 ei(iei)	13 開
	灰 uʌi(ɑi)	皆 uɐi(ʷai) 夬 uai(ʷai_β)	祭 ɣɛi(jiʷɛi)	齊 uei(iʷei)	14 合
	泰 ɑi(ɑi)	佳 aɪ(ai)		祭 iɛi	15 開
	泰 uɑi(ʷɑi)	佳 uaɪ(ʷai_α)		祭 ɣɛi	16 合
			廢 iʌi(ⅶ)		9 開
			廢 ɣʌi(jiʷɐi)		10 合
臻	痕 ən(ən)		臻真 ɪĕn(jĭĕn)	真 iĕn	17 開
	魂 uən(uən)		真 ɣĕn	諄 yĕn(jiʷĕn)	18 合
			欣 ɪə̆n(jiən)		19 開
			文 ɣə̆n(jĭuən)		20 合
山		山 ɐn(ạn)	元 ɪʌn(jĭɐn)	仙 iɐn	21 開
		山 uɐn(ʷạn)	元 ɣʌn(jiʷɐn)	仙 yɐn	22 合
	寒 an(an)	刪 an(an)	仙 ɪɐn(jiĕn)	先 en(ien)	23 開
	桓 uan(uan)	刪 uan(ʷan)	仙 ɣɐn(jiʷɛn)	先 uen(iʷen)	24 合
效	豪 au(au)	肴 au(au)	宵 ɪɛu(jiĕu)	蕭 eu(ieu)	25 開
				宵 iɛu	26 合
果	歌 a(a)				27 合
	戈 ua(ua)		戈 ɣa		28 合
假		麻 a(a)	麻 ɪa(jĭa)		29 開
		麻 ua(ʷa)			30 合

續　表

攝＼等	一等	二等	三等	四等	轉次　開合
宕	唐 aŋ(ɑŋ)		陽 ɪaŋ(jǐaŋ)		31 開
	唐 uaŋ(ʷɑŋ)		陽 ɣaŋ(jǐʷaŋ)		32 合
梗		庚 aŋ(ɐŋ)	庚 ɪaŋ(jǐɐŋ)	清 iɛŋ(jǐɛŋ)	33 開
		庚 uaŋ(ʷɐŋ)	庚 ɣaŋ(jǐʷɐŋ)	清 ɣɛŋ(jǐʷɛŋ)	34 合
		耕 ɐŋ(æŋ)		青 eŋ(ieŋ)	35 開
		耕 uɐŋ(ʷæŋ)		青 ueŋ(iʷeŋ)	36 合
流	侯 əu(ôu)		尤 ɪəu(jǐəu) 幽韻唇音四等字屬於重紐B類	幽 iĕu(iəu) 幽 ɪĕu	37 開
深			侵 ɪĕm(jǐəm)	侵 iĕm	38 合
咸	覃 ʌm(ɑm)	咸 ɐm(ăm)	鹽 ɪɛm(jǐɛm)	添 em(iem)	39 開
	談 ɑm(ɑm)	銜 am(am)	嚴 ɪɑm(jǐɑm)	鹽 ɪɛm	40 合
			凡 ɪʌm(jǐʷɐm)		41 合
曾	登 əŋ(ɵŋ)		蒸 ɪə̆ŋ(jǐəŋ)		42 開
	登 uəŋ(ʷɵŋ)		[職 ɣə̆k(jǐʷək)]		43 合

注：1）夬韻開口、合口字分別在第十三開、第十四合入聲欄，標"去聲寄此"；
　　2）廢韻開口、合口字分別在第九開、第十合入聲欄，標"去聲寄此"；
　　3）幽韻唇音四等屬於重紐 B 類。

十二、與韻母音值相關的若干問題

12.1　"洪音四等韻"的音值

上表我們給齊、先、蕭、青、添諸韻構擬了洪音。高本漢構擬了介音爲 i 的細音。這個差異是怎麼回事？

這些韻位於韻圖四等，和其他位於四等的韻不同，和位於一二等的韻母一樣采用的反切上字爲洪音，例如第二十三轉平聲四等幫母的"邊"（先韻），《廣韻》反切爲"布玄切"。"布"po去（暮韻）是洪音。由此看來，這些韻和其他位於四等的韻母不同，將其構擬爲洪音是合理的，主元音都構擬爲 e。

這些韻被稱爲"洪音四等韻"[84]。高本漢把 i 介音構擬爲"輔音性"的 ǐ 和
"元音性"的 i 兩類,洪音四等韻配 i 介音,以此來表示它們在反切上的特性。
但是把它們構擬爲洪音,從語音學的角度來看更加自然。這種説法由有坂
秀世《評高本漢的細音説》[85]提出以來,在日本學界已成定論。在中國,陸
志韋《三四等與所謂喻化》[86]同樣也提出了洪音説。

12.2 聲母"j 化"的問題

高本漢將表示同一聲母的反切上字分爲洪細兩聲類。帶"輔音性"介音
ǐ 的韻母前,因爲聲母帶有 j[87],便其他上字區別開來。例如,第一轉平聲
東韻一等見母"公",古紅切,反切上字是洪音字"古"。同樣是三等見母
"弓",居戎切,反切上字是細音字"居"。就像"公"kuŋ平:"弓"kjǐuŋ平,後
者通過聲母 j 化進行區別。但是,和細音韻母結合的時候,聲母發生齶化是
可預測的語音現象,沒有必要爲此一一處理爲 j 化。高本漢認爲精組聲
母[88]和影母的反切上字沒有洪細兩類的區別,這些聲母和 ǐ 結合的時候也
不發生 j 化。但是這些聲母的反切上字也存在分用的傾向,總之和其他聲
母只是程度上的差別。因此多大程度上承認 j 化是問題的關鍵。如果把握
一個方針——聲母齶化是自然的語音現象無需標記出來,那麼這個難點也
就迎刃而解了。

12.3 "重紐"的問題

上表中位於三四等的韻母存在介音 ɪ:i 的區別。例如第四轉支韻三等
ɪě:四等 iě,又如第二十三轉仙韻三等 ɪɛn:第二十一轉仙韻 iɛn。因爲這
樣的韻母差異而形成對比對(pair)[89]稱爲"重紐"。進一步而言,這樣的韻
母本身的區別亦可稱爲"重紐"。這樣的對比對的反切系聯結果是下字可以
系聯的不少,呈現了同一聲母和同一韻母重複組合的情況。因爲聲母被稱
爲"紐",所以這種現象被稱爲"重紐"。

重紐的這種對立存在於支、脂、祭、真、仙、宵、侵、鹽諸韻的唇、牙喉音聲
母字。其中位於韻圖四等的韻母[90]稱爲 A 類[91],位於韻圖三等的韻母稱
爲 B 類[92]。高本漢不認可重紐的存在,無視了位於四等的韻母。上表中,
上述諸韻在四等一欄沒有高氏的擬音,就是這個原因。但是 AB 兩類之間
到底是什麼樣的音韻差別,域外借音可以反映以下現象是不容置疑的。

越南漢字音可以反映兩類字在唇音條件下的差別,即唇音聲母在 A 類
字中有舌音化的傾向,體現爲 t-、t'-、j-、ny-;B 類字保持了如 p'-、b-、m-的唇
音性質。例如第四轉平聲支韻並母四等"陴"讀 ti,三等"皮"讀 bi。朝鮮漢

字音反映兩類字在止攝牙喉音上的區別,A 類字的韻母記爲-i, B 類字的韻母記爲-ï。例如第四轉平聲支韻群母四等"祇"爲ki,三等"奇"爲kïi。日本的万葉假名包含イ列甲類元音的音節對應 A 類字,包含イ列乙類元音的音節對應 B 類字,各自的例子都很多[93]。現代方言中的福州話、廣州話,近代韻書中的《中原音韻》《蒙古字韻》都有一些反映。編纂《切韻》的主要參與者——顏之推所著的《顏氏家訓·音辭篇》記載了與"岐山"的"岐"存在分別與"奇"(B 類)、"祇"(A 類)同音的兩種讀音[94],這可以作爲當時這兩類存在音韻差異的佐證。

那麽,AB 兩類的實際音值到底是什麽差別呢? 不同的學者有不同的構擬。大致區別有以下幾種説法:"主元音説"認爲是主元音的開口度大小不同,A 類的主元音開口度小,B 類的主元音相對大;"介音説"認爲是-i-介音齶化的程度不同,A 類齶化得厲害,B 類齶化較弱;其次還有聲母齶化的有無(A 類聲母齶化,B 類聲母不齶化),唇音性的有無(A 類不帶唇音性,B 類帶有唇音性)等説法,也有兼有其中二説的觀點。不過,一個音節中的一個要素存在差異的話,其他要素多少都會連帶存在一定的差異。以上諸説從這個意義上講多有互補。關鍵在於哪個要素的差別是重要的,是在音系上是有區別性意義的? 就這點來看容易有不同的意見。

在日本較爲權威的説法有"有坂·河野説",這種説法認爲是-i-介音的差別,將 A 類介音構擬爲齶化的-i̯-,將 B 類介音構擬爲非齶化的-ï-。相關文獻爲有坂秀世《評高本漢介音説》[95],河野六郎《朝鮮漢字音的一項特徵》[96]。本文遵循兩位先生的説法,不過將 B 類介音構擬爲 ɪ 可能更加接近實際音值,所以作了這點改動。合口的情況下,A 類介音爲 y, B 類介音爲 ɣ,不過將它們分別分析爲 iu、ɪu 也無大礙。細音齶化程度的高低伴隨着聲母齶化程度的高低。越南漢字音 A 類唇音聲母已經變爲舌音,這是發生齶化的結果。即齶化的 p 類輔音,在雙唇持阻的同時舌尖接觸上齒背或上齒齦,經過這個過渡階段,很容易就變爲了 t 類輔音。聲母齶化與否在音韻學上很有意義,以聲母齶化色彩的 /ĵ/ 的有無來解決重紐問題的論文有三根谷徹《關於韻鏡的三四等》[97]。

包括重紐在内,以上諸韻的主元音都是前元音。這些韻以外,其他主元音是前元音的韻,它們不包含重紐的對立,無論是 A 類還是 B 類,應該屬於其中一者。例如諄韻·清韻屬於 A 類,庚三韻屬於 B 類。幽韻牙喉音字屬於 A 類,唇音聲母屬於 B 類。幽韻唇音字之所以位於四等欄,是因爲尤韻佔據了三等欄。這些判斷反映在越南漢字音以及反切上字上。蒸韻唇音以及職韻合口牙喉音的主元音是前元音,它們却屬於 B 類,詳見後文的分析。

主元音爲前元音的細音字,其中聲母没有重紐對立的舌齒音字,這些字的介音到底是 i、ɪ 的哪一個。《廣韻》反切的下字來看,莊組字接近 B 類,章・精組字接近 A 類,知・來組字位於兩類之間。本文采取簡單的處理,莊組字的介音構擬爲 ɪ、ɣ,其他舌齒音字的介音 i、y。例如第 23 轉仙韻平聲知母"邅" ȶienᵀ,崇母的"瀍" dzɪɐ˞ɪᵀ。

接下來,主元音位中元音、後元音的細音字,聲母爲唇牙喉音的情況下,其介音到底是哪一種。這些韻位於韻圖三等欄裏,由此看來和 B 類一樣介音爲 ɪ、ɣ,但是音韻角度講,倒不如説含有 A 類一樣的特徵,我認爲只是在音值爲中元音、後元音的主元音的影響下,音質帶上了 B 類的色彩。例如第一轉平聲東韻幫母三等"風" pɪəuŋᵀ。聲母爲舌齒音的情況下,與主元音爲前元音的韻一樣,莊組時介音爲 ɪ、ɣ,除此之外介音爲 i、y。例如第一轉平聲東韻知母"中" ȶiəuŋᵀ。

將重紐在音系上的差別歸爲聲母,這個想法的特點是能夠解釋舌齒音聲母字的介音歸類問題。

12.4 之韻和蒸韻的音值

與重紐的 A 類、B 類相對,我們把主元音爲中元音、後元音的細音字的唇牙喉音叫作 C 類。《廣韻》《全本王韻》等材料的反切,其上字和被切字具有以下關係: C 類反切上字可以用於 ABC 各類被切字,A 類上字只用於 A 類被切字,B 類上字只用於 B 類被切字。基於這種關係,我們可以得到構擬之韻和蒸韻音值的線索[98]。

之韻和脂韻在音質上到底是什麼區別? 到此爲止還没有充分的證據,高本漢認爲兩者都是-i,注上 α、β 以示區別。現在我們從上述反切上字和被切字的相關性來思考一下,之韻牙喉音字[99]的性質明顯屬於 C 類,與屬於 AB 類的脂韻唇牙喉音字相異。上文表格將之韻構擬爲 ɪɤɪ 也是據於此。同理,蒸韻唇音字屬於 B 類,入聲職韻牙喉音字也屬於 B 類。不過,蒸韻開口牙喉音字屬於 C 類。因此,蒸韻以聲母的開合爲條件由主元音相異的韻母構成,唇音 ɪĕŋ,牙喉音合口 ɣĕk,牙喉音開口 ɪəŋ。從舌齒音字反切下字的通用關係來看,將莊組字構擬爲 ɪĕŋ,其他聲母字爲 ɪɤŋ。但是在韻尾-ŋ、-k 的影響下,兩種主元音的實際音值並没有多少差別,因此可以構成同一個韻。上文表格爲了避免繁瑣，將主元音統一爲 ɔ̃。蒸韻唇音字的主元音是前元音，這樣可以解釋之後爲什麼蒸韻字没發生輕唇化。以上内容的細節請參考拙文《〈切韻〉蒸職韻和之韻的音值》[100]。

12.5 韻尾-uŋ、-uk

上文表格中構擬的音值，通常認爲是舌面後輔音充當韻尾的-ŋ、-k 之外，還有-uŋ、-uk。必須對此作出一點説明。

"喉音韻尾"存在兩套假説，首先是從上古音研究出發而提出的，見於賴惟勤先生的論文《關於上古漢語的喉音韻尾》[101]。賴氏發現上古韻部中喉音韻尾的韻部比其他韻尾的韻部明顯多出很多。因此一直以來，只有喉音韻尾韻部的主元音格外多出很多。注意到這一點，所以在-ŋ、-g、-k 之外，構擬一套伴隨唇部調音的喉音韻尾-ɴw、-ɢw、-qw，這樣就消解了上述不自然的地方。佳·耕·之·蒸、魚·陽諸韻部構擬爲普通的喉音韻尾，幽·中、宵、侯·東諸韻部構擬爲伴隨唇部調音的喉音韻尾。

賴氏將這種想法導入中古音研究，按照調音點的前後構擬-ŋ'、-k'：-ŋ、-k 兩套喉音韻尾[102]。其後，三根谷徹構擬爲-ŋ、-k：-uŋ、-uk 兩套，可以最爲簡潔嚴密地解釋中古音韻母體系[103]。前面表格中的-uŋ、-uk 就是基於這種解釋得到的。據本人私見，之所以認可這種韻尾構擬，是因爲存在以下反切用字的證據。

敦煌發現的《毛詩音》殘卷（S.2729、P.3383）的反切具有非常特殊的結構，反切上字的等、開合、重紐 AB 類等特徵都和被切字相同。開口被切字就選用開口的反切上字，合口被切字就選用合口反切上字[104]。東₃韻字的反切，高本漢擬音是-jiuŋ，主元音 u 具有極強的圓唇性，和合口是同樣的音值效果，作用於介音和聲母，當然希望使用合口的反切上字。但是事實却與之相反，原則上只出現開口的反切上字。而且《慧琳音義》的反切上字存在一個明顯的傾向：選用和被切字只在聲調上存在區別的字。屋₃韻（東₃入聲）的反切，屬於尤韻-ɪɔ̃u 的字多作反切上字。

爲了説明反切用字的現象，如前表將東₃韻構擬爲-ɪɔ̃uŋ，屋₃韻爲-ɪɔ̃uk 是合適的。從《韻鏡》第一轉開來看，就可以理解這種構擬。《敦煌毛詩音》《慧琳音義》都反映唐代字音。不妨把中古音的音值和上述音值看作是一樣的。東₁韻因爲没有 i 介音，韻尾的圓唇性對主元音造成很大的影響，總體上如前表，構擬爲-öuŋ。從《敦煌毛詩音》東₁韻的上字和被切字的開合一致關係來看，我們知道它與合口字完全是一個性質。

12.6 四聲的調值

前表没有論及中古音聲調的調值。

中古音存在平、上、去、入四個調類,只有入聲是以-p、-t、-k、-uk 結尾的音節所特有的聲調。以其他韻尾結尾的音節所承載的聲調是平、上、去三聲。入聲和其中哪一個聲調在音系學上可以視爲一類,目前很難斷定。就中古四聲各自持有什麼樣的調值來講,恐怕除了能推測短促是入聲的主要語音特徵外,其他尚難斷定。

我們應該如何思考構擬調值的方法。首先想到的是從現代各個方言調值出發來構擬"祖語"的調值。但是同一調類在現代方言中的調值極具變化,要一下子推測出祖語調值是極爲困難的。首先比較相近方言的調值,進而構擬"小祖語"的調值,再比較各個小祖語的調值進一步構擬"祖語"的調值。這個方法值得今後進行嘗試。現今,已經具備相當大的區域漢語方言調值的相關資料,由此可以從過去發生的聲調變化推測當時的調值。唐代發生了"濁上變去",金田一春彦博士描述這一變化發生的時代:"除了音節開頭的部分,上聲和去聲都是相似的曲折調,且上聲的起首更高,去聲起首較低。"[105] 這是從語音學的一般規律來解釋的,通常濁輔音開頭的音節起首較低。這樣的方法對於"小祖語"及"祖語"的調值推定是很有幫助的。

域外漢字音中,有意思的資料是越南漢字音,越南語和漢語一樣是聲調語言。但是尚未充分利用這部分資料,因而這方面的研究遲遲未有進展。周法高就調值的一個側面——音長發表了觀點:平聲音長較長,仄聲[106] 音長較短[107]。調查到 7 世紀爲止的梵漢對音資料,看與梵語元音的長短對應的漢字聲調。從這篇論文提供的資料來看,仄聲的上聲、入聲的音長可能很短。另外,日本京都方言漢語詞的音調[108] 可以部分地反映漢語原音的四聲調值,可以作爲構擬調值的參考[109]。

只有少量古代文獻對四聲調值有描寫,其中最有價值的是安然《悉曇藏》[110] 卷五有關於"表"這個人物傳來的聲調的敘述:"表則平聲直低,有輕有重。上聲直昂,有輕無重。去聲稍引,無輕無重。入聲徑止,無内無外。平中怒聲,與重無别。上中重音,與去不分。"有坂秀世《關於悉曇藏所傳四聲》[111] 對此有詳細的解讀。

作爲佛教聲樂的聲明,據説有一種是依照成句文字的聲調調值來配上樂調的,這種樂調相當忠實地傳承了下來。賴惟勤《漢音聲明及其聲調》[112] 以天臺宗和真言宗傳承的漢音聲明爲材料,推測漢語原音的調值。

陰平[113]是幅度較大的降調;陽平是稍帶下降的平調;上聲介於平調和升調之間,即微升調型;去聲是幅度較大的升調;陰入是稍帶下降的短平調;陽入是稍帶上升的短平調。

上文提到的金田一博士的論文,同時使用上述各種材料和方法,得到了基本一致的結果。得到的這些調值可以看作唐代後半期以長安爲中心的區域的情況,成爲研究中古音調值的重要參考。

12.7　韻母的音系學性質的解釋

中古音到底是一個什麼樣的音系,對於關心音系學的人來講,肯定是一個很有意思的問題。而且更爲關鍵的是,個別的音值問題要放到整個音系中去檢驗。對中古音音系學性質的解釋有過幾次嘗試。下面是本人關於韻母的幾點私見,並對三根谷徹先生的解釋[114]進行若干修正,其中對支韻 ieɯ、佳韻 aɯ 的解釋還需要進一步討論,暫且作爲一種嘗試性方案提出來。另外,下文在解釋過程中暫且對重紐問題從宜處理,如果重紐可以看作齶化聲母和非齶化聲母的對立[115],就與韻母無涉,無需改動。音系上如果還是看作介音的差別,那麼有必要加上由介音/i : ɿ/帶來的對立的一組韻母。

下表省略表示音位的"／／"。表中哪個位置沒有對應的韻母存在,該位置便空缺。"＼"表示雙唇部位的韻尾和合口介音不能在同一韻母中共存的情況。真·臻都是/ien/是因爲兩者聲母互補[116]。真(合口)·諄都是/iuen/,庚·清都是/iaŋ, iuaŋ/,都是因爲二者除了韻之外的部分[117]是互補的。

a 歌	ai 泰	au 豪	am 談	an 寒	aŋ 唐	auŋ 冬	—
ua 戈	uai 泰	＼	＼	uan 桓	uaŋ 唐	＼	—
(ia 歌)	iai 廢	—	iam 嚴	ian 元	iaŋ 陽	iauŋ 鍾	—
iua 戈	iuai 廢	＼	＼	iuan 元	iuaŋ 陽		—
—	ʌi 咍	ʌu 侯	ʌm 覃	ʌn 痕	ʌŋ 登	ʌuŋ 東	
uʌ 模	uʌi 灰	＼	＼	uʌn 魂	uʌŋ 登	＼	
iʌ 魚	iʌi 微	iʌu 尤	iʌm 凡	iʌn 欣	iʌŋ 蒸	iʌuŋ 東	iʌɯ 之
iuʌ 虞	iuʌi 微	＼	＼	iuʌn 文	—	＼	—

續　表

ɐ 佳	ɐi 皆	—	ɐm 咸	ɐn 山	ɐŋ 耕	—	—
uɐ 佳	uɐi 皆	\	\	uɐn 山	uɐŋ 耕	\	—
a 麻	ai 夬	au 肴	am 銜	an 刪	aŋ 庚	auŋ 江	aɯ 佳
ua 麻	uai 夬	\	\	uan 刪	uaŋ 庚	\	uaɯ 佳
ia 麻	iai 祭	iau 宵	iam 鹽	ian 仙	iaŋ 庚,清	\	
—	iuai 祭	\	\	iuan 仙	iuaŋ 庚,清	\	
—	ei 齊	eu 蕭	em 添	en 先	eŋ 青	—	—
—	uei 齊	\	\	uen 先	ueŋ 青	\	—
—	iei 脂	ieu 幽	iem 侵	ien 真,臻	ieŋ 蒸	—	ieɯ 支
—	iuei 脂	\	\	iuen 真,臻	iuek 職	\	iueɯ 支

　　關於聲母音系學性質的解釋見上文第 11.1 節的"聲母音值表"。本質上沒有什麼改變。"知・徹・澄・娘"可以看作是相對於"端・透・定・泥"的齶化聲母，"章・昌・船・書・常"可以看作是相對於"精・清・從・心・邪"的齶化聲母。如果把重組看作聲母的對立，那麼唇牙喉音就會存在這種對立。

十三、六朝末期的南方標準音

　　中古音是六朝末期至隋初的北方標準音，與此相對的南方標準音到底是什麼情況呢？ 隨着晉室南渡（317 年），北方標準音被帶到了江南一帶。因爲是曾經的北方標準音，它與中古音之間不會有很大的差別。比《切韻》稍早的、反映南方標準音的材料有梁顧野王的《玉篇》（543 年），這是一本按照字形分類的字書，各字之下注有反切。但是原本《玉篇》早已亡佚，經過大幅增訂的《大廣益會玉篇》[118] 流傳了下來。空海《篆隸萬象名義》所用反切大體襲用了原本《玉篇》的反切，據此可以推知《玉篇》的大致音系。

　　周祖謨《萬象名義中之原本玉篇音系》[119] 列舉了和中古音的不同點。聲母沒有從母和邪母、船母和常母的區別。唇音的話，幫母和非母、滂母和敷母、並母和奉母各自的反切上字分用的傾向很強，可以推測語音上正在進行"輕脣化"音變。就韻母而言,脂韻和之韻没有區別,尤韻和幽韻、嚴韻和凡韻之間多有混同。除了上述幾點,把《篆隸萬象名義》的反切與中古音框架進行對照,基本上没有太大的差別。至少就音類而言,當時的南方標準音和北方標準音之間没有太大的偏離。

關於《玉篇》的詳細的文獻學研究有岡井慎吾《玉篇研究》[120]。陸德明《經典釋文》(據説是 583 年撰)的反切也可能反映南方標準音。該書引用的六朝諸家的反切多大程度上保存了原書的用字? 此外還存在唐代對該書增訂的版本問題,所以對《經典釋文》反切整理、研究是很不容易的。通常在研究這些"音義"的反切時,反切用字的"通用"究竟是反映音類的合併,還是只不過是個別字音的差異,這是必須仔細甄別的。對《經典釋文》所收"諸家音"按單個音注家進行的研究有坂井健一的《關於徐邈音義的聲類——〈經典釋文〉所引音義考》[121]等。

十四、唐代的音韻、語音變化

中古音音系在步入唐代後漸漸發生了變化,到了中唐時期發生了較大的變化。以下大致以音類的變化和音值的變化分開敘述。

14.1 音類的變化

唐代主要的反切資料有玄應《一切經音義》[122],其後還有慧苑《新譯大方廣佛華嚴經音義》[123],上文所述《敦煌毛詩音殘卷》也差不多是這個年代。S.2729 殘卷的大致年代爲 7 世紀後半期,P.3383 爲 8 世紀前半期。此外,還有顏元孫《干禄字書》[124](710—720 年左右)。從這些反切所能窺知的是它們相對保存了中古音音系的基本框架,下文即將介紹的《慧琳音義》的各項韻母演變,在這些材料中均已初見端倪。

8 世紀後半葉的反切資料有張參《五經文字》(776 年)[125]和慧琳《一切經音義》[126],黄淬伯《慧琳一切經音義反切考》[127]輯出《慧琳音義》數量龐大的反切並進行整理。這兩種材料,尤其是《慧琳音義》,上述正在發生的演變已經徹底完成,韻母發生了如下合流:

(1)一等重韻合流,開合一致的一等韻[128]在同攝之内有兩個韻,叫作"一等重韻",例如東__·冬(通攝),咍·灰·泰(蟹攝),覃·談(咸攝)。這些重韻的反切下字在《慧琳音義》中没有區別,合爲一類。

(2)二等重韻合流,開合一致的二等韻在同攝之内有兩個或以上,叫作

"二等重韻",例如皆・夬・佳(蟹攝),山・删(山攝),庚_・耕(梗攝),咸・衡(咸攝)。這些重韻的反切用字是通用的,我們認爲它們已經合爲一類。

（3）四等韻洪音的細音化。同樣依據反切用字的通用,"四等韻洪音"發生了細音化,與同攝内帶 i、y 介音的韻合流。例如先韻-en >仙韻-iɛn(山攝),因此脣牙喉聲母的條件下,與重紐 A 類合流。

（4）C 類韻母和 B 類韻母合流。主元音爲中元音、後元音的細音韻母和脣牙喉音聲母結合的情況稱爲 C 類。C 類韻母和同攝内的 B 類韻母合流,例如欣韻-ɪə̃n > 真韻-ɪĕn(臻攝),元韻-ɪiʌn > 仙韻-ɪɛn(山攝),同攝之内没有 B 類韻母的時候才保留下來,例如陽韻-ɪɑŋ(宕攝)、東三韻-ɪə̃ŋ(通攝)。除了下一項提到的之韻,發生合流的 C 類韻不能與舌齒音結合。因此,這類韻母本身可以説因合併而消失了[129]。

（5）止攝各韻的合流。止攝支・脂・之三韻合流。按照(4)微韻也已合流,所以止攝諸韻合爲一韻[130]。

除了上述幾點,還存在韻母的部分合流。脣音聲母條件下,尤韻和虞韻合流,其中明母字與模韻合流。這是"秦音",即長安地區的語音特徵。但是同樣條件下,也有尚未合流、留在尤韻的字,這顯示不同方言層的叠置。此外,脣音聲母條件下,東_和鍾失去區别。

作爲合流的結果,我們如果把消失的韻母從上文的"韻母音值表"或其音系學解釋的表格中删去[131],就能切實感受到期間發生的巨大變化。

聲母發生了輕脣化演變。雙脣持阻的幫 p-、滂 pʰ-、並 b-、明 m-[132] 和 C 類韻母結合的時候,變爲脣齒持阻的摩擦音非 f-、敷 fʰ-、奉 v-、微 ɱ-[133]。這和上述(4)的韻母合流有關聯,作爲 C 類到 B 類的韻母合流結果,在牙喉音條件下,原來的 C 類音節和 B 類音節變爲同音。脣音條件下,原本由韻母承擔音節對立的轉爲由輕脣音獨自承擔,這是音系學角度的看法,從語音學角度看,所謂"輕脣化"就是轉爲了脣齒擦音性質的調音。《慧苑音義》的反切上字區别"重脣音""輕脣音",《玉篇》反切也有極强的相同傾向。這些都顯示了語音正在發生輕脣化,請參考拙稿《唐代音韻史的輕脣化問題》[134]。其他聲母的情況,從、邪,船、常發生了合流。

關於聲調,全濁上聲與去聲合流的傾向已經可以看到。步入 9 世紀以後,這個傾向以音變的形式定型。

另外,以《慧琳音義》爲首的大多數材料,我認爲都是基於長安地區的語音。概括地説,反映了從中古音到唐代長安方言的嬗變。

14.2　音值的變化

到 8 世紀左右爲止,音值上也發生了相當的變化。其中聲母和聲調的變化最爲顯著。

首先來看聲母,全濁聲母變爲送氣音,上文 10.2 節已經詳述。除阻後伴隨着由送氣化帶來的 ɦ,全濁聲母的音强變弱,有清化的傾向。從語音學的角度來看,b-、d-、g- 等濁塞音的除阻段比起持阻段在聽感上更凸顯,而 v-、z-、ɣ- 等濁擦音的持阻段比除阻段在聽感上更凸顯。因此,全濁聲母清化傾向使得除阻後的擦音在聽覺上更加凸顯。濁擦音匣母(洪音)、禪母(常母)的清化首先通過 7 世紀中葉的梵漢對音可以看到,水谷真成《唐代漢語鼻音聲母的去鼻音化過程》[135]便是基於上述理由進行解釋。日本漢音一般把全濁聲母對譯爲清音,《日本書紀》(720 年)的字音假名,日語清音是用漢語清聲母字、全濁聲母字兩者來對譯[136]。濁音清化不久波及濁塞音和濁塞擦音。

唐代顯著的語音變化是鼻音聲母的去鼻音化(denasalization)。鼻音聲母在調音時,除阻在先,然後軟齶抬高,鼻音聲母的後半部分不再是鼻音。因此發生了如下演變:明母 m→mb、泥母 n→nd、疑母 ŋ→ŋg、日母 ȵ→ȵʑ、微母 ɱ→ɱv。最早注意到這個現象的是馬伯樂,他從 8 世紀的梵漢對音、日本漢音、漢藏對音材料觀察到這一現象[137],並認爲這是唐代長安方言的一個特徵。據水谷真成的研究,在隋末唐初的洛陽一帶,日母就已經發生了去鼻音化[138]。因爲日母是高度齶化的聲母,除阻後的部分產生濁擦音,發生了去鼻音化。

鼻音韻尾的音節不發生去鼻音化,或者去鼻音化的程度較輕,例如日本漢音"马"バ(中古音 maᵛ)和"明"メイ(中古音 mɪaŋᵛ)的區別。不久鼻音韻尾音節也發生了去鼻音化,8—9 世紀傳入的天台宗漢音"明"ベイ[139]。今天大部分方言中没看到去鼻音化音變,山西、四川、湖北等過去長安周邊地區還殘留着這種發音傾向,且散見於廣東中山方言[140]這樣的邊遠地區。閩南話也是去鼻音化程度較高的方言,南方地區的去鼻音化未必就是隋唐北方方音的影響,也可能是獨立發生的。儘管如此,過去發生的去鼻音化相當廣泛地留存於各個方言。北京話日母讀 r-,微母讀 w- 就是例子。

聲調上發生了陰陽調類的分裂。從共時角度講,"陰調"是清聲母開頭的音節的聲調,"陽調"是濁聲母開頭的音節的聲調[141]。濁音開頭的音節通常起首音高較低,陰陽調之差某種程度上本來就存在。隨着全濁聲母送氣化,除阻後伴隨ɦ,陽調類的起首音高日益降低,陰陽調之間差異逐漸擴大。《慧琳音義》的時期,濁音已經相當程度發生了清化,反切上看濁全音和清音沒有混同,是因爲濁音持阻段已經清化,但是除阻後伴隨ɦ,調值降低。所以實際上和清聲母可以區別。全濁上聲與去聲合流是以這種陰陽調分裂爲媒介而發生的音變。根據聲調的調型,陰陽調的差異有大有小。上文所引《悉曇藏》的"輕""重"就表示陰調和陽調,去聲"無輕無重"指的就是陰陽調差異極小。次濁聲母字既有屬於陽調的,也有屬於陰調的。唐代調值發生的變化不得而知,就音長而言,根據水谷真成對梵漢對音的研究,8世紀去聲替代了平聲變爲了長調。

14.3 關於變化的原因

入唐至8世末,音類、音值爲何發生了那麼多變化,很自然會產生這個疑問。通常語音、音系上發生變化,就語音學層面尋找原因是可能的,但是爲何這個時期發生了這個音變,這是很難回答的。從這個意義上講,是沒法回答這個疑問的。疑問雖然只能存疑,但我想提以下兩點,以減輕疑問。

第一,這些變化之間存在相互關聯的部分。如上文所述,輕唇化是伴隨C類變爲B類的韻母變化而產生的,或者反過來講,輕唇音得以分化爲獨立的一類的條件下,C類變爲B類的韻母變化至少在唇音條件下容易發生。陰陽調的分化伴隨全濁聲母清化,或者反過來說,清化在陰陽調的分化下得以促進。鼻音聲母去鼻音化的直接原因目前無法得知,也許濁音清化給予了去鼻音化可能的條件。這種系統化認識,可以減少我們看到的音變的數目。

第二,底層語言的滲透。中古音因爲包含很多細微的韻母差別,到底是不是一個實實在在的音系,目前是存在疑問的。不過,我認爲切韻系韻書的反切應該是基於實際發音,慎重選擇用字的,存在不少這方面的蛛絲馬迹[142]。《敦煌毛詩音》反切用字法反映了韻母的細微音質差別。我是把中古音視爲實際存在音系的學者,不過這個音系只是當時相對少數的、有文化階層的語言。據《顏氏家訓・音辭篇》,持有顏之推所認爲的正確發音的人群在文化階層中也是很少的。中古音就是這個所謂"正確"的音系。一般庶民與之相對,持有所謂"相訛"的發音。《音辭篇》還提到當時北方的士人和庶民的區別難以從語言上界定,大部分士人也沾染了"訛音"。

到了唐代,隨着社會安定,基於中古音傳統的標準音進一步擴大了勢力,同時也受到庶民以及一般士人的"訛音"的侵蝕。中古音的標準音在一般人的自然語言的底層上擴散,從這個底層語言上對它進行規範,其間難免受到這個底層語言的影響,標準音越是普及化,越是難以避免向底層語言妥協。唐代發生的語音、音韻變化中,應該考慮存在這樣的自下向上的影響。例如支脂兩韻的合流發生於 6 世紀末北方一般人群的語言,這些都可以從《音辭篇》以及《切韻·序》得知。中古音體系特別是在 8 世紀後半期發生了巨大的變化。這與安史之亂帶來社會混亂,傳統規範力減弱不無關係。唐代發生的語音、音系變化除了作爲單一方言自然地發生相繼變化,還應該加上上述底層(substratum)的影響。

14.4　唐五代西北方音

羅常培《唐五代西北方音》[143] 研究了敦煌發現的數種藏漢對音材料[144]。殘卷年代從 8 世紀到 11 世紀,反映敦煌等西北地方的方音。這些材料反映了輕唇化、鼻音聲母去鼻音化、全濁聲母清化的傾向、四等韻產生 i 介音等和中央地區同樣的音韻變化。此外,音譯上不區分正齒音二三等,舌上音和正齒音也不加區別,我們可以知道它們已經合流,至少語音上極爲接近。韻尾-ŋ 在宕梗兩攝有弱化爲-ɣ 的傾向,魚韻字和止攝開口一樣有用-i 轉譯的傾向,入聲韻尾-t 發生弱化,有用-r 來轉譯的傾向。這些語音上的傾向在中央地區可能也有存在。

水谷真成《婆羅米文字轉寫〈羅什譯金剛經〉的漢字音》[145] 所用的材料也同樣是在敦煌發現的。上述各種材料所反映的語音特徵更加明確了。羅常培在其著作裏分析了 822 年於拉薩落成的"唐蕃會盟碑"的漢藏、藏漢對音。與敦煌發現的對音材料相比,較少反映地區性音訛,此爲材料官方性質使然,雖然材料的量明顯不多,但是可以據此一窺當時標準字音的情況,是極爲貴重的材料。

14.5　唐代音和現代方音

不管是作爲音系性演變還是作爲音系變化先導階段的語音性的變化,通過上述各種變化,廣泛分佈於現代各個方言中的音韻特徵在唐代音中開始出現苗頭。《慧琳音義》中規則地出現韻母的大量合流,全濁聲母送氣化以至於清化,聲調的陰陽調分裂幾乎體現於現代方言中。除了閩語、客家話,輕唇化在其他方言中都可以看到。鼻音聲母的去鼻音化在方言中的體現見 14.2 節的論述。因此大致説來,現代方音中的很多特徵實際上並非直接從中古音開始,而是導源於唐代音,由此向着各種各樣不同的方向變化。

當然這並不是説現代所有的方言都是唐代標準語的後代,恐怕除官話方言之外的其他方言當時或多或少已經分化,很多特徵只是各自平行演變的結果。但是只要能夠探明産生這些變化的機制和過程,對於唐代音韻史可以看到的音變都是很好的參考[146]。而且,域外對音中的大多數,日本漢音、朝鮮·越南漢字音的主要層次都是唐代借音。從這個方面來講,不得不説唐代音韻史是極爲重要的。

在唐代,尤其是一部分官話方言的音韻特徵已經開始出現。《慧琳音義》開始反映濁上變去,《悉曇藏》記載的“表”這個人的聲調系統,我們僅僅可以知道它的年代下限爲承和[147]末年,正如有坂博士所指出的,這個聲調系統可以看作官話方言聲調的祖型。在《唐蕃會盟碑》的漢藏對音裏,常(禪)母平聲清化爲 ç-,仄聲保持濁音性轉譯爲 z-。這可以解釋爲官話方言“平送仄不送”的濁音清化方式的萌芽,官話以外方言,明母白讀不發生輕唇化,保持 m-,在《慧琳音義》等唐代材料裏,明母發生輕唇化變爲微母。只要南方方言中對應於微母的 m-不是明母輕唇化後發生“回頭音變”的產物,就可以説明韻母輕唇化是官話方言中發生的變化。-ʅ 、-ɿ 産生的條件是止攝開口齒頭音和正齒音二等,朝鮮漢字音、越南漢字音已經有所反映,漢藏對音材料也可窺見若干迹象。但是這個演變不僅見於官話方言,吳語、客家話也同樣發生。入聲韻尾的弱化傾向首先見於漢藏對音材料,朝鮮漢字音將-t轉譯爲-l,也可以看作是弱化表現。日本天台宗漢音的入聲韻尾僅僅用促音表示,也有完全脱落的,其中一部分是因爲傳到日本後,在日本的傳承中丢失,也有一部分是反映漢語元音本來就發生弱化[148]。

除去例如重紐消失等在南方方言中也發生的若干變化,唐代以後的北方音韻史逐漸向這些官話方言性質的音韻特徵發展。北宋初年,從邵雍(1011—1077 年)所著《皇極經世書》的《正聲正音總圖》可知當時卞洛地區的音韻體系[149],呈現出平送仄不送,入聲韻尾的-t、-k 合流並弱化爲-ʔ,韻母的數量減少等特徵,向今官話方言的過渡更加明顯。到了元代周德清《中原音韻》(1324 年),官話方言的各個特徵幾乎已經具備,這個音韻體系已經十分接近今天的官話方言尤其像北京話這樣的北方官話的體系了。

注釋:

[1] 今南京。

[2] 有坂秀世:《國語音韻史の研究》,明世堂,1944 年,三省堂增補新版,1957 年,も

と1936年。

[3] 東魏、北齊的都城。

[4] 周祖謨:《問學集》(上冊),1966年,北京。

[5]《十韻彙編》,1936年北京大學,1963年臺灣學生書局影印。

[6]《瀛涯敦煌韻輯》,1955年,上海。

[7]《神田博士還曆記念書誌學論集》,1957年。

[8]《廣韻校本》,1951年,上海。

[9]《廣韻校勘記》,1938年。

[10]《廣韻校本附校勘記》,1960年,北京。

[11]《廣韻索引》,1953年油印本。

[12]《韻鏡校本と広韻索引》,1954年,日本學術振興會。

[13]《廣韻研究》(國學小叢書),1933年,上海,1964年,香港。

[14]《唐寫本王仁昫刊謬補缺切韻》,故宮博物院,1947年。

[15] 臺灣廣文書局,1964年。

[16]《切韻音系》(語言學專刊第四種),中國科學院,1952年,科學出版社,1956年新版。

[17] 此處據高本漢先生的擬音,下同。

[18] 一般漢語音節的構造用 IMVE/T 表示。I(Initial)爲聲母指的是音節開頭的輔音。M(Medial)是介音,是 I 和 V 之間的半元音。V(Principal Vowel)是主元音,指的是構成音節核心的元音。E(Ending)是韻尾,指的是音節末尾的半元音或輔音。T(Tone)是聲調,指的是由整個音節承載的,與音高音長相關的聲調。與 I 相對,-MVE/T 與之分離稱爲"韻母"。例如北京話"天"tian^{55},其音節結構按照順序依次與 IMVE/T 對應。漢語音節可以沒有 M、E。

[19] 但是韻母爲- ĭuŋ^{上}的字極少。

[20] 而且這些帶塞音韻尾的韻母聲調只能是入聲。

[21] 即 IMVE/T 全部相同。

[22] 小韻第一個字也叫作該小韻的代表字。

[23] 請參看圖一。

[24] 所謂"正切"指的是小韻代表字下面的反切。

[25] 也存在幾乎没有同韻母的字,難以找到反切下字的情況,但這是十分特殊的情況。

[26] 注音字母和拉丁字母注音法產生之前,一直在使用反切。

[27] 此處據《廣韻》的情況而論。

[28]《古反切是怎樣構造的》,《中國語文》1963年第 5 期。

[29] 通過注解的大量增加,純粹的韻書漸漸兼具類書性質。

[30] 除《唐韻》《王二》《切三》之外,其他殘卷該部分已經亡佚。

[31] 儘管没有本質上的差異,爲何要替换反切用字? 這一點有待日後考證。

[32] 省略其他"同用"條例系聯的反切。

[33] 可參看上文 3.3 節。

[34]《韻鏡》,南宋張麟之序文,1161 年及 1203 年。

[35] 一般就把"内外轉圖"叫作《七音略》,下文也采取這個名稱。

[36] 小川環樹:《等韻図と韻海鏡源——唐代音韻史の一側面》,《中國語學研究會論集》第一號,1953 年。

[37] 把韻母構擬的音值填入各等進行説明,以下爲了方便,采取這樣的説明方法。

[38] 左端"舌齒音"包括半舌音和半齒音,如果把二者獨立出來計算應該是"七音"。

[39] "清"又叫"全清","濁"又叫"全濁","清濁"又叫"次濁"。

[40] 匣母只和位於韻圖一二等、洪音四等的韻類相拼。於母只和位於韻圖三等的韻類相拼。

[41] 例如"内轉第一開""外轉第二十三開"。

[42] 即按照主元音開口度的大小

[43]【譯者注】這裏説的是重韻的情況,同一等不止一個韻,所以單單一張帶有四個等的轉圖無法列出重韻,所以需要另起一圖。

[44] 嚴格地講是位於四等的洪音韻母。

[45] 同攝之内正齒音配二等韻和三等韻的情況。

[46] 該字位於《韻鏡》第二十三轉開,平聲見母二等。

[47] 位於《韻鏡》第二十四轉合,平聲見母二等。

[48] 有時也會違反這個原則,一般將這種情況作爲訛誤進行校訂。

[49]《韻鏡校本和廣韻索引》,日本學術振興會,1954 年。

[50]《韻鏡校注》,藝文印書館,臺北,1960 年。

[51] 北京,1935 年。

[52] 羅常培:《〈通志・七音略〉研究——景印元至治本〈通志・七音略〉序》,《歷史語言研究所集刊》五本四分,1935 年。又收於《羅常培語言學論文選集》,北京,1936 年。

[53] 日本漢字音一律轉寫爲羅馬字,下同。

[54]《漢音吳音的研究》,1931 年。

[55]《上代假名遣的研究》,1953 年。

[56]《漢音和吳音》,《日本中國學會會報》第 11 集,1959 年。

[57]《關於帽子等假名遣》,收録於《國語音韻史的研究》。

[58] On the Authenticity of On-readings in Sino-Japanese, The Annals of the Hitotsubashi Academy V‐1, 1954.

[59]《關於朝鮮漢字音》,收録於《國語音韻史的研究》。

［60］《朝鮮漢字音研究》,《朝鮮學報》31、32、33、34 輯,1964—1965 年。

［61］《漢越語研究》,收錄於《漢語史論文集》,1958 年,北京。

［62］漢代漢字借音。

［63］唐代漢字借音。

［64］從漢語借入越南語的口語詞彙。

［65］收錄於《中國語學事典‧比較篇》,1958 年。

［66］《唐五代西北方音》,《歷史語言研究所單刊》甲種之十二,1933 年。1963 年東京大安影印。

［67］【譯者注】本文寫作之時,高本漢尚未逝世。高本漢於 1978 年 10 月去世。

［68］《中國音韻學研究》,1940 年,(上海)商務印書館。1962 年臺灣影印本。

［69］該譯本也存在未將原書的意思充分轉譯的地方,不過這在所難免。

［70］The Bulletin of Museum of Far Eastern Antiquities, Stockholm, 1954 年第 26 卷。

［71］《萬葉假名字音研究入門》,《萬葉集大成‧言語篇》,平凡社,1955 年。

［72］細微的語音性質的差別另當別論。

［73］【譯者注】按照原作當如此。

［74］【譯者注】此處當指老湘語。

［75］閩語疊置了歷史上不同方言層次,並非一個單純的系統,此處只是說一個大致的傾向。

［76］梵語兩者存在對立。

［77］這是因爲當時漢語鼻音聲母的"去鼻音化"（denasalization）。

［78］用數量有限的音標去記錄無限的語音,從這點來看,活語言的語音記錄也是近似值,不過兩種"近似"的含義不同。

［79］《廣韻》"扛"是江韻見母 kauŋ^{平}。

［80］經過了修正。

［81］屬於李氏的日組。

［82］屬於李氏的見組。

［83］屬於李氏的端組。

［84］也有稱其爲"假四等韻""四等專屬韻"等。

［85］《カールグレン氏の拗音説を評す》,《國語音韻史の研究》,1937—1939 年。

［86］此文收於《燕京學報》26 期,1939 年。

［87］即聲母喻化。

［88］齒頭音。

［89］例如第四轉平聲並母三等"皮"bɪĕ^{平}：四等"陴"biĕ^{平}。

［90］或言之小韻。

［91］又稱爲甲類。

[92] 又稱爲乙類。

[93] 【譯者注】最早是 18 世紀末本居宣長發現了部分元音分甲乙兩類,後橋本進吉、有坂秀世推測上代日語爲 8 元音體系,前高元音 i、e 在カ行、ハ行、マ行分爲甲乙兩類,後元音 o 除オ、ホ、モ、ヲ外均分爲兩類(其中モ行在《古事記》中也分爲兩類),其擬音如下:

$i_甲$ i, $e_甲$ e, $o_甲$ o

$i_乙$ ï, $e_乙$ əi(əe), $o_乙$ ö

關於甲乙兩類的區別,尚有他説。松本克己認爲是介音之別,所以認爲上代日語仍然是 5 元音體系。服部四郎在基本同意“介音説”的基礎上又發現 o 的甲乙兩類存在對立,認爲是 6 元音體系。

[94] 【譯者注】此處當指原文:“岐山當音爲奇,江南皆呼爲神祇之祇。江陵陷没,此音被於關中。”“岐”字在關中讀重紐三等,在江南讀重紐四等。此處“岐”的兩個讀音原本是不同區域的。江陵陷落後,“岐”字的江南音在關中普遍傳開。東漢亡,歷永嘉之亂、十六國混戰,關中人口稀少。554 年,西魏攻陷南朝梁都江陵(今屬湖北荆州),幾乎將江陵人口悉數遷至關中,所以“江陵陷没,此音被於關中”。

[95] 收於《國語音韻史研究》,1937—1939 年。

[96] 收於《言語研究》第 3 期,1939 年。

[97] 收於《言語研究》第 22,23 期,1953 年。

[98] 舌齒音不具備這種上字和被切字之間的關係。

[99] 之韻没有唇音字。

[100] 收於《東洋學報》49 卷 1 期,1966 年。

[101] 收於《御茶水女子大學人文科學紀要》1953 年第 3 卷。

[102] 見《中古漢語的喉音韻尾》,收於《中文學會會報》第 7 期,1956 年。

[103] 見《中古漢語的韻母體系》,收於《言語研究》1956 年第 31 期。

[104] 見拙文《敦煌毛詩音殘卷反切的研究(上)》,收於《北海道大學文學部紀要》14 卷 3 期,1966 年。

[105] 見《日本四聲古義》,收於《國語音調論叢》,法政大學出版局,1951 年。

[106] 指的是上、去、入三聲。

[107] 《説平仄》,收於《歷史語言研究所集刊》第 13 本,1948 年。

[108] 原文爲アクセント(accent),對應於語音學上的“重音”,指的是日語這樣的高低重音。但是考慮到音韻學的表達習慣,此處譯爲“音調”。

[109] 上述金田一春彦博士的論文。

[110] 成書於 990 年。

[111] 《國語音韻史的研究》增補新版所收,1936 年。

[112] 《言語研究》1951 年第 17、18 期。

[113] 此時平聲已分陰陽是確知的。

[114] 關於上文已經提及的那篇論文。

[115] 如果分析出齶化成分/ĵ/,那麼就是/p ĵ：p/的對立；如果不分析,就可以記作 /p̂：p/的對立。

[116] 臻韻是從真韻下面獨立出來的莊組字。

[117] 【譯者注】韻之外的部分,此處指的是聲母以及構成重紐的部分。

[118] 陳彭年等撰,1013 年。

[119] 收入周祖謨《問學集》(上冊),北京,1966 年,原版 1936 年。

[120] 《東洋文庫論叢》1933 年第 19 期。

[121] 《東方學》1967 年第 33 期。

[122] 略稱爲《玄應音義》,貞觀(627—649 年)年末撰。周法高:《玄應反切考》,《歷史 語言研究所集刊》第 20 本上,1948 年。王力:《玄應〈一切經音義〉反切考·附 冊》,《歷史語言研究所專刊》之四十七,1962 年。

[123] 簡稱《慧苑音義》,720 年左右。水谷真成《慧苑音義音韻考——材料的分析》, 《大谷大學研究年報》1959 年第 11 集。

[124] 王顯:《對〈干祿字書〉的一點認識》,《中國語文》1964 年第 4 期。

[125] 邵榮芬:《〈五經文字〉的直音和反切》,《中國語文》1964 年第 3 期。

[126] 略稱爲《慧琳音義》,787—807 年撰。

[127] 《歷史語言研究所集刊》第 1 本第 2 分,1930 年。

[128] 韻圖中位於一等格子的韻。

[129] 合流的方向尚可討論,現在假設如上述情況。

[130] 除了開合。

[131] 基於這些變化,需要重新解釋《慧琳音義》音韻體系,這個工作暫且不談。

[132] 所謂重唇音。

[133] 所謂輕唇音。

[134] 《北海道大學文學部紀要》15 卷 2 期,1967 年。

[135] 《東洋學報》39 卷 4 期,1954 年。

[136] 請參考大野晉《上代假名遣的研究》,1953 年。

[137] 參看《唐代長安方言考》。

[138] 出處同上文《唐代漢語鼻音聲母的去鼻音化過程》。

[139] 有坂秀世:《メイ(明)ネイ(宁)豈非漢音?》,《國語音韻史的研究》,原版 1940 年。

[140] 趙元任:《中山方言》,《歷史語言研究所集刊》第 20 本上,1948 年。

[141] 從歷時來看,還可以指來自這些中古調類的聲調。

[142] 例如 12.4 節反切上字和被切字的相關內容。

［143］《歷史語言研究所單刊》甲種三十二，1933 年上海，1963 年東京大安影印。

［144］馬伯樂《唐代長安方言考》也利用了其中《千字文》殘卷的材料。

［145］《名古屋大學文學部十周年紀念論集》，1959 年。

［146］現代方音中廣泛分佈的特徵中，也有一些是唐代音韻史未曾見到的。"重紐"對立的丟失便是其中之一，至少可以明確的是，在唐代我們尚未看到。

［147］【譯者注】承和是日本年號，時間爲 835—848 年。

［148］有坂秀世：《入聲韻尾消失的過程》，《國語音韻史的研究》增補新版。

［149］周祖謨：《宋代汴洛語音考》，《問學集》（下册）。李榮《切韻音系》附録三《皇極經世十聲十二音解》。

與漢語史相關的梵語學[*]

尾崎雄二郎 撰

温　睿 譯　鄭　偉　趙清泉 校

一

　　本來,提起等韻學的時候,我認爲它是字母與韻圖的組合。據鄭樵《七音略·序》所述,等韻學本來爲"胡僧"所作,但我同時認爲,韻圖四等之間的區別等内容可在梵語學中找到直接先例的觀點,還未必是漢語學界的共識。若按照 W. S. Allen 的《古代印度語音學》所説,梵語學裏基於開口度大小的語音四分法,應如下所示:

　　(ⅰ) Contact(接觸)

　　(ⅱ) Slight contact(略微接觸)

　　(ⅲ) Slight openness(略開)

　　(ⅳ) Openness(開)

或者(ⅰ) Contact(接觸)

　　(ⅱ) Slight contact(略微接觸)

　　(ⅲ) Half contact(半接觸)

　　(ⅳ) Non-contact(不接觸)

　　如果將顎音組代入以上各項,具體示例如下[1]:

　　(ⅰ) Contact(接觸)——c

　　(ⅱ) Half contact(半接觸)——y

　　(ⅲ) Half openness(半開)——ʃ［ç］

　　(ⅳ) Openness(開)——i

＊　本文譯自尾崎雄二郎:《漢語史における》,《東方學》第四十輯,1970 年,30—46 頁;收入氏著《中國語音韻史の研究》,東京:創文社,1980 年,77—99 頁。

等韻學中韻圖四等的區別，是直接從梵語學中的四分法獲得啓示而建立的，這一點恐怕毋庸置疑。如果我也像近來的學者那樣，將韻圖的製作簡單視爲借用胡僧提供的知識或是接受其直接幫助，爲了中國僧俗的使用而依照中土的習慣而作，還不如說它是胡僧學習中國語言的工具，是動用了豐富而精密的梵語學知識構建而成的。我認爲可以在此重新提出這一假説。換言之，在中古西域應稱爲 Buddhist Missionaries（佛教徒）的團體内部，在佛教方面是學生，反過來在漢語知識方面是老師的“華僧”應該也有很多；正如 Rodríguez 語法詞典主要用作西歐傳教士學習日語的工具，韻圖也是爲胡僧本身而作的。鄭樵曾説“七音之韻，起自西域，流入諸夏。梵僧欲以其教傳之天下，故爲此書。雖重百譯之遠，一字不通之處，而音義可傳。華僧從而定之”[2]云云。然而如果中土人士想要瞭解漢字音知識的話，即使韻圖算是源頭，却也還是異域的知識；當時反切已廣泛通行，上述方法應該已經沒有必要了。

我所説的是與梵語學相關的豐富而精密的知識；我對基於開口度大小的語音四分法的豐富内容非常熟悉。如，據羅常培命名的“守溫韻學殘卷”[3]可知，伯希和（P. Pelliot）編爲第 2012（？）號的敦煌寫本第一節中，名爲《南梁漢比丘守溫述》的字母表爲：

脣音	不芳並明
舌音	端透定泥是舌頭音
	知徹澄日是舌上音
牙音	見君溪群來疑等字是也
齒音	精清從是齒頭音
	審穿禪照是正齒音
喉音	心邪曉是喉中音清
	匣喻影亦是喉中音濁

其中，喉音包含心邪兩母，來母位於牙音之列，我認爲由此可見梵語的精密。發 s 這個音時，舌頭抵住下齒背，與上顎之間毫無阻礙，這在現代漢語中也是標準發音方法之一[4]；因而足以預測，該發音方法也有可能存在於中古漢語中。上顎與舌頭之間沒有任何阻礙的音，按照發音方法稱作“喉音”的話，一點也不奇怪[5]補注1。

另一方面，梵語學中 l 的發音動作是以“舌頭的兩端”（“With both ends

of tongue"）來完成，這已被當作一個"錯誤"排除。Allen 認爲，語音學上難以承認印度人對梵語這方面内容的記載，因此排除 Mueller、Max "以舌頭的側面"（"Mit den Seiten der Zunge"）的解釋，而采取上邊的英譯；但那"恐怕是次要的，指的是舌根的隆起"，即"發出軟顎共鳴（Velar resonance）"之意[6]。Sapir 曾指出，在觀察者明確意識到以非俄語中未顎化的 l——"空的、與喉音類似的" l 音（A "hollow", guttural-like）[7]——爲標準時，他會將 l 認定爲非"舌音"，甚至認爲可將其歸入"牙音"。我曾假設，若干諧聲音系中除見母之外的牙音與來母的交替是諧聲時代來母的強軟顎化造成的；也就是説，像之前提到的"dark l"（"暗的 l"）化的來母作爲發音方法的漢語規範化時期，可以充分下推至唐代左右[8]補注2；而如今我認爲，應當根據來母的這種性質解釋上面的諧聲；守温的字母表強有力地支持着我的論述。現代漢語中已經軟顎化的 l，按照我曾引用過的 Karlgren 的觀點來看，雖然它本身可以説是軟顎音之一，也有軟腭化元音的情況，但都是殊途同歸[9]。我寧願相信他自己並未親耳聽到過，也許應該注意説出"有幾個俄羅斯籍的漢學家知道北京也存在 l 這個音"這句話的人。也就是説，未顎化的 l，即使在非此類的 l 爲標準發音方法時，也是有可能隱含其中的。此外我目前還在考慮，以若干諧聲音系説明如上文所示的牙音與來母的交替時，不僅采納 l 的強軟顎化形式，還一同觀察 l、m、n、ŋ 等次濁音而得出其非濁化傾向，是否應該視作另一重要特徵。我已經提到過，在若干相同的諧聲音系中 m 與 h 或 x 交替[10]；但考慮到 l 與牙音的交替時，諧聲音系裏的若干來母字也可讀爲陰調，例如在粵語中；或者説，有時僅可讀爲陰調（詳見之前提到的尾崎"複輔音聲母"一文）。這樣説明應該更容易理解。

二

　　至此所述的内容，都是我的假設或者"主觀印象"：包含字母和韻圖的等韻學，是以胡僧豐富且精密的梵語學知識爲基礎，爲了胡僧本身所用而事先創制的。接下來我將以該假説爲前提，即在等韻之學爲胡僧而創、細緻入微，由梵語學知識爲支撐、精密構建而成的情況下，考慮其中一個字母組的設定及其命名應具有何種意義，並由此推論，歸納其與漢語音韻史通論之間的顯著差異。我認爲應該可以從中得出修正漢語音韻史通論的線索。

　　這個字母組是守温時代的字母表中所説的正齒音，尤其是三等（以下除非特指,正齒音一般都指其三等)。關於以"正齒音"命名的含義,我雖然不知其淵源,但一般認爲,中古漢語 tś、tś'、dź、ś、ź 這類顎音(舌面前音)與其韻圖位置相當。這些主要是後漢至唐中葉[11] 的前期漢譯佛典中出現的音譯漢字,應該是表現了梵語顎音組;采用了與韻圖中該位置相符的字,是基於音韻史實的認知。但另一方面,如前所示,設定爲與韻圖該位置相符的字母組,被規定爲"正齒音"組。並且,包括正齒音、齒頭音在內的"齒音",是梵語學術語的譯詞;而梵語學中又如何界定"齒音"呢? 按照 Whitney 和 Allen 的說法,梵語學中的"齒音"應該定義爲"舌尖在齒齦位置成阻"(Formed at the roots of the teeth, by the tip of the tongue. Whitney, Gram., p.17)。其發音部位 Point of articulation、發音器官 Articulator,一方面符合梵語的規則,發音時舌頭"伸展""放平"(Spread, flat.[12])的狀態,也就是 Whitney 早就預測到的現代印度人齒音的特殊發音方法,即他們的齒音具有與英語和現代希臘語 th 音性質相似的感覺,"舌尖向前,緊抵上齒"("With the tip of the tongue thrust well forward against the upper teeth")[13] 的發音方法[14]。對於齒音組的發音來說這有點陳舊,而兩種發音方法並存;正因如此,根據兩位原作者所說,對於塞音組來講,如果應該禁止(前引 Allen 書,頁 56)舌頭過度伸展(Excessive tongue-spreading)的話,不過度伸展舌頭的齒音,即先前所說的"舌尖在齒齦位置成阻",就在此與之形成鮮明對比;特將其認定爲"正"齒音,而它並不是梵語學內部存在的事實。此處仍等待專家指教。而且,即使"正"齒音的發音部位及其發音器官並不是像梵語齒音那樣的塞音,而是以塞擦音爲主,從漢語審穿禪照等聲母的發音來看,它們仍是"正"齒音,即以正齒音爲名的話,又會如何? 當然,在這種情況下,等韻學中的齒頭音是正齒音即"正"齒音,與之相比,漢語審穿禪照等聲母應該是"不正"的──就梵語齒音原本的發音來說──應當擬爲用"舌頭過度伸展"而發音的方法;就守溫殘卷來說,應考慮精清從等聲母的發音方法是與之相同還是近似。

梵語中的"正"齒音,"舌尖在齒齦位置成阻"。從梵語學來說,如果作爲發音器官的"舌尖"這一部位正確的話,該發音器官與稱作齒齦的發音部位之間成阻而生的音色,應該是獨特的;梵語學中同樣包含對該音色的觀察和關於"齒音"的詳細記錄,越是將其正確地移用至對漢語審穿禪照等聲母的觀察中,漢語中表示這些聲母的音色界定就越獨特、明確。換句話說,舌尖是發音器官、成阻部位是上齒齦,這就是學界共識的 j 化("喻化")聲母,用 Karlgren[15] 的話説，舌面前聲母發音時是不可以有"伴隨性 j"的。

三

我在此提出音色之説，是由於我認爲兩代人之間的語音傳承中，年輕一代的學習者最首要的是"聲像"（Acoustic image），即接受上一代的語音然後模仿。上一代的語音，每一個都應該具有其獨特的音色；反過來説，要是某兩種以上的發音方法，其"聲像"在音色上極爲近似，那麼就可以充分設想，年輕一代的學習者會依照來自上一代的"聲像"再現其語音，並且與作爲"再現"目標的上一代的語音之間產生發音方法上的差異。兩種以上不同的發音方法，上一代與年輕一代的後習者可能會分別擁有其中一種。但在這種情況下，上一代的發音方法與年輕一代學習者的、本應是後者對前者的模仿但失敗之後產生的新發音方法之間，有着細微的差異；天長日久，區別漸著，最終成爲所謂歷史上的音韻變化，音韻觀念也隨之產生更替。對此我無法贊同：如今所説的兩種發音方法之間的細微差別，是世世代代傳承時僅"朝着同一方向"累積發展的可能性，我無法樂觀輕信。換言之，年輕一代的學習者沿襲了上一代説話人的語言，然後產生自己的音韻體系時，他將每個音的發音習慣都當成自己的，世代連綿，從後代共時的某一時來看，前者的語音並未按照觀察者起初假定的"某傾向"成爲後者自己的，這也是不可能的。即，差異也可能表現在相反的方向上，如此，任何表現出來的差異全都只能視爲偶然結果。而且，年輕一代學習者的發音方法與上一代相比，也許是起初模仿而後來失敗的結果，但與上一代極其相似的新發音方法和上一代之間存在的差異，由原先縱向的關係變爲橫向，並可在同一代人之間發現這種平行存在的關係（例如孩子的語音體系就不是對其父親或母親語音體系的模仿和再現。即對於孩子來説，包括其父母在內所有的説話人都是由孩子主動選取的）。在此基礎之上可以認爲，歷史上的音韻變化，都發生在某些語言之外的要素令某一時刻某種方法成爲該語言社會的全新標準，並據此把該語言音韻體系內部應與其對應位置上的另一種方法驅逐的時候。

這種歷史上的音韻變化，是某一語言音韻體系內各音素的發音方法符合其規則；而從時間軸上來看，某個偶得的音韻總目裹，某一項 A' 與先於它記錄下來的 A 還有其後記錄下來的 A'' 相比時，應該能夠從中看出相互間的差異；那時 A' 之於 A、A'' 之於 A'，雖然兩個前者確實分別是兩個後者的

"歷史上的"變化,但應當知道,A->A'->A'' 的發展軌迹,從和動植物界的"進化"相同的意義上來說,並不是經年的變化。就比如站在某處看到一條河,某一時刻有某一片樹葉 A 漂過河面某一點,另一時刻又會有與之不同的另一片樹葉 A' 漂過。這條河的某一特定點,就像我們問題中特定的語音,漂過此處的樹葉 A 或 A',就是我們問題中涉及的語音上的 A 時形態和 A' 時形態;這就是對我們目前問題的完整比喻。誠然,河水的流向或者說樹葉的流向,相對於我們的問題來說就是時間的走向;站在某處觀察河水流向的,就是語音史的歷時觀察者。將相互間毫無關係的兩片樹葉 A 和 A',比喻爲與我們的問題相關的某語音在各個時期的標準形式,雖然看起來多少有些過於輕率,但如果設想這些"樹葉"無論是否從上游的同一棵樹的同一枝頭落下,最終都會漂到這裏的話,這就決不是古怪的比喻了。所以我想說,像那些不時漂過河面某一點的樹葉一樣,對於某個語音來說,那些作爲各個時期的規則表現出來的同類發音方法,至多可以被喻爲同一棵樹的同一枝頭上的樹葉們,其間可能僅有些微的關聯。另一方面,某個語音在各時期作爲規則表現出來的發音方法,考慮到其所在語言的一定程度的範圍時,同一種語言音系裏的同一類或者說至少相似的音韻作用,在其所屬的較小群體中,是作爲兩種不同的發音方式存在的。換言之,在不同的空間、完全相同的時期裏,它們可能是同類關係。也可以這麼比喻:恰如在河流中沉浮而最終前後相繼漂過河面某一點的樹葉,原先也許是在同一棵樹的同一枝頭度過同一個夏天的同類。

在此,越廣泛地考慮我說的同一語言的通行範圍,其通行範圍內部的社會性的變動就越激烈。打個比方,如前所述的同一棵樹那樣,換成同一種類的好幾棵樹,或者更進一步地說,換成各種各樣的樹來看,其範圍明顯擴大;或者說,能越早看見河流,不時漂過河面某一點的樹葉種類及其形態變化就更多種多樣。就我們的問題來說,雖然應該是不同時期的標準發音方法,但因所屬時期不同,彼此間的差異就會很大。

但在已經安定的社會的某一時期,標準的發音方法未必與其前代相同;或者說,後人通過模仿前代標準發音方法的"聲像",可能由此產生新的發音方法。我們的情況是,就像等韻學將其稱爲"正"齒音一樣,具有舌尖性的發音方法,在一個時期內是該系列語音的標準發音方法;在這之前的一個時期,應該在漢語區內的語音體系中佔據其對應位置的,我們所說的"正"齒音,除被預測具有舌尖性之外應該兼有一種"硬音"(Dur)色彩;而我們所說的"正"齒音組,實際上一定是由模仿"聲像"而獲得的發音方法。如之前所寫,漢語音韻史通論中,從漢譯佛典的音譯字研究出發,可以預見顎音和舌面前音應當具有"柔軟""潮濕"(Mouillé)的顎化音色,與舌尖性語音所具有的堅硬音色不同。考慮到這種音色方面的差異時,儘管我們承認,史上的顎音與舌面前音組在前代的正齒音組中作爲聲母存在,但它們在此重疊,會有些發音上的"潤色",即如果不考慮某些協同發音[16]特徵,兩者是不可能流暢結合的。我們只能相信這個"神話":發舌面前音時"逍遙自在的"舌尖,在世世代代的語言傳承中,先是朝同一方向積累了細微差異,隨之開始"有意義",最後獲得了舌尖性發音。所以我想,從具體的發音方法上,大概可以指明現在所說的內容具有哪些協同發音的特性。

即:(一)伴隨舌面前音的雙唇突出(Protrusion)[17],或者(二)發舌面前音時,舌頭用力抵住上顎[18],以上兩者選擇其一或兼而有之。在發音上伴有以上任意一種"潤色"時,具有舌面前音性的語音不如說是一種堅硬的Dur 音,與具有舌尖性的音色類似;而且,它們可以與共通的或者說擁有近似"聲像"的語音互相替代,人們也可自行驗證。並且事實上我相信,漢語區各方言中實際存在的例子也可能給人留下這一類主觀印象。比如說江蘇省無錫、常熟的tʂ系列音,據稱其"發音部位略向前靠,同時有圓唇作用"[19](着重號由原文作者所加),其中就有(一)或伴有與之相近"潤色"的舌面前音;另外在山東省平度、安丘的方言報告中,與正齒音系列(當然也包括舌上音系列)對應的tʃ系音,大致是"舌尖抵住上齒齦——抵碰——"[20]、"舌頭不卷,舌尖(舌葉,更準確地說應該是日本音韻學中所稱的舌端)與舌面的結合部分緊緊抵住硬顎前部——抵緊——發音"[21]等。我們所講的"正"齒音等記述可由此直見,同時我也接受如(二)所示的、舌頭用力抵住上顎的特殊發音方式確實先行存在。

也就是說,像之前所寫的那樣,某一時期的標準語社會中,除了包括完全突然的規則替換這種程度的劇烈變化的假設之外,具有舌尖音性質"堅硬"音色的語音,是對前代具有同樣聲像的語音的模仿、再現,乃至不完全再現。此時的"聲像",就如同我們日常生活中經歷的那樣,對語音具有最強的方向指示力;而即使在"不完全再現"的情況下,具有這種再現的"聲像",也一定與樣本語音幾乎完全相同。而且,在某一時代的標準語社會內部,其後的正齒音字,即使聲母爲梵語顎音的音譯字是既存事實,也不能據此馬上預測正齒音字的聲母是單純的(恐怕屬於梵語顎音組的諸語音都如此)顎音、舌面前音以及與這些發音相應的具有硬顎或舌面前“聲像”的音。在更晚近的時代，可以預測其同組字的聲母確實伴有與舌尖性語音類似的“堅硬”聲像，至少與之近似。我認爲以這一系列的字爲始，可以考察具有“堅硬”聲像的語音的文字組；至少這一系列的字中並不存在困惑的要素。

例如上古的若干諧聲音系中，正齒音字主要是與牙喉音群母和一小部分溪母字交替。比如：支→妓、旨→耆、氏→祇。以這類字爲例，如果遵從董同龢的音值推定，那麼像這些表示交替的正齒音字在諧聲時代的聲母，如上面第二排文字的聲母所示，是“更靠前的舌根音，或者説部位更靠後的舌面音”[22]，即 c、c‘、ɟ、ç、j 等。如我所言，它們一旦歸入“後來的”正齒音組，其聲母也許就可能會失去與舌尖音相似的“堅硬”聲像。但粗略來看，該諧聲音系中所存在的交替，並不是單純的現象；大略來說，正齒音組中塞擦音字主要是牙音三等，而擦音字主要是牙音四等，二者之間能顯示出交替的“傾向”。特別是在此交替中，正齒音在前項即正齒音字作牙音字聲符時，該傾向更爲明顯。例如塞擦音字“支”的諧聲中，確實也有像“岐”這樣的四等字，但就像《顔氏家訓・音辭篇》“岐山當音爲奇（三等），江南皆呼爲神祇之祇（四等）”能從旁爲證一樣，王仁昫《切韻》[23]中，收録了與《廣韻》相同的巨支反（四等），《廣韻》中爲三等，應當表現爲與“奇”同音的渠羈反這一條，也以又音的形式一同收録。該諧聲系列中支聲的牙音字，尤其是常用字，除了“岐”之外幾乎全列於三等；但據迄今所見，似乎“岐”字原先也應列爲三等。

與此相對，在擦音字（審母、禪母）中觀察此交替：收→菽，渠遙切（宵）；水→瀤，其季切（至）（以上審母）。是→翨，居企切（寘）；氏，承紙切→祇，巨支切（支）；臣→臤（以上禪母）。後一列均爲四等字〔但必須特別選取最後一個“臤”字作爲牙音四等字時的去刃切（震）這一個發音〕。只（照母）→枳、支（照母）→妓、旨（照母）→耆、制（照母）→猘補注3、周（照母）→惆、出（穿母）→屈、臭（穿母）→糗、（牀母三等）→祁等，在這些對應中，正齒塞擦音字是牙音聲符的諧聲，或者反過來説，牙喉音字是正齒音字的聲符；無論是何音何等，和不像上面所示那樣整齊對應的耆→嗜、咸→箴、向→餉、臤→腎（對於臣→臤請參照上面的説明。《廣韻》中，包括胡田切在内，至少記載着臤字的四種反切）等諧聲相比看來，“現在發現的還不多”[24]，因而所舉示例甚少；但對比顯著，多數人無法否定。和出→屈、臭→糗等對應相比，正齒塞擦音字→牙音字的對應中，正齒音全清字與牙音溪母次清字的交替，以及看起來不免有些不自然的周→惆,《刊謬補缺切韻》中均無記載,《韻鏡》中未見這種寁切字的等韻門法,但也僅有只→枳這一少數例外,此外全是非四等字。而且我認爲,支聲牙音字中存在相當數量的四等字(雖然如前所述,它們未必是常用字),支字同時有如審母字翅、禪母字豉等聲符的情況,也許不如說它們有直接關聯。

四

在我們研究的諧聲音系中,應該如何描述觀察正齒音字和牙喉音字交替所得的事實? 我從《關於"上古漢語"的複輔音聲母》一文以來,只要説到被諧聲字的今音或聲韻母與聲符完全不一致或相去甚遠的時候,並不像迄今爲止的學者所做的那樣,考慮聲符字或稱被諧字在諧聲時代的音應當歸爲哪一個今音,而是應當考慮像諧聲時代所屬那樣將聲符字或被諧聲字歸於今音所在的語音組[25]。只是諧聲時代遵循這類諧聲的人們之中,或者説在最邊緣處,聲符字或稱被諧聲字除去發音之外的要素,也存在與之近似的情況。將那種態度運用到這裏,就是正齒塞擦音字是牙喉音三等字的聲符,塞擦音前半有舌尖化的部分補注4,與發純擦音時相比,舌頭完全接近上顎並且整個後移[26]。此時口腔内的感覺和語音,比牙音四等字更接近並符合牙喉音三等字的發音。我也曾在別處寫到,一部分現代西北方言中,也有把正齒音字(此處也仍然包括舌上音字)讀成牙喉音的(例如知 kɯ、ki,臣 k'ɛ、k'ɛ 等,世 xɯ、xi,均爲自關中蒲城義龍鎮、富平美原鎮之例[27]),這可以説是正齒音的一種特殊強調型。我想,關於上述提到的諧聲音系中這類交替的實例,可以佐證我的説法。特別需要注意的是,正齒二等莊初士山俟諸母字,在此讀作齒頭音,未見其與正齒三等混同;另外,原先牙音拼細音時,tɕi、tɕ'i、ɕi 等音節的聲母最終取代舌面前塞擦音,同時未見其與 ki、k'i、xi 混同。關鍵是在古代諧聲中,雖如上所示,主要是牙喉音三等字裏群母字(有時是溪母字)的交替,但對於牙喉音四等字也可以這麽説:其中有的"一種送氣,以及送氣",與正齒塞擦音字發音後半的摩擦部分即正齒擦音字的摩擦並不近似。後來,同屬群母的祇、耆(分別爲四、三等),在漢譯佛典中都是梵語 Gi-音節的對音字,也有作梵語 Je-音節對音字的。我認爲這表示了群母的"一種送氣",也是它在拼前高元音時容易取代舌面前塞擦音的原因。我們研究的諧聲音系中,純擦音聲母即以審、禪兩母作爲聲母的字作牙喉音四等字的聲符時,與之相反,也就是整個舌頭以較爲靠前的狀態發音。這樣説來,整個説明就結束了。

我根據自己之前對輕唇聲母的觀察[28],以及有坂秀世《評 Karlgren 的拗音説》[29]所示的見解,論證了等韻圖三等一欄中所列的字都應當具有"舌面中"的聲像[30];在如今這一立場上,我仍認爲當時的預想基本正確。有誤之處在於,我認爲在等韻圖製作的階段,現代漢語標準音裏的舌尖後音、Karlgren 的第二類 ʂ音[31],可以作爲正齒音字的聲母;這樣的發音方法,我們所謂的"正"齒音,如果要在漢語語音學術語中尋找明顯比較與之相符的,恐怕應當是舌尖中音[32];作爲一種應當具有與之近似聲像的發音方法,隱存於此標準之下的最近位置(也可以這麼説:武斷地講,以現代標準音所見的正齒音二三等的混淆,也可能隨着整體的變化而起);即使有可能成爲規則,也應該無法得到普遍接受。爲何只要不是"齒音",字母就一定要歸入"舌音"組?

五

後期的漢譯佛典即不空之後的譯音字,選用爲以顎音爲起首輔音的梵語音節的對音字時,此前的正齒音字被捨棄,而換用精清從等齒頭音字。一是因爲從那時開始,無視了梵漢兩音間最初存在的"聲像"差異,從質疑爲何不從"也有舌面前音的發音方法"這一觀點來看,隨着對於這類正齒音字選擇的反思的出現(我認爲比起聲像不如説是發音方法——即使有一部分——更可以優先,因爲梵語是作爲一種外語習得的,而且這種語言是"非常完備的/Sanskrit"梵天的語言,甚至連發音細節都悉數規定,也是音韻學上特有的語言。如先前所述,應該可以由此看出其與自然語言傳承的差異),與其説在當時的標準語社會中,齒音的發音大致靠前,造成其接近顎化音色那樣的發音方法[33],佔據了顯著的地位,恰如從當今的粵語等角度來看一樣;不如説不存在含有該音色、選用爲以顎音爲起首輔音的梵語音節的對音字。關於這種對音字的替代,羅常培也曾考慮過梵語誦習的地方性差異[34],雖然没能完全否定,但考慮到梵語具有我剛才所説的、音韻學特有的人工"漢語"性質時,我想采用我的解釋。羅氏雖然説藏語也有與之相同的傾向,但我特別注意到藏語,比如説現代拉薩方言,就顯示出與漢語區齒音相對應的前化發音[35]。而且儘管我認爲在前期漢譯佛典中,以顎音爲起首輔音的梵語音節選擇正齒音字作對音字，與其説聲像不如説發音方法處於更優先的地位；所謂外語音譯，一般來説不可能出現完全相同的情況，從對音字選擇方法的大致原則來看，外語與母語是不同的。因地制宜，也會出現原則不通的情況，這是理所當然的。例如在不空之後，作爲梵語字母名稱śa、ṣa、sa 三音的對音字，一直主要使用與原先相同舍、沙、娑三字。śa 的對音字舍、ṣa 的對音字娑，（據我的推定）即使已經變得不合適了，但嘶音在梵語裏有三個種類，漢譯中就也要相應有三個種類。如此看來，除了保留好像沒有別的辦法。我討論到現在的，也並不是梵漢兩音的——對應，而是梵語學中的“齒音”和“舌音”等；以及用精密的觀察，證實我所相信的在此强大影響下存在的等韻之學的基本發音分類。

我們一開始就知道，舌尖性發音或者至少包含一部分舌尖性發音的輔音，難拼四等韻。也就是在等韻圖的四等一欄，尤其是舌尖音來母一項，幾乎是空白，可以説只看得到所謂純四等韻即（舉平以賅上去入）齊先蕭青添等。如果知道單純的舌尖性發音中也可能出現舌頭的鬆弛，以及爲了完成某種意義上的混合元音（後高元音）的發音動作，舌頭的狀態會與之相反的話，就可知它們作聲母時難以出現在四等一欄，並且此舌位的狀態與其元音尤其是前高元音相反；如果把同樣的方法運用到三等一欄，反而會出錯。

•

我們日本的研究者，特別蒙受國學之恩惠，能夠使用萬葉假名這種古代特殊字音。就等韻圖三等一欄來説，它的指向是否明確不是“舌面中的”？我在此提出等韻之學成立要因的新見解，同時也一併提出對列於等韻圖三等一欄具有“舌面中的”聲像的設想，將寫有以上論述及設想的舊稿進行增補，望諸君笑納。

（1970 年 1 月 17 日）

注釋：

[1] W. S. Allen：*Phonetics in Ancient India*，Oxford，1953 年，25—26 頁。

[2]【譯者注】出自鄭樵《通志・七音略》第一《七音序》。

[3] 羅常培：《敦煌寫本守溫殘卷跋》，《歷史語言研究所集刊》三本二分，1931 年；收錄於《羅常培語言學論文選集》，北京，1963 年，200—208 頁。

[4] 羅常培等：《普通語音學綱要》，北京，1957 年，89 頁。請將其與周殿福等《普通話

發音圖譜》(北京,1963 年)32 頁上所見的語音進行比較。另請注意,JONES, D. 的 *An Outline of English Phonetics*(劍橋,1957[8],709—710 頁)一書也有與羅著同一頁注腳(31)相同的内容。

[5] 梵語中的 s 被歸入齒音組,如果是因爲"緊接在上門牙後、從舌頭與上顎之間擠出的スー音"(A hiss expelled between the tongue and the mouth directly behind the upper teeth),可參看 Whitney, W.D.: *Sanskrit Grammar, Including both Classical Languages, and Older Dialects, of Veda and Brahmana*(Massachusetts, 1889[2]再印本,頁 21)的話,就更值得進一步思考了。

【補注 1】Allen 認爲,現代印地語擦音的顎點陣圖,支持了 Taittiriya-Pratisakhya "擦音與其對應的塞音在同一位置成阻。但是發音器官的中心是打開的("But the centre of the articulator is open",見前引書 26 頁)"的觀點。梵語 Sibilant(嘶音)中也包括 ṣ,這裏我闡述了漢語中該發音方法的可能性。請注意,在梵文字母的排列中,嘶音與塞音隔開半元音,佔據 h 的前鄰位置。而漢語中的審母被定爲正齒音,直接編入齒音組中,是因爲它與梵語的 ṣ 不同,舌頭與上顎之間也許會形成某些阻塞。審母在諧聲中的交替關係,比如它與來母的交替,是必須一同考慮的問題。參照拙作《來母再説》(《中國語音韻史の研究》,東京: 創文社,1980 年,46 頁)。

[6] 同上引 Allen 書,56—57 頁。

[7] E. Sapir: *Language: An Introduction to the Study of Speech*,紐約,1921 年,第三章。

[8] 拙文《關於"上古漢語"的複輔音聲母》,《中國語音韻史の研究》,28 頁。

【補注 2】關於漢語中只有來母是所謂的流音聲母,我猜想包含這一"声像"的規則,如與包括齒頭音和正齒音二、三等這三組的"齒音"各組相關的規則相比,都是十分寬鬆的,對差異的容許度應該也比較高。用其他發音方法取代來母,應該遠比取代正齒音審穿禪照等各聲母來得容易。

[9] B. Karlgren, *Études sur la Phonologie Chinoise*, Stockholm, 1915—1926, 270 頁。

[10] 參看拙文《"沈默"の語學》(沉默的語言學),《中國語音韻史の研究》,207 頁。

[11] 關於漢譯佛典所謂的前期與後期,我按照不空的翻譯來假稱之。參看羅常培《梵文顎音五母的藏漢對音研究》,《歷史語言研究所集刊》三本二分,1931 年;又見《羅常培語言學論文選集》,54—64 頁。

[12] 前引 Allen 書,56 頁。

[13] 前引 Whitney 書,17—18 頁。

[14] 簡言之,Macdonell 認爲它是齒間音。參見 A. A. Macdonell: *Sanskrit Grammar for Students*, 劍橋, 1926 年,9 頁。

[15] B. Karlgren, *Analytic Dictionary of Chinese and Sino-Japanese*, 巴黎,1923 年,9 頁。

[16] 【譯者注】原文"二次調音",直譯爲"雙重發音",此處采取意譯。

[17] 參看高本漢《中國音韻學研究》(法文本,277 頁)引用的趙元任等漢譯本(上海,

1940 年)182 頁的譯注(一)和 188 頁的譯注(一)。我的這篇論文,可以説最初是看到這些譯注時才想到的。特此致謝。

[18] 漢語標準語中,雖然後來舌上音字全部混入了正齒音中,但恐怕漢語舌上音原就是在其基礎上設定的;即表示梵語 Mūrdhanya 的"根本字",僧伽婆羅以舌上音字代指,多他陀等又以舌頭音取代;反過來爲了滿足梵語舌音輕多、輕他、輕陀等條件,反而不可能考慮其暗示的梵語 Mūrdhanya 的"重"、漢語舌上音的"重",甚至混入的正齒音字的"重"。

[19] 江蘇省和上海市方言調查組:《江蘇省和上海市方言概况》,南京,1960 年,98、102 頁。

[20] 戴磊:《平度方音與普通話語音的異同及其對應規律》,《方言與普通話集刊》第二本,1958 年,22 頁。

[21] 曹正一:《山東安丘方音和北京語音》,《方言與普通話集刊》第八本,1961 年,40 頁。

[22] 董同龢:《漢語音韻學》,臺北,1968 年,292 頁。

[23] 【譯者注】爲最大程度符合原文,未改爲"王三"。
【補注 3】《九經字樣》"狾猘"條下有"狂犬也。見《春秋》。上《説文》、下《經典》相承"。由於其唯獨不載於《説文》,我們沒有理由不把它從目前的討論中排除(1974 年 2 月 10 日補注)。

[24] 前引董同龢書,292 頁。

[25] 【譯者注】原文"音聲のグループ",也可酌情譯爲"音韻地位"。
【補注 4】與 95 頁倒數第 4 行(譯者注:指原文所在頁碼)"舌尖性發音"一樣,此處所説的"舌尖性"規則,必須説是不充分的。此處所説的"舌尖",實際上包括"舌端";而且從發音上來説,"舌尖性"充其量只在成阻時具有"舌頭最前部"這一意義。正因如此,同頁緊接其後"明顯舌尖化的來母"一句,應該也是有意義的。關於這部分內容,也請參照拙作《來母再説》,尤其是 58—61 頁的討論(本項爲 1970 年 7 月 6 日補)。

[26] Whitney 從梵語 k 後接的 s 其實是 ṣ 這一 Euphonic influence 出發,推測 k 的發音應該是"舌頭充分伸向口腔深處"(The tongue was well drawn back in the mouth,參看 *Grammar*,15 頁);我在此説法完全相反的原因是,舌尖性發音——即使不是梵語 ṣ 所歸入的 Mūrdhanya——的舌形,看起來與漢語輔音 k 等拼前化混合元音(後高元音)時的舌形類似。輔音 k 等後來被舌面前塞擦音 tɕ 一類取代,這樣想的話就通了。

[27] 白滌洲:《關中方言調查報告》,北京,1954 年。

[28] 如果在此進一步討論輕唇音聲母的"成立",例如在重唇音聲母後接某種二合元音時,隨着下顎的後縮,下唇與上齒冠接觸,即產生導致輕唇音的傾向。但該假設並

不成立:實際上,從解剖學上的構造來説,下顎恐怕連一毫米都無法由正常咬合位置向後縮。至少不能用該方式説明輕唇音聲母現在的形態,或者説問題多數是"下唇與上齒冠接觸"時嘴唇方面的。我更無法認同"生出"它的元音具有特殊連續性這一觀點。我在舊稿中如是表明了我的立場:我不得不認爲用這樣的方法探求輕唇音聲母的起源,是徒勞的。據我所信,輕唇音聲母的發音方法,是重唇音聲母最初與某種元音相拼時發生的雙唇不完全阻塞,以及模仿後隨之産生的獨特"声像";它僅作爲一種可能的方法,而該聲母的下唇位置作爲"附屬物"並沒有直接將上述事實結合起來,且沒有保留其原先形態。我認爲以這樣的思路較易説明:現代漢語各方言中,有許多並非出自重唇音的輕唇音聲母;反過來,重唇音與此類元音相接的所有可能性,任何時候都應該作爲不規則發音方式的一種而存在。此外,對於重唇音聲母來説,具有雙唇不完全阻塞的傾向的,實際上是廣義上的雙唇突出(Protrusion)或者圓唇(Rounding),例如不能後接像 i 這樣的前高元音;我的意見是,今音輕唇音字常常和以圓唇元音作主元音的今音非輕唇音字共用聲符(例如甫和補),這也與之有關聯。不過必須明白,雙唇不完全阻塞雖然在漢語中"發生"也不爲過,但這不能説是"非黑即白"的絕對條件。

[29] 氏著《國語音韻史的研究》(增補新版),東京,1957 年,327—357 頁。

[30] 拙文《對等韻圖三等的一個想法》,《中國語音韻史の研究》,67 頁。

[31] 參看 Études,278 頁;漢譯本,182 頁。

[32] 羅常培等:《普通語音學綱要》,90 頁。

[33] "ts、ts‘、s 是帶有舌面色彩的舌尖音,發音時舌尖抵住下齒背,舌面前部向齒齦-硬顎前部稍稍隆起"(陳慧英等:《廣州音和北京音的比較》,《方言與普通話叢刊》第一本,上海,1958 年,8 頁)。

[34] 參看前引羅常培《顎音五母》一文。

[35] 金鵬:《藏語拉薩日喀則昌都話的比較研究》,北京,1958 年。

朝鮮漢字音和中古漢語顎化韻尾[*]

橋本萬太郎 撰

黄　河 譯　鄭　偉 校

一、引　言

1.1　關於背景

朝鮮漢字音對於漢語歷史音韻研究十分重要,自馬伯樂(H. Maspéro)、高本漢(B. Karlgren)開始就引起了學界的重視。高本漢所謂 Ancient Chinese[1],以及他在構擬這些字音的音值時多處參考了朝鮮漢字音[2]。隨後 20 世紀 30—40 年代,之前學者遺漏的"重紐"問題得到解決,未料受到了東西方學者的集中關注。已故有坂秀世博士等前輩學者主要依據從朝鮮漢字音(及越南漢字音)發現的證據,針對這個問題提出耳目一新的解釋,朝鮮漢字音研究突然引起了學界關注,戰前有河野六郎博士,戰後[3]有敦林格博士(P. B. Denlinger)[4]、理查博士(G. K. Richard)等相關學者。

但是這個時代,利用朝鮮漢字音研究的語言學者大都對朝鮮語缺乏專門的知識,又急於利用漢字音來研究漢語音韻,現在來看,這樣的研究存在以下兩大缺點:

其一,正如河野六郎博士的近著《朝鮮漢字音的研究》中隨處指出或暗示的那樣,很多人就按照朝鮮諺文注音的字面來處理,但漢字音在借入朝鮮

---

[*]　本文譯自《橋本萬太郎著作集(第三卷)·音韻》"中古音"部分,《朝鮮漢字音と中古中國語高口蓋韻尾》,東京:内山書店,2000 年,97—117 頁。譯文將原文位於行間的引文一律改爲文末尾注,注文中日本出版的論著譯爲中文。

癸丑年(1973 年)秋冬,我在七學會聯合資助下訪問鄰邦(韓國),本稿的主要内容於同年 12 月 20 日在首爾舉行的國語學會上發表。爲此對給予各種關照的李崇甯博士,姜信沆、安秉愷二位教授致以誠摯的感謝。在此陳述的陋見雖是之前筆者就持有的看法,但是我能有這個機會以這種形式完成論文,要感謝李基文教授的工作,以及和畏友俞昌均博士的討論,雖然是一篇拙陋小文,也請讓我以此感謝兩位教授的友情,筆者爲此榮喜之至。

語的時候,用來注音的朝鮮諺文實際是如何發音的,對此没有關注並缺乏系統的考察。朝鮮的優秀學者,或可能成爲優秀學者的大部分知識分子失去了學術研究的自由和地位,而朝鮮語史研究又局限於少數外國研究者,在這樣的背景下,這樣的研究狀況確實是迫不得已。

其二,朝鮮漢字音資料的文獻學研究尚未成熟,最嚴重的是從近代普通辭書中挑揀漢語,然後將其發音直接運用到中古漢語音系的研究中去。當時,母語爲朝鮮語的文獻學家很少參與這方面研究,這是没有辦法的事。但是聽説直到最近還有少數研究在進行這樣的操作,真的十分遺憾。

不過,解放後的朝鮮,隨着朝鮮語史研究飛躍地發展,通過李崇甯博士,許雄、金芳漢、李基文、金完鎮幾位教授的貢獻,中古朝鮮語音韻體系變得明瞭起來。在俞昌均博士等人的努力下,新羅語的音系輪廓一定程度上更加明確了。李朝時代的朝鮮擁有輝煌的漢語研究,擁有可以稱耀於世界的豐富的漢字音資料,專門從事以上領域的有俞昌均、南廣佑、李東林幾位博士,加上對漢語語言學有精深研究的姜信沆、鄭然粲、朴炳采、文璿奎等幾位教授,隨着這些嚴謹的學者競相輩出,我覺得迎來了漢語歷史研究的新高度。給出的漢字音是什麼時代記録的,這個時代給出的諺文或漢字在當時的朝鮮語音系中實際上是表示什麼樣的讀音,關於這些問題,以上這些漢語音韻學研究者中,凡是利用朝鮮漢字音資料的學者都有明確的背景知識。爲什麼期待朝鮮語專家和漢語研究者進一步的合作,就是這個原因。

1.2 關於方法

高本漢博士奠定了基礎的漢語歷史音韻學方法,如果用一句概括這種方法:一方面,通過如《廣韻》這樣傳統作詩用的韻書和《切韻指掌圖》這樣的等韻學韻圖[5],來確立中古音系的“類”,例如聲類和韻類;另一方面,將和這些“類”相關的現代方言、朝鮮漢字音、日本漢字音、越南漢字音等相關語言的字音羅列在一個平面上,基於這些字音變異來構擬祖語。但是在一個個判斷字音變異的時候[6],並非對漢語歷史變遷完全缺乏觀照,但是這種觀照不少都嚴格地定式化了。其後趙元任博士、李方桂博士、已故羅常培教授等中國學者參與研究,40 年代受到這些學者直接間接的影響而成長的第二代學者如陸志韋、已故董同龢、周法高、周祖謨諸位教授,在資料的處理上與前代相比更爲精密,研究範圍顯著擴大。高本漢博士確立的古音研究法没有發生根本的改變。戰後,馬丁博士(S.E.Martin)、周法高教授等前輩,從共時的觀點出發,嘗試對高本漢博士精心構擬的中古漢語音系進行音位學意義上的解釋。趙元任博士的"Distinctions within Ancient Chinese"一文嘗試將萌芽期的共時分析體系進行徹底地均衡調整。原樣接受高本漢博士的構擬[7]或對其進行若干修改[8]，並加上音位學意義的解釋。這些都僅僅是將高本漢博士優秀的語音構擬轉寫爲更加抽象的音位符號而已，並非回歸每個擬音的基礎材料，去系統性地重新構擬《切韻》《廣韻》的反切所反映的音系。因爲作爲老前輩的高本漢博士到了 1954 年仍然能夠在 Bulletin of the Museum of Far Eastern Antiquities 這樣的專業雜誌上發表 Compendium of phonetics in Ancient and Archaic Chinese 這樣頗爲陳舊的論文[9]，而且其後十幾年還有人在將其翻譯爲漢語[10]。

戰後 20 年[11]，北美出現了漢語歷史音韻研究的新動向。50 年代末開始，這一代學者意識到要在理性主義反思中發展學問[12]，他們的研究是與行爲主義音韻研究相對的。一方面是因爲漢語現代方言共時描寫的進步，另一方面是因爲照原樣接受了上個世紀[13]已經體系化的比較語言學，這些學者嘗試先對現代方言進行比較研究，重構主要方言群的祖語，然後比較各個方言的祖語進一步重構漢語祖語。這裏説的"照原樣"是比較同系語言確立語音對音關係，進一步重建祖語這樣的方法，這是上個世紀以來發展起來的歷史比較法所宣導的。可是從現代語言開始構建各語支的祖語，然後據此構建整體的祖語，從現代語言開始一步步再建，這種理想操作程序是很不現實的，從來就沒有在任何語系上系統地嘗試過[14]。運用比較法最爲成功的印歐語系，我也没聽説過有哪個迂腐的學者完全是從現代英語、法語等開始比較的。運用現代語言重構重音（Accent）的操作充其量只是參考了立陶宛語。因此，對於漢語歷史音韻研究，我們需要認真反省上述理想化的比較法操作具有多少現實意義。事實上，自 60 年代末開始，一系列學者作出了嘗試，貝樂德（W.L.Ballard）博士構建原始吳語、原始湘語，麥科依（J. McCoy）、余靄芹博士構建原始粵語，筆者構擬原始客家話，羅傑瑞（J.L. Norman）博士構擬原始閩語，從這些研究成果[15]來看基本不超出《切韻》所反映的中古音系的框架。最初就有少數前輩不看好這個嘗試，這一結果確實招來了這些前輩的冷笑。但是，貝樂德博士指出了共時音系的音位處理和從比較法析出的音韻對立之間的差異[16]，余靄芹博士討論了粵語祖語的類型特點，筆者提出了梗攝"跨方言系統"（diasystem）[17]，尤其是羅傑瑞博士爲閩語祖語構擬了四套對立的輔音，以及給閩語做下位分群[18]。這個領域嚴肅的研究，都繞不開《切韻》體系的真實性或抽象性這個問題。從這個意義上講,我認爲哪怕以後再進行此類嘗試,也絕對不應該被潑冷水。

漢語歷史音韻研究的另一個新方向是拋棄了共時音系派生律和歷時語音變化律的對立,追求泛時音變律的嚴密的公式化,並關注音變律的作用次序。這反映了對現代音系理論的觀照,通過比較現代方言而確立的古代音類在不同的歷史材料中,是按照什麼次序,在什麼條件下,如何發生變化的。次序和條件是如何改變的,哪個類和哪個類合流了,一定不是反過來……對此類問題系統考察形成了新的方法,構擬開始以系統內重構爲核心。從這點來看,至今一直使用的歷史材料和現代方言材料中有待重新檢討和重新解釋的課題是很多的。過去説漢語研究已經"步入完成期"的人,其言不實。因爲采用這種方法的成果發表的還不多,本稿就從這個觀點出發,看看前輩們確立的中古音系需作如何改動,具體地説,中古音系爲什麼必須構擬兩種韻尾:顎化韻尾和非顎化韻尾,本人想特別就這個問題和朝鮮漢字音的相關性展開討論。

1.3 關於術語

這裏説的"硬顎音"指的是按照調音部位分類得到的四個重要的輔音類中的一類。從聲學角度來講,軟顎音具有鈍音性(gravity),與鋭音相區別;唇音、齒音具有散音性(diffuseness),與非散音相區別。

硬顎音和其他三類輔音類一樣,按照調音方法的不同分爲濁硬顎音、清硬顎音,硬顎塞音、硬顎擦音等各種變體。按照發音部位不同,又可以分爲帶有顎化色彩的舌面中音(Palatal)和帶有卷舌色彩的卷舌音(Retroflex)。從聲學特徵上講,形成尖鋭:非尖鋭(sharp vs. nonsharp),或平展:非平展(flat vs. nonflat)的對立。兩種變體在同一種語言中存在對立的情況不多見[19],國際語音協會的原則[20]在這個問題上不夠完善,如果非要遵循那樣的術語,兩種變體就不得不采用"顎化硬顎音"和"非顎化硬顎音"這種生硬的叫法。因此對國際語音學會的精神稍加斟酌,把這兩種變體的上位概念稱爲硬顎音,其他的遵循通用術語,分別稱爲舌面音和卷舌音。

漢語音節(記爲 S)通常由以下五個要素構成:

音節首輔音或聲母記爲 C;

介音記爲 M;

主元音或成音節元音記爲 V;

尾音或韻尾記爲 E;

聲調或音節音調記爲 T；

因此得到音節的運算式：

$$S=(C)(M)V(E)/T$$

現代漢語方言中存在僅僅由 C 和 T 構成音節的,在一些方言的音系中把這樣的音節解釋爲 CM/T、CE/T 似乎更加合理[21]。中古漢語的話,上述運算式括弧中的要素是可以不出現的,没有加括弧的要素是必須出現的。傳統音韻學在 C 和 M 之間二分,前半部分爲聲母,後半部分爲韻母[22]。

擬音所使用的符號基本上是國際音標,ɑ：a：ʌ：ɛ 這四個字母偏離了國際語音協會的方針,如表 1 所示,ɛ 和 a 爲鋭音(acute),ʌ 和 ɑ 爲鈍音(gravity);ɛ 和 ʌ 爲鬆音(lax),而 ɑ 和 a 爲緊音(tense)。

表1

	鋭 音	鈍 音
鬆音	ɛ	ʌ
緊音	a	ɑ

二、舌面韻尾的構擬

2.1 十六攝和朝鮮漢字音

中國傳統音韻學的十六攝,如果直接拿來框定中古音系存在不合理的地方。對"攝"這個概念進行音系性質的再分類也是本文内容的一部分,暫且先以傳統分類進行討論。因爲假攝[23]和果攝、江攝和宕攝都是互補分佈可以合併的,十六攝減去兩攝得到十四攝。

中古朝鮮漢字音如果采用十四攝的框架來看,可以發現很多有意思的現象。衆所周知,朝鮮漢字音不能反映等韻學中的一等韻和二等韻的差異。這裏主要舉出相當於二等韻的漢字音用例[24]。朝鮮漢字音可以系統地反映重紐的差别,十四攝中不少韻不出現四等韻或重紐四等韻,所以主要挑選與三等韻相當的漢字音以舉例,如表 2[25]。

表 2

内外＼攝	果	蟹	効	咸	山	宕	梗
外	家 ka	解 kɐi	敲 ko	監 kam	姦 kan	江 kaŋ	羹 kɐiŋ
	茄 ka	𤟭 kjəi	嬌 kjo	檢 kəm	蹇 kən	薑 kaŋ	京 kjəŋ

内外＼攝	遇	止	流	深	臻	曾	通
内	孤 ko	/	鉤 ku	/	懇 kɐn	恒 kɐŋ	公 koŋ
	句 ku	奇 kɯi	九 ku	金 kɯm	僅 kɯn	兢 kɯŋ	弓 kuŋ

表 2 中，屬於外轉的攝中首先注意到的是：一、二等的主元音通常是 a[26]，只有蟹攝和梗攝是用 ɐ 表示。但是後者在朝鮮漢字音中不足以單列一類，檢視一下外轉諸攝就立刻明白一條規律：給出的音節中含有元音 i，就不出現 a，而出現 ɐ。不過，宕曾梗通等攝的韻尾構擬了軟顎音 *-ŋ/-k，把四個攝音系上的對立歸爲主元音的差別是高本漢以來的傳統[27]。我們考慮到這種傳統，重新來檢討一番。朝鮮漢字音的轉譯方式富有啓發性。蟹攝的韻尾毫無疑問是 *-i，那麼梗攝的韻尾與之是否有什麼語音學、音系學上的共通性質。帶着這個疑問，我們反過來再一次檢視漢語音韻材料，發現了各種各樣的、支撐這個推測的内在證據[28]。

2.2 顎化的同化和異化

檢視一下現代漢語的音節結構，馬上就可以發現以下事實。等韻學中所謂的牙喉音聲母條件下的二等韻在其他攝發生系統的顎化：

漢 字	中 古 漢 語	現 代 漢 語
家	*ka	chia/gia/［tʃia］
教	*kau	chiao/giau/［tʃiau］
姦	*kan	chien/gian/［tʃiɛn］
江	*kaŋ	chiang/giaŋ/［tʃiaŋ］

只有蟹攝、梗攝二等韻構成例外，出現很多不發生顎化的現象：

漢　字	中　古　漢　語	現　代　漢　語
楷	*kʻɛi	kʻai/kai/〔kʻai〕
耿	*kɛɲ	kêng/gəŋ/〔kəŋ〕

　　這是因爲蟹攝、梗攝都帶有顎化的韻尾[29]，在韻尾的異化作用阻礙了聲母的顎化。即便顎化一度發生，其*i介音也很早就消失了。介音和韻尾之間的異化作用導致某種語音組合上的不規則，這種現象在現代方言中廣泛存在[30]。

　　接下來注意到的是現代漢語幾乎保存了中古漢語的軟顎鼻音韻尾，只有梗攝字多見讀-n尾的。例如曾攝的情況：

漢　字	中　古　漢　語	現　代　漢　語
藤	*dʌŋ	tʻêng/təŋ/〔tʻəŋ〕
冰	*piɛŋ	ping/biəŋ/〔piŋ〕

　　大部分是軟顎鼻音韻尾，若干字讀-n，這是因爲北方方言經歷了梗攝舒聲字與曾攝全面的合流[31]。梗攝的例字如：

漢　字	中　古　漢　語	現　代　漢　語
橙[x]	*ḍʐɲ	chʻên/čən/〔tʂʻən〕
皿	*miaɲ	min/miən/〔min〕
勁	*kiɛɲ	chin/giən/〔tʃin〕
馨	*xeɲ	hsin/hiən/〔ʃin〕

　　其帶-n韻尾的字不乏很多基本詞彙。曾攝韻尾是*-ŋ，而中古漢語梗攝韻尾爲*-ɲ，與前者對應的現代漢語大部分讀-ŋ，與之相反，和後者對應的大多讀-n。其他條件相同的情況下，比起*ŋ>n這樣的音變，*ɲ>n發生的可能性要高得多。中古朝鮮漢字音"kɐiŋ"出現i和ŋ這樣的轉譯。沒有舌面中的鼻音韻尾，中古朝鮮語在轉寫ɲ時也是煞費苦心。

[x]　【譯者注】《語言自邇集》中"橙"字有前鼻音韻尾的讀音。

以上都是從舒聲韻的現代漢語讀音來看。入聲韻也存在支持構擬顎化韻尾的内部證據[32]。中古漢語的-k韻尾在現代漢語白讀層裏讀-u韻尾：

漢　字	中　古　漢　語	現　代　漢　語
薄	*bɑk	pao/bau/［pau］
鵲	*ts'iɑk	ch'iao/ciau/［tʃ'iau］
角	*kak	chiao/giau/［tʃiau］
六	*liuk	liu/liəu/［liou］
熟	*ʃiuk	shou/šəu/［ʂou］

梗攝字系統性地讀-i韻尾：

漢　字	中　古　漢　語	現　代　漢　語
百	*pac	pai/bai/［pai］
摘	*ʈac	chai/žai/［tʂai］
獲	*ɣuɛc	huai/huai/［xuai］

這裏如果采取高本漢先生的説法,將梗攝入聲韻尾構擬爲-k的話,就很難解釋/u/：/i/的對立。

可是比上述現象更加有力的證據是梗攝三等韻在現代漢語存在不帶 i 介音的非顎化變體[33]。

漢　字	中　古　漢　語	現　代　漢　語
頸	*kiaɲ	ching/giəŋ/［tʃiŋ］ kêng/gəŋ/［kəŋ］
傾	*k'üɛɲ	ch'ing/kiəŋ/［tʃ'iŋ］ k'êng/kəŋ/［k'əŋ］

總之,産生這樣的非顎化變體是因爲介音 *i 或 *ü 和韻尾 *ɲ 之間的異化作用。只要梗攝韻尾還是構擬爲 *ŋ,不管如何在構擬主元音上費心思,都無法合理解釋這種變體的産生。

2.3　梗攝韻的構擬

基於以上内部證據,我們給梗攝諸韻構擬一套舌面中的韻尾。梗攝包含中古庚、耕、清、青四韻,如果這是《切韻》基礎方言系統的區別,就其上古來源而言,庚、青相當於外轉,耕、清相當於内轉。因此,我們將梗攝諸韻構擬爲表3。爲了便於對照,將高本漢擬音在括弧中注出[34]:

表 3

轉	韻	等	開　　口		合　　口	
外	庚	Ⅱ	aɲ/c	(ɐŋ/k)	uaɲ/c	(wɐŋ/k)
		Ⅲ	iaɲ/c	(iɐŋ/k)	üaɲ/c	(iwɐŋ/k)
	青	Ⅳ	eɲ/c	(ieŋ/k)	ueɲ/c	(iwɐŋ/k)
轉	韻	等	開　　口		合　　口	
内	耕	Ⅱ	ɛɲ/c	(æŋ/k)	uɛɲ/c	(wæŋ/k)
	清	Ⅲ	iɛɲ/c	(iɐŋ/k)	üɛɲ/c	(iwɐŋ/k)

其他韻尾的中古韻相對更好地保持了内外轉的對立,只有梗攝[35]的内外轉較早地合爲一攝,此處無暇詳述[36],我認爲這是主元音、介音在顎化韻尾的影響下發生音變引起的。

2.4　朝鮮漢字音的相關現象

和中古漢音顎化韻尾相關的中古朝鮮漢字音,還有一個有意思的現象見於龍飛禦天歌的漢字音。

衆所周知,龍飛禦天歌嚴整地保存了中古朝鮮語的元音和諧,其第二十二章:

黑龍 ʔihɐnsalaicukə　　　　白龍 ʔɐlsalʔanaisini

子孫之慶 ʔɐl　　　　　　　神物 ʔisɛlfɛni

其中助詞"慶 ʔɐl"的使用法構成例外。"慶"只要是讀 kjəŋ,就不得不承認"ʔɐl"的主元音 a 是例外。然而,"慶"在此讀 kaŋ 的話,"ʔɐl"就不再是例外。同樣的情況見於第一〇五章出現在"王"之後的"ʔɯl":

cəinimkɯmʔaninicə nai　　　　命 ʔɯlkəsɯzɛfaŋl

不忘公義 hɐsja　　　　　　　嗣王 ʔɯlʔalʔoisini

朝鮮傳統字書只有在表示"福"這個意思時才會把"慶"讀爲 kaŋ[37]。"慶"的中古音按照我們的構擬當爲*kiaŋ,kaŋ 這個讀音可以看作是*kiaŋ的介音 i 和顎化韻尾 ɲ 異化音變的結果,這並不是什麼不可思議之事。

以上解決了韻尾問題,而"ɐ"在中古朝鮮語中表示什麼樣的音,這和漢語中古音的構擬密切關聯,有很多問題必須多加考慮。僅就漢語的内部證據來看,其他韻的主元音是 a 時,只有帶有顎化韻尾的主元音才會是 ɐ,ɐ 是 a 的變體。又如後文所述現代漢語伴隨介音*i 的内轉元音在卷舌輔音的作用下失去介音的情況,因爲存在系統性地演變爲外轉元音的現象,如果 a 是緊音的話,ɐ 則是它對應的鬆音變體。就目前所知,前者與朝鮮語史的各種證據不相吻合。後者的話,蟹攝如果帶緊音元音,止攝就帶對應的鬆音變體。梗攝中的庚青韻含有緊音元音的話,就不得不認爲耕清韻帶有對應的鬆音元音。這違反了中古音内部的結構原理。迫切需要朝鮮語語言學者的指教。

三、卷舌韻尾的構擬

3.1 朝鮮語元音大轉移

最近二十年,朝鮮語研究最光輝的成果之一便是發現了諺文字面上無法體現的朝鮮語元音大轉移,明確這一體系性的發現要歸功於金芳漢、李基文、金完鎮等諸位解放後培養起來的中堅學者,可以説是東亞語言學史上的一件大事。其影響不止存在於朝鮮語言學界,不久便很大程度上推動了周邊語言的研究。對每個元音的推移過程、現象的解釋,還有系統處理的細節,這些方面肯定有人持不同觀點。元音轉移在均質的語言系統中究竟能否發生,還是僅僅是不同時代的權威方言交替造成的。關於這樣的歷史背景,存在持有不同觀點的人。不僅是諺文輔音字母,包括元音字母,現在的讀音和 500 年以前存在相當的語音差別,這一點應該没人會反對。如果漢語研究的領域想要援引今後的朝鮮漢字音研究,必須時刻把元音轉移放在心上,不然就會貽笑大方。但是,朝鮮語史研究和漢語音韻學是密切關聯的,前者的成果不應該單方面成爲後者的行文材料,這絕不是一條單行道那麼簡單。舉一個通攝字音問題的例子,必須稍微繞點遠路,這也與本文第二個議題——中古漢語卷舌韻尾的構擬,是關聯的。

作爲朝鮮語元音大轉移的一環,首先來介紹一下諺文的 o 和 u 的語音

演變。李基文教授利用古代朝鮮語借用的蒙古語的材料證明了如下
變化[38]：

古　　代		現　　代
"o"[*u]	>	"o"[o]
"u"[*ü]	>	"u"[u]

這個假設確實很有啓發性，例如朝鮮語和日語之間的對應關係：

詞　語	朝　鮮　語	日　語
熊	kom(<koma?)	kuma
美	kop/f	kup/fa(si)
串	koc	kusi
倉	kor	kura

考慮到這個變化，問題也就釋然了[39]。李基文教授近年來利用八思巴
字對音進一步來看中世朝鮮語漢字音和同時代的北方漢語通攝字音之間的
差異，通過這個材料確證了 *u>o， *ü>u 元音推移[40]：

漢　字	等　位	朝鮮漢字音	中古漢語音
公	I／II	koŋ	kuŋ
窮	III／IV	kuŋ	gjuŋ

高本漢直接采用諺文字面上的轉寫，然後按照它們的現代讀音作爲中
古音構擬的一個材料。李基文的研究和過去高本漢的做法相比，是劃時代
的進步。

不過，將元音轉移和朝鮮漢字音通攝字的語音演變聯繫起來的嘗試，從
漢語語言學的立場來看可謂困難重重。例如朝鮮漢字音通攝字音的轉寫使
用的 o 和 u 如果表示的是 *u 和 *ü 的讀音，那麼遇攝也是一樣，既然轉寫爲
o 和 u，那麼古代朝鮮人借用的漢字音的遇攝元音的一二等就是 *u，三四等
就是 *ü[41]：

漢字	等位	朝鮮漢字音
古	I／II	ko
句	III／IV	ku

　　衆所周知,音變是規則的,同樣的 o 和 u 在通攝是發生過這種變化的,在遇攝也應當發生了這種變化。可是中古漢語遇攝一等元音是 *o,三等元音是 *io,然後演變爲現代音[u]和[ü][42]。這樣就不得不説遇攝發生了回頭音變,這是不可能的,試舉一例:

漢 字	等 位	漢 音	現 代 漢 語 音
古	I／II	ko	ku/gu/[ku]
句	III／IV	ku	chü/gü/[tʃü]

　　但是關於上述朝鮮漢字音通攝元音演變的假説,最致命的反證是效攝和梗攝的元音,兩攝的一二等字的朝鮮漢字音轉寫如下:

漢 字	等 位	朝 鮮 漢 字 音
高	I	ko
宏	II	koŋ

　　按照李基文教授的説法,那麼朝鮮漢字音的實際讀音就必須是 *ku、*kuŋ,但是如果成立,那麼這是一個不可思議的音變:

漢 字	中古漢語	山西方言	現 代 漢 語
高	*kɑu	kɔ	kau/gau/[kau]
宏	*ɣuɛɲ	xuŋ	xung/huəŋ/[ɣuŋ]

就算存在 *ɑu>o>u, *uɛɲ>uɛŋ>oŋ>uŋ 這樣的音變, *ɑu 、*uɛ 在古漢語中幾乎不可能爲 *u。

　　我們認爲解決通攝字的朝鮮漢字音和中古漢語字音之差的關鍵不在朝

鮮語那邊,而是在漢語這邊。並且迄今爲止,漢語學者未能對此給出合理解釋的原因在於通攝構擬有誤。我認爲爲了正確地構擬,必須重新討論漢字音體系的内部證據,再檢討的線索是下文即將討論的朝鮮漢字音的唇音的異化作用。

3.2　唇音的同化和異化

對於熟悉現代漢語方言的人來講,朝鮮漢字音聽起來最顯著的特徵之一是中古漢語魚韻的元音用 ə 來表示:

居 kə,豬 cjə,諸 cjə

現代漢語方言雖然很多,但是在魚韻上如此存古[43]的方言極少。可是只有中古漢語卷舌聲母的魚韻字,其朝鮮漢字音的主元音用 o 來表示:

阻 co,助 co ,初 c'o

因爲並没有朝鮮漢字音的卷舌音和其他的齒音[44]區別的證據[45],不得不把 ə 和 o 的對立看作是反映古代漢語本來的元音差異。同樣是魚韻字,爲什麼存在這樣的元音差異? 這是卷舌聲母帶來的圓唇化[46],本來主元音應該是 ə 的魚韻,在卷舌聲母的條件下,主元音發生唇音化變爲 o。

由卷舌音或其他唇音帶來的圓唇化在漢語音韻史上屢見不鮮。現代漢語宕攝[47]開口[48]存在發生圓唇化的例外。宕攝開口字的現代漢語的一般讀音如下,没有發生圓唇化[49]:

漢　字	中　古	現　代	西　安	蘇　州	貴　縣
張	*ȶiɑŋ	tʂaŋ	tʂaŋ	tsaŋ	tʃiɐŋ
章	*tʃiɑŋ	tʂaŋ	tʂaŋ	tsaŋ	tʃiɐŋ

但是中古漢語卷舌聲母條件下的開口字却發生了圓唇化:

漢　字	中　古	現　代	西　安	蘇　州	貴　縣
莊	*tʂiɑŋ	tʂuaŋ	pfaŋ	tsɒŋ	tʃ'œŋ
椿	*ȶaŋ	tʂuaŋ	pfaŋ	tsɒŋ	tʃɔŋ
窓	*tʂ'aŋ	tʂ'uaŋ	pf'aŋ	ts'ɒŋ	tʃ'œŋ

其介音與合口字相同,且具有音值相近的主元音:

漢　字	中　古	現　代	西　安	蘇　州	貴　縣
狂	*güaŋ	kʻuaŋ	kʻuaŋ	guɒŋ	kʻwœŋ
王	*ɣüaŋ	waŋ	waŋ	ɦuɒŋ	vœŋ

這種發生在開口字上的圓唇化見於現代漢語的[tʂ]、貴縣方言[ʧ]之後,不能把它們看作來自中古漢語的*ʧ、*ȶ,只能看作來自*tʂ、*ȶ。這明顯是由中古漢語的卷舌聲母帶來的圓唇化。

　　受卷舌聲音限制的另一個有趣的變化是,現代語言中,與等韻學所謂"內外轉"相對應的音類發生了合併。等韻學上所謂的"內外"到底是漢語史的哪個時期,基於何種語音、音韻特徵確立的,尚有諸多不明之處。因此不同學者有不同看法,其中不乏滑稽之論。內外轉之別在現代漢語中的一個表現是/a/、/ə/兩個元音。現代漢語含有/a/的大部分字都來自等韻學上的外轉,/ə/或者其他的主元音/i/、/u/、/ü/的字來自內轉,這是誰都不會懷疑的事實。而且,/a/和/ə/的對立,現代漢語的音節中幾乎等分爲兩類,形成現代漢語最基本的音韻對立。儘管如此,來源於內轉韻類,其現代漢語的語音形式卻同於外轉一類的字不在少數。尋找一下這樣的例外變化的條件,就明確地發現這個變化只在中古漢語卷舌輔音音節的條件下發生。例如止攝[50]字"施"shih/ʂ/[ʂɿ] (<*ʃiɐi)的主元音是像[ɨ]、[i]這樣的高元音。與之對應的外轉蟹攝"寨" chai/ʐai/[tʂai](<*dʐɑi)是帶有低元音[ai]這樣的音節,兩者截然不同。中古漢語卷舌輔音字"篩"shai/ʂai/[ʂai]<*ʂiɐi 儘管是止攝字,但是其現代語音形式明顯是屬於外轉那一類。同樣的例子也存在於其他攝中,以下用簡易圖表示:

內外 攝	內　　轉		外　　轉	內外 攝
	非卷舌輔音	卷舌輔音		
遇 止	鼠 shu/šu/	所 so/suə/	左 tso/zuə/	果
	吹 chʻui/čuəi/	揣 chʻuai/čuai/	快 kʻuai/kuai/	蟹
	誰 shui/šuəi/	衰 shuai/šuai/		
		摔 shuai/šuai/		
		帥 shuai/šuai/		

續　表

内外 攝	内　轉		外　轉	内外 攝
	非卷舌輔音	卷舌輔音		
深 臻	針 chên /žən/	簪 tsan /zan/	占 chan /žan/	咸
	術 shu /šu/	率 shuai /šuai/	刷 shua /šua/	山
		蟀 shuai /šuai/		
曾	塞 sei /səi/	色 shai /šai/	勺 shao /šau/	宕

以上就是卷舌輔音和内外轉合流相關的部分,這裏面一定有什麼原因,不過問題似乎也就到此爲止,似乎没有其他能夠引起研究者注意的地方。可是我們把剛才作爲問題提出的卷舌輔音的唇音化影響記在心頭,去考慮一下内外轉的七組韻發生合流的問題,以上事實突然變得意義重大起來。七組内外轉的攝裏面,含有 -0(無韻尾),-n/-t,-ŋ/-k 這樣不發生圓唇化或没有唇音語音特徵的韻尾的攝,如果考察一下内外轉的對立,僅舉一等韻爲例:

韻　尾	外　轉	内　轉
-0	歌 *ɑ	模 *o
-n/-t	寒 *ɑn/t	痕 *ʌn/t
-ŋ/-k	唐 *ɑŋ/k	登 *ʌŋ/k

内外轉韻之間呈現整齊的對兒[51],-u、-m/-p 這樣的唇音韻尾的攝不存在内轉[52]:

韻　尾	外　轉	内　轉
-u	豪 *ɑu	/
-m/-p	談 *ɑm 覃 *ʌm	/

再如咸攝,内轉很早就跟外轉合流了,形成了所謂的外轉一等重韻。我認爲發生圓唇化或者帶有唇音語音特徵的韻尾促進了内外轉的合

流[53]。那麼爲什麼促進且如何促進了這個合流呢？雖然這個演變的具體的機制不太清楚,我認爲與效攝形成對兒的内轉一等韻並非不存在。而在中古音韻目成立之前,之後構成中古内轉一等韻的字和外轉一等豪韻合流了[54]。

此時讓我一下子想到的是二等韻。正如傳統等韻學的門法所述,按照等韻學者的理解,内轉之所以爲内轉的一個原因是沒有獨立的二等韻[55]。爲什麼内轉沒有獨立的二等韻,迄今爲止似乎並沒有太多的關注,我們能夠對這個問題提供一個解答。内轉各攝曾經一定存在獨立的二等韻,帶有卷舌輔音或卷舌介音的二等韻,因爲其輔音或介音引發了唇音化,使得形成内轉二等對兒的韻很早就合流了。"二等重韻"[56]便是其結果。沒有二等重韻的果攝[57]、效攝,調查一下它們二等韻的上古來源便一清二楚了。只有對上古音系和中古的對應關係有豐富知識的人,一看表4的諧聲符的使用情況,便立刻明白期間發生的演變了。

表4

$$麻韻(外轉二等):\begin{cases} ``沙"～``娑": & 歌韻(果攝,外轉) \\ ``粗"～``租": & 模韻(遇攝,内轉) \end{cases}$$

$$肴韻(外轉二等):\begin{cases} ``敲"～``高": & 豪韻(效攝,外轉) \\ ``坳"～``幼": & 幽韻(流攝,内轉) \end{cases}$$

麻韻、肴韻這樣沒有二等重韻的各攝的二等韻明顯有兩種不同的來源[58]。毫無疑問是支持我的上述推測的。

以上述事實爲基礎,一方面我們就可以在下節分析通攝的各種音韻現象,另一方面也能對第三節開頭談及的朝鮮漢字音和中古音的通攝字音差異給出合理解釋。

3.3 通攝的構擬

我們要給通攝構擬一套卷舌韻尾,並對上面提出的問題給出解答。

通攝各韻就像梗攝的情況一樣,存在外轉和内轉的不同。從上古來源來看,可以得到如下結論。即便不考慮上古漢語給我們的信息,咸攝談覃所謂一等重韻反映了屬於内轉的韻(覃韻)在早期向屬於外轉的韻(談韻)合流[59],同樣存在一等重韻的通攝的東冬韻也是類似的情況,這是新手都可以想象得到的。通攝的東 1、東 3、冬、鍾四韻中,中古時期東 1 和東 3 構成一組,冬和鍾構成一組。前者爲內轉,後者[60]爲外轉。前者三等韻主元音主要是 u[61],後者三等韻的朝鮮漢字音的主元音爲 o[62]。衆所周知,這是顯示兩組差異的極少的珍貴材料。因此,我們把中古通攝四韻的語音形式構擬爲表 5[63]:

表 5

轉	韻	等	開　口		合　口
外	冬	I	ɑŋ/ţ	(uoŋ/k)	/
	鍾	Ⅲ	iɑŋ/ţ	(iᵂoŋ/k)	/
轉	韻	等	開　口		合　口
內	東	I	ʌŋ/ţ	(uŋ/k)	/
		Ⅲ	iʌŋ/ţ	(iuŋ/k)	/

梗攝的情況也是如此,作爲參考,在括弧裏注上高本漢博士的擬音。

中古音有兩類舌音,即舌頭音(*t、*tʰ、*d、*n)和舌上音(*ţ、*ţʰ、*ḍ、*ɳ)。

指出其中只有鼻音[64]找不到最小對比對(minimal pair)的是趙元任博士,聲調相同的字找不到一四等的 *n 和二三等的 *ɳ 對立。這並非說中古音不存在[n]和[ɳ]這樣不同的輔音。既然存在卷舌鼻輔音[65],出現卷舌鼻韻尾也沒什麼不可思議。通攝主元音在卷舌韻尾的影響下很早就變爲圓唇元音,同時促進了屬於內轉那一組向外轉那一組合流。不太清楚現代漢語方言中是否存在區別二者的方言。通攝沒有合口韻,和效攝、流攝沒有合口韻應該是同一個原因[66]。

漢字音傳入古代朝鮮的時候,卷舌韻尾已經開始使通攝主元音圓唇化,但是沒有達到使通攝主元音變爲[u]的程度。現代漢語中,記録爲[uən]的韻母[uᵊn]帶有明顯的圓唇元音,與之相對,北京話通攝主元音也沒有像[u]那麼強的圓唇,共時音系上可以解釋爲/uəŋ/的韻母[ʊŋ]的圓唇化,音值比較接近[o]。拼音方案把前者記爲 un,後者記爲 ong 就是這個緣故[67]。總之,傳入朝鮮的漢字音的通攝主元音最早就是[o]或與之相近的音值。即使朝鮮語發生了 *u>[o]的音變,這個音變要比這個漢字音被諺文轉寫更早。這樣,第三節開頭指出的李基文教授所提出的假設的難點,至少就漢字音層面,得以冰消水解。

我們的構擬不僅僅是爲了朝鮮漢字音的問題,和通攝相關的其他歷時、共時性質的材料所反映的疑問也得以解決。

例如永禄本《韻鏡》,通攝爲"開"(東韻)和"開・合"(冬鍾韻),若接受高本漢博士的構擬[68],這是多麼奇怪的事,最奇怪的是高本漢博士不相信《韻鏡》。東鍾韻的轉圖規定爲"開・合"即便可以接受,東韻轉圖認爲是"開",這是無論如何也不能接受的。就這點來説,我們的構擬的好處已經無須贅言了。通攝開合本來沒有對立的理由,如前面所述。但是東鍾韻爲"開・合",我不是很理解。或許《韻鏡》編纂之時(唐末宋初),只有"封""峯""逢"這樣唇音聲母字,主元音的圓唇化很早就開始了,其他字主元音還是[ɔ]、[o],可能僅是唇音聲母字是 *fuŋ、*vuŋ 這樣的讀音。不過如果確實如此,尚存疑問的是爲什麼同樣情況的内轉東韻不是如此。或許和三等唇音發生了輕唇化有關係。東韻輕唇化比鍾韻要晚,或者依據不同方言沒有達到鍾韻那樣的程度,音變並未完全進行。請看現代漢語的例子:

瞢 mêng ,夢 mêng,目 mu,穆 mu,牧 mu

從保存雙唇塞音的字只出現在東韻[69]就可以推出東韻的輕唇化比鍾韻晚。但是這樣的推測即便正確,爲什麼只規定發生了輕唇化的字爲"合",這個疑問始終存在,有賴於方家指教。

日本漢音東韻字音如下:

公 kou,弓 kiu

如果這兩個例子覺得不算什麼的話,再來看冬鍾韻字:

宗 sou,恭 kuwiyou

用這樣的日本漢音來對譯確實奇怪。那麼厭惡元音連續出現的古代日語[70]竟然在 kuwiyou 這樣的單字對音中出現如此多的元音緊連,對此誰都會産生疑問,更不用説這個是用來對譯 *kiʷoŋ 這樣的古音了。不過,這可能是反映鍾韻的元音 *iɑ 在卷舌韻尾的作用下發生唇音化,向[io]或[üo]這樣的圓唇元音演變的中間狀態。這只是古代日本人盡可能忠實地用假名轉寫[üœɔ]、[øo]的結果,至於作爲借詞,普通的日本人實際到底

是如何發音的,這本來就是另一個問題。這麼理解的話,我想是可以接
受的。

從共時的音韻材料可以看到的最有意思的問題是閩語[71]通攝字音。
現代漢語大部分方言通攝主元音是[ou]、[üoŋ]這樣的高元音,宕攝主元音
是[aŋ]、[iaŋ]這樣的低元音,二者明確區別。只有閩語是反過來,如表6
所示:

表 6

方言 詞	廈門方言	北京方言	蘇州方言
銅	taŋ	tʻuŋ	doŋ
公	kaŋ	kuŋ	koŋ
羊	ĩũ	iaŋ	iaŋ
箱	sĩũ	ʃiaŋ	siaŋ

通攝主元音爲低元音,宕攝反而是高元音。如表7諧聲符的表現所反映的,
江攝從通攝[72]向宕攝轉移,高本漢博士不得不給江韻構擬了高元音 *u(例:
工 *kuŋ)和低元音 *ɑ(例:缸 *kɑŋ)中間的音值 *ɔ(例:江 *kɔŋ)[73],而不
在乎這個元音在其他中古韻中沒有再次出現過。

表 7

宕　攝	江　攝	通　攝
缸(唐韻)	←→江　　(江韻)	←→工(東韻)
囊(唐韻)	←→攮＝攮(江韻)	←→農(冬韻)

對此我的解釋如下,江韻本來充當通攝的二等韻[74],可是由於二等韻
的卷舌輔音或介音,通攝先於其他韻發生了韻尾的異化:

ŋ/t̠>ŋ/k　/卷舌音＿

如表8所示,獨自轉移到了宕攝:

表 8

通　攝			宕　攝		
内外	等	韻	韻	等	内外
内	I	東-$^*{\Lambda}\eta$	-$^*{\Lambda}\eta$ 登	I	内
	II	江-$^*{\varepsilon}\eta$		II	
			-$^*i{\Lambda}\eta$ 蒸	III	
			-$^*i\alpha\eta$ 陽	III	
外	II	降-$^*a\underset{.}{\eta}$		II	外
	I	冬-$^*\alpha\eta$	-$^*\alpha\eta$ 唐	I	

總之,我們的擬音没有特意設置 $^*\mathfrak{o}$ 或者 $^*au$ 這樣的元音,就可以直截了當地解答與現代方音關聯的如下問題:

A 爲何中古通攝没有二等韻;

B 如果中古以前就存在,爲何江韻只有一類;

C 爲何只有江韻才從通攝向宕攝轉移;

而且上述閩語和其他方言主元音高低的相反分佈,也可以通過我們構擬的通攝韻尾和主元音的同化、異化次序得以解釋。先看閩語:

$^*a\eta>o\eta$(福州:羊 üoŋ)$>u\eta$(廈門:羊 ĩũ)

閩語宕攝主元音被韻尾逆向同化。本來是" $^*a\underset{.}{\eta}$(通攝): $^*a\eta$(宕攝)"通過韻尾的不同而對立,後來宕攝主元音發生上述逆向同化後,如" $^*a\underset{.}{\eta}$(通攝): $^*o\eta$(宕攝)"對立轉移到主元音,韻尾的不同成爲冗餘,促進了 ŋ̣>ŋ 的變化,變爲後來的面貌。

與之相對,更偏北方的北京話和蘇州話,通攝主元音先圓唇化: $^*a\underset{.}{\eta}$ > $^*o\underset{.}{\eta}$,然後通攝、宕攝的對立轉移到主元音:" $^*o\underset{.}{\eta}$(通攝): $^*a\eta$(宕攝)",造成韻尾不同的冗餘。$^*o$ 和 $^*\underset{.}{\eta}$ 的異化作用下,卷舌韻尾很快就消失了。

卷舌韻尾 $^*\underset{.}{\eta}$ 之後變爲舌面後音 ŋ 是另一回事。卷舌韻尾變爲舌面後音,或者反向的演變,在現代官話方言裏並不罕見[75]。

四、中古漢語的聲母和韻母

最後作爲總結,把我們的中古擬音以表格的形式表示。表 9 是添加現代語音學、音系學術語和等韻學術語的聲母表;表 10 是盡可能用現代音系概念整理得到的韻母表;表 11 把它按照十六攝的順序排列,各自製作爲表格。聲母用三十六字母表示[76],韻目依據《刊謬補闕切韻》。關於禪母二等,若可參考拙稿(1971a),我感到十分榮幸。

表 9

調音方法	清　　音		濁音	鼻音和流音	七音	
調音部位	不送氣	送氣				五音
雙唇閉塞	*p(幫非)	*p‘(滂敷)	*b(並奉)	*m(明微)	重唇	唇
齒齦邊				*l(來)	半舌	
齒齦閉塞	*t(端)	*t‘(透)	*d(定)	*[n](Ⅰ/Ⅳ)(泥)	舌頭	舌
卷舌和硬腭閉塞	[ṭ](Ⅱ) [ȶ](Ⅲ) }*c (知)	[ṭ‘](Ⅱ) [ȶ‘](Ⅲ) }*c‘ (徹)	[ḍ](Ⅱ) [ɖ](Ⅲ) }*ɟ (澄)	[ɳ](Ⅱ) [ɲ](Ⅲ) }*n (孃)	舌上	
齒頭塞擦	*ts(精)	*ts‘(清)	*dz(從)		齒頭	齒
齒頭摩擦	*s(心)		*z(邪)		細齒頭	
卷舌塞擦	*tʂ(照Ⅱ)	*tʂ‘(穿Ⅱ)	*dʐ(牀Ⅱ)		齒上	
卷舌摩擦	*ʂ(審Ⅱ)		*ʐ(禪Ⅱ)		細齒上	
硬腭塞擦	*tʃ(照Ⅲ)	*tʃ‘(穿Ⅲ)	*dʒ(牀Ⅲ)		正齒	
硬腭摩擦	*ʃ(審Ⅲ)		*ʒ(禪Ⅲ)		細正齒	
硬腭閉塞				*ɲ(日)	半齒	
軟腭閉塞	*k(見)	*k‘(溪)	*g(群)	*ŋ(疑)	牙	
軟腭摩擦	*x(曉)		*ɣ(匣喻Ⅲ)		喉	
聲門	*ʔ(影)		*∅(喻Ⅳ)			
	清	次清	濁	清濁		五音
	全清		全濁	次濁	清濁	

表 10a　外　轉　韻　母

開合	等	-∅	-i	-u	-m/-p	-n/-t	-ɲ/-c	-ṇ/-ṭ	-ŋ/-k
開口	I	*ɑ 歌	*ai 泰	*au 豪	*am 談	*an 寒		*ɑṇ 冬	*ɑŋ 唐
	II	*a 麻	*ai 夬	*au 肴	*am 銜	*an 刪	*aṇ 庚		*aŋ 江
	III		*iai 廢		*iam 嚴	*ian 元			
	III/IV	*ia 歌						*iaṇ 鍾	*iaŋ 陽
		*ia 麻					*iaɲ 庚		
	重紐		*iai 祭	*iau 宵	*iam 鹽	*ian 仙			
	IV		*ei 齊	*eu 蕭	*em 添	*en 先	*eɲ 青		
合口	I	*ua 歌	*uai 泰			*uan 寒			*uaŋ 唐
	II	*ua 麻	*uai 夬			*uan 刪	*uaɲ 庚		
	III		*üai 廢		*üam 凡	*üan 元			
	III/IV	*üa 歌							
							*üaɲ 庚		*üaŋ 陽
	重紐		*üai 祭			*üan 仙			
	IV		*uei 齊			*uen 先	*ueɲ 青		

表 10b 　內 轉 韻 母

開合	等＼韻尾	-∅	-i	-u	-m/-p	-n/-t	-ɲ/-c	-ṇ/-ṭ	-ŋ/-k
開口	I		*ʌi 哈	*u 侯	*ʌm 覃	*ʌn 痕		*ʌṇ 東	*ʌŋ 登
	II	*ɛ 佳	*ɛi 皆		*ɛm 咸	*ɛn 山	*ɛɲ 耕		
	III		*iʌi 微			*iʌn 殷			
	III/IV	*iʌ 之		*iu 尤				*iʌṇ 東	
				*iɛu 幽			*iɛɲ 清		*iɛŋ 蒸
	重紐	*iɛ 支	*iɛi 脂		*iɛm 侵	*iɛn 臻真			
合口	I	*o 模	*uʌi 灰			*uʌn 魂			*uʌŋ 登
	II	*uɛ 佳	*uɛi 皆			*uɛn 山	*uɛɲ 耕		
	III		*üʌi 微			*üʌn 文			
	III/IV	*io 虞							
		*ü 魚					*üɛɲ 清		*üɛk 職
	重紐	*üɛ 支	*üɛi 脂			*üɛn 真			

表 11a　開 口 韻 母

開合	開　　　　口							
攝＼等	I	II		III	III/IV		重紐	IV
果	歌*ɑ				歌*iɑ			
假		麻*a				麻*ia		
遇	模*o				虞*io	魚*ü		
蟹	灰*ʌi	皆*ɛi	佳*ɛ	廢*iɑi			祭*iɑi	齊*ei
	泰*ɑi	夬*ai						
止				微*iʌi	之*iʌ		支*iɛ	
							脂*iɛi	
效	豪*au	肴*au					宵*iau	蕭*eu
流	侯*u				尤*iu	幽*iɣu		
咸	覃*ʌm	咸*ɛm	銜*am	嚴*iɑm			鹽*iam	添*em
	談*ɑm							
深							侵*iɛm	
山	寒*ɑn	山*ɛn	刪*an	元*iɑn			仙*ian	先*en
臻	痕*ʌn			殷*iʌn			臻真*iɛn	
宕	唐*ɑŋ				陽*iɑŋ			
江		江*aŋ						
曾	登*ʌŋ					蒸*iɣŋ		
梗		庚*aŋ	耕*ɛŋ			庚*iɐŋ		青*eŋ
						清*iɣŋ		
通	東*ʌŋ				東*iʌŋ			
	冬*ɑŋ				鍾*iaŋ			

表 11b　合 口 韻 母

開合\等\攝	合 口					
	I	II	III	III/IV	重紐	IV
果	歌 *uɑ			歌 *üɑ		
假		麻 *ua				
遇						
蟹	灰 *uʌi	皆 *uɛi　佳 *uɛ	廢 *üɑi		祭 *üɑi	齊 *uei
	泰 *uɑi	夬 *uai				
止			微 *üʌi		支 *üɛ	
					脂 *uɛi	
效						
流						
咸			凡 *üɑm			
深						
山	寒 *uɑn	山 *uɛn　刪 *uan	元 *üɑn		仙 *üɑn	先 *uen
臻	魂 *uʌn		文 *üʌn		真 *üɛn	
宕	唐 *uɑŋ			陽 *üɑŋ		
江						
曾	登 *uʌŋ				職 *uɛk	
梗		庚 *uaŋ　耕 *uɛŋ		庚 *üaŋ		青 *ueŋ
				清 *üɛŋ		
通						

甲寅(1974 年)二月於香港九龍

參考文獻

白滌洲 1954 《關中方音調查報告》(喻世長整理),北京: 科學出版社。

Ballard, William L. 1969 *Phonological History of Wu*, University of California dissertation. Ann Arbor: University Microfilms, Inc.

Dragunov, Aleksandr A.(龍果夫) 1931 《對於中國古音重訂的貢獻》,《歷史語言研究所集刊》三本二分,295—308 頁。

Dragunov, Ekaterina N. und Aleksandr A. 1938 Uber die dunganische Sprache. *Archiv Orientální*, 8.1, 34–38.

Hashimoto M. J.(橋本萬太郎)1965 *Phonology of Ancient Chinese*.Volume 1 and 2.Ann Arbor: University Microfilms, Inc. No. 66–6265.

Hashimoto M. J. 1969 Nasal and stop endings in Ancient Chinese. *Unicorn(Chi-lin)*, 5, 29–53.

Hashimoto M. J. 1970 Internal evidence for Ancient Chinese palatal endings. *Language* (*Journal of the Linguistic Society of America*), 46.2, 336–365.

Hashimoto M. J. 1971a A hypothesis for a voiced retroflex fricative in Ancient Chinese. *Unicorn(Chi-lin)*, 6, 1–18.

Hashimoto M. J. 1971b The hP'ags-pa Transcription of Geng-she Syllables.《アジア・アフリカ言語文化研究》第 4 號,1–37.

河野六郎 1968 《朝鮮漢字音の研究》,奈良: 天理時報社。

이기문 (李基文) 1964 Mongolian loan-words in Middle Korean. *Ural-Altaische Jahrbücher*, 35: B.56–65.

이기문 1969 《中世國語音韻論의諸問題》,《震檀學報》第 32 號,131–150、267–269.

李榮 1952 《切韻音系》,北京: 科學出版社。

Norman, Jerry L.(羅傑瑞) 1969 *The Kienyang Dialect of Fukien*. Ann Arbor: University Microfilms, Inc. No. 70–6181.

有坂秀世 1957 《國語音韻史の研究》(增補新版),東京: 三省堂。

Yue Oi-kan(余靄芹) 1970 The Liang-Yue dialect materials. *Unicorn (Chi-lin)*, 6, 35–51.

Yue Oi-kan 1972a *Phonology of Cantonese (Studies in Yue Dialects: I)*. Princeton-Cambridge Studies in Chinese Linguistics, 4. London and New York: Cambridge University Press.

Yue Oi-kan 1972b Two Features of Proto-Yue initials. *Unicorn(Chi-lin)*, 9, 20–40.

注釋:

[1]《切韻》或《廣韻》所反映的古代漢語音系,這裏稱爲"中古音系"。

［2］典型的例子，如蟹攝、通攝諸韻的構擬。

［3］【譯者注】日本學界有按照二戰來劃分近現代學術史的習慣，此處"戰前""戰後"指的是 1945 年前後。

［4］【譯者注】Paul Burk Denlinger，著有《中古漢語研究》（*Studies in Middle Chinese*，安娜堡，密歇根，1963 年）。

［5］衆所周知，高本漢博士並不相信《韻鏡》《七音略》這樣的材料。

［6］例如重構中古音系的某些特徵的時候，朝鮮漢字音相關的某些特徵比對應的日本漢字音，更能反映接近《切韻》的早期形式。

［7］如馬丁博士（S.E.Martin）。

［8］如周法高博士的工作。

［9］或言之不得不發表這篇論文。

［10］或言之不得不翻譯這篇論文。

［11］【譯者注】1965 年左右。

［12］無論這一代學者自身是否自覺地意識到這一點，他們也在不自覺地這麼做。

［13］【譯者注】此處當指 19 世紀，下文同。

［14］非要舉例的話，馬來-波利尼西亞語族的比較研究可能比較接近這個目標。美洲印第安語言的研究僅僅是使用了比較法，距離"系統性"的標準還很遠。

［15］很多成果至今尚未發表。

［16］Ballard（1969）。

［17］拙著（1965）。

［18］Norman（1969）。

［19］例如越南語河内方言存在卷舌音和舌面中音的對立。

［20］【譯者注】"國際語音學會的原則"指的是以被動發音器官命名的原則。

［21］例如客家話、粵語等。閩語廈門話、客家話梅縣方言中也存在解釋爲 CE/T（含有輔音的 E）更加合理的情況。

［22］與具體問題無關的情況下，可以包含 T，也可以不包含 T。

［23］需要除去明顯都是借詞的假攝三，如"靴"（北方少數民族使用的長靴）、"茄"（外來植物）、"迦"（佛教用語）等。

［24］一等韻的例子，梗攝沒有一等韻，所以梗攝那一欄闕如。

［25］朝鮮漢字音主要依照河野六郎（1968）。

［26］效攝的 o 可以解釋爲 a+u。

［27］宕（江）ɑ/a/ɔ；曾 ə；梗 ɐ/æ/ɛ/e；通 u/o。

［28］詳細內容請參考拙文（1970）。

［29］蟹攝的韻尾是 *-i，梗攝韻尾是顎化的硬顎音，即所謂舌面中音的 *ɲ，入聲尾的話是與 *ɲ 對應的塞音尾 *c。

[30] 例如現代漢語的元音/a/和各種介音、韻尾能夠最自由地組合,但是並不存在 *uau、*üau 這樣的組合。"涯""崖"yai/iai/這樣的讀音,使用的人很少,現今大部分都讀 ya/ia/或 ai/ai/。

[31] 見拙文(1969)。

[32] 詳見拙文(1969)。

[33] 雖然也有字書把[kəŋ]這個語素寫爲"梗",例如 R.H.Mathews 的 *Chinese-English Dictionary* 和《井上口袋漢語詞典》等,尤其是後者在處理爲"梗"還是"頸"上存在猶豫。此處遵循最權威的國語統一籌備委員會的《國語常用字匯》和中國大辭典編纂處《標準國音大辭典》。

[34] 改爲國際音標。

[35] 以及後面要談的通攝。

[36] 拙文(1971b)。

[37] 此處感謝畏友徐在克教授的指教,參考了《奎章全韻》和現行的《弘字玉篇》等材料。

[38] 李基文(1964)。

[39] 河野六郎(1968:185)。

[40] 李基文(1969)。

[41] 最早發現這個現象的是俞昌均博士。

[42] 李榮(1951)等。

[43] 指的是保留上古漢語的痕迹。

[44] 就傳統音韻學術語來講,二等正齒音和其他齒音,即一四等齒頭音和三等的正齒音。

[45] 當然要排除《東國正韻》這樣的材料裏的現象。

[46] 請參考俄語的[ʃ],即便是知道唇音化更弱的法語的[ʃ]也可以體會到這一點。

[47] 包括江攝,以下同。

[48] 介音並不是雙唇部位的,不具備觸發唇音化的條件。

[49] 貴縣方言材料依據了趙元任先生的兩粤方言調查報告,參考了余靄芹(1970)。

[50] 與蟹攝相對的内轉。

[51] 蟹攝内外轉的一對兒本來是不整齊的,此處不在討論之列。

[52] 根據傳統的攝的分類,流攝侯韻和豪韻構成一對兒,將它們定爲内轉一等韻,據本人陋見,中古音侯韻爲*u,現代北方方言的 əu 是其後來的演變。

[53] 更準確地説是内轉各韻向外轉各韻合併。

[54] 歌~模,談~覃,寒~痕,唐~登等中古一等韻的上古來源都是單一的。我們注意到只有效攝豪韻上古宵部字(毛、刀、高等)和幽部字(早、考、奧等)幾乎各占一半。

[55] 例如據手頭的《司馬温公切韻》内外門第13:"内者謂牙舌唇喉四音更無第二等字

唯齒音方其足故名内八轉。”

[56] 外轉各攝如夬和皆、銜和咸這樣,各有兩個二等韻。

[57] 包括假攝,下同。

[58] 外轉和内轉兩種。

[59] 龍果夫(Dragunov 1931)。

[60] 從上古到中古的演變細節需要更加慎重地研究。

[61] 弓 kuŋ,衆 cjuŋ 等。

[62] 恭 koŋ,鍾 cioŋ 等。

[63] 最早建議給通攝構擬 ˚ɑ 或 ˚ʌ 這樣的低元音的學者是賴惟勤、三根谷徹兩位前輩。

[64] 一四等的 ˚n 和二三等的 ˚ŋ。

[65] 説它是非鼻塞音也無妨。

[66] 深攝也没有合口韻,唯一的例外是咸攝凡韻,不過凡韻和對應的開口韻嚴韻幾乎互補。

[67] 但是應該注意和曾梗攝合口韻合流這個事實(宏=紅=弘)。

[68] 東韻 ˚uŋ,冬韻 ˚uoŋ,鍾韻 ˚iʷoŋ。

[69] 衆所周知,這些字在《蒙古韻略》(崔世珍原著,俞昌均構擬)、《蒙古字韻》的轉寫是完全輕脣化的。

[70] 譯者按:古代日語的音節主要是 CV 結構(C 表示輔音,V 表示母音),現代日語中不乏母音緊連的詞,其中大部分是借詞,例如漢語借詞“愛(あい)”ai。9 世紀日語發生了“イ音便”“ウ音便”,使得部分動詞在接續時由原先的 CVCV 變爲 CVV,開始一定程度上允許母音緊連:
CV き・ぎ・し(ki・gi・si)→CVい(i)
CV く・ぐ(ku・gu)→CVう(u)
也有學者認爲上代日語(8 世紀以前)日語的允許 CVV(˚i)的組合,認爲 V(˚i)後來融合了,以解釋日語内的母音交替,例如:酒さか(saka)→さけ_z(sake_z)手た(ta)→て(te)。

[71] 尤其是閩南語。

[72] 準確地説是後來屬於通攝的一系列字。

[73] R.A.D.Forrest 構擬爲 ˚au 這樣的複合元音確實是睿智的想法,但是這個構擬還没有像賴惟勤教授和三根谷徹教授所構擬的通攝元音那樣體現根本的反思。

[74] 屬於内轉的東一、東三組的江 ˚-ɛ̣ŋ(上古來源實際上是東一、鍾組)在卷舌的介音和韻尾的影響下,很早就和屬於外轉的冬鍾組(上古來源冬東三組)的 ˚-aṇ 等合流了。

[75] 白滌洲(1954);E.N.und A.A.Dragunow(1938)。

[76] 與中古的差別用等來體現。

談《元朝秘史》中的"古温"（人）一詞[*]
——關於《元朝秘史》蒙古語音的構擬方法

服部四郎 撰

韓春迎 譯　竹越孝 校

　　1933 年，爲了"東洋語學研究"，筆者通過日本學術振興會資助，奔赴中國東北之際，從當時擔任東京帝國大學文學部長的宇野哲人老師那裏得到了一封寫給南滿洲鐵道株式會社總裁林博太郎先生（前東大教授）的親筆介紹信一事，可謂終生難忘。那是老師爲一介研究生親自執筆的。1936 年回國後，筆者在東大任講師期間，感到研究工作進入極度困難狀態之時，1939 年 4 月任東方文化學院的研究員，將此稱爲使我將來作爲學徒並自立使成爲可能的一個重大事件也不爲過。從那以後，至該學院 1948 年改組爲止，作爲研究員期間，筆者得到了宇野老師多方面的恩賜。1945 年宇野老師擔任院長，筆者出版研究報告之際也受到了他無微不至的關照。本篇小文詳述了在此報告中陳述過的一個想法[1]，本文探討的蒙古語語義爲"人"，標記其蒙古語的文字"古""温"也很符合老師的形象，此事令我倍感欣喜。

一

　　衆所周知，無論是從語言學觀點還是從其他人文科學以及社會科學的觀點來講，《元朝秘史》都是一部極其重要的文獻。

　　《元朝秘史》作爲一部蒙古語史資料非常重要的原因之一，是因爲它以漢字音分別標記出了蒙古語音素/k/和/g/、/t/和/d/、/č/和/j/、/h/和/ʼ/，

* 本文譯自服部四郎：《〈元朝秘史〉における"古温"（人）という語について——祕史蒙古語音再構の方法に關して》，收錄於《服部四郎論文集・アルタイ諸言語の研究》第三卷第十章，東京：三省堂書店，1987 年，157—171 頁。

以及/o/和/u/、/ö/和/ü/、/a/和/ä/等的區別,而與其同時代的維吾爾體蒙古字原則上不分別標記那些音素或只標記一部分音素的區別相比,前者顯得更加有價值。

然而,在上述《元朝秘史》的蒙古語音標記的原則中多少存在一些例外。本文論述其中一例並對《秘史》的蒙古語音構擬方法進行局部考查。

二

在《元朝秘史》裏以"古温"(或者是"古兀")一詞標記"人"。"古温"這個形式除了在固有名詞中出現 3 例以外共出現 100 例,而"古兀"這一形式除了在動詞"古兀列勒敦(一 12 二[2])"中出現 1 例以外共出現 51 例。

《元朝秘史》中有不少蒙古語詞匯有兩個或兩個以上不穩定的標記,但是,這個"古温"("古兀")一詞在第一個音節上却没有顯出任何的不穩定性。

在《中原音韻》(1324 年)中漢字"古"的漢語語音爲[ku^2],因此根據標記法原則,它應該是表示蒙古語音節/gü/(或者是/güü/)。從這一觀點出發,不得不説正如西方諸學者所講的那樣,"古温"拼寫爲 *gü'ün* (Pelliot, Ligeti)或者 *gu'un* (Haenisch)是正確無誤的。筆者把它直接拼寫[3]爲 *gu-un*。

但是,在現代諸語言中與"古温"一詞對應的形式如下:

土族語/kun/ ‖ 達斡爾語/kuu/ ~ /kuuɴ / ‖ 鄂爾多斯語/kün/ ‖ 喀爾喀語/xüɴ/ ‖ 布里亞特語/xüɴ / ~ /xüün-/ ‖ 卡爾梅克語/küün/ ~[kümṇ]/kümän/

筆者根據以上諸多形式以及蒙古語書面語 𐰋 構擬其原始蒙古語的形式爲/ *kümüün/ ~ / *kümün/。之所以設置長元音和短元音的交替,是爲了使其與卡爾梅克語的交替形式有對應關係[4]。根據筆者的假設,原始蒙古語的元音之間的/ *-m-/,在其後出現長元音時會消失,而在短元音之前則會保存完好。

還有,根據筆者假設原始蒙古語的元音之間的/ *-g-/以及/ *-b-/也是發生了平行的音韻變化[5]。比如,以下交替形式恐怕也是因爲原始蒙古語元音的長元音和短元音的交替所引起的。

原始蒙古語

{ /＊kuruguun/→/kuruˈuun/→/xuruu/“指頭”（喀爾喀語）
{ /＊kurugun/→/kuruˈuun/→/xurugaN /“指頭”（布里亞特語）

{ /＊ˈägääm/→/ˈäˈääm/→/ˈäˈäm(ä)/“肩膀”（巴亞得語）
{ /＊ˈägäm/→/ˈägäm/→/ˈägäm(ä)/“鎖骨”（喀爾喀語）

{ /＊käbääli/→/käˈääli/→/xääl(ä)/“胎兒”（同上）
{ /＊käbäli/→/käbäli/→/xäbäl(ä)/“肚子”（同上）

{ /＊kümüün/→/küˈüün/→/küün/“人”（卡爾梅克語）
{ /＊kümün/→/kümün/→/kümän/“人”（同上）

布里亞特語的/xüN /～/xüün-/的交替，也表明了原來的長元音在開音節中被保存下來，在閉音節中則變成短元音的現象。可以想象在土族語、喀爾喀語、鄂爾多斯語中也曾出現過同樣的長元音短化的現象。

筆者認爲《元朝秘史》中的漢字音標記“古温”和“古兀”仍然處於/güˈüün/～/güˈüü/（至於詞首輔音方面將在下文詳述）的階段。

三

那麼，應該如何解釋《元朝秘史》所標記的“古温”（或者是“古兀”）一詞的詞首輔音不是/k/而是/g/的現象呢？

筆者不否認《元朝秘史》中以漢字音寫的蒙古語並不是現存的任何一種蒙古語（或者是蒙古語方言）的直系祖先的可能性。假如是這樣，那麼會不會存在以下可能性呢？即，受原始蒙古語中元音之間的/＊-m-/弱化並消失時而出現的元音鼻音化的影響，/＊kümüün/的詞首輔音開始有聲化，從而變爲/g-/，於是才有了《元朝秘史》中的/güˈüü(n)/這一形式。也就是說，可以發現在《元朝秘史》蒙古語中發生了在其他蒙古語中未曾出現過的獨特的音韻變化。

但是，筆者對此問題持否定態度。

筆者基於八思巴字文獻的 kˈeˈe- 以及蒙古語書面語的 ﷻ 等現象構擬了/＊kämää-/“説”這一原始蒙古語形式。在《元朝秘史》中與其動詞（詞幹）對應的形式如下[6]：

客　　　ke- /kää-/

客額　　*ke-e-* /käˈää-/

客延　　*ke-yen* /käˈään/

動詞詞幹"客"出現 59 例[7]，"客額"出現 433 例（另外，動詞詞幹"客額克迭"*ke-e-g-de-* /käˈäägdä-/ 出現 41 例，"客額勒都"*ke-e-l-du-* /käˈääˈldü-/ 出現 67 例，"客額兀勒"*ke-e-u-l-* /käˈääˈüül-/ 出現 2 例），"客延"*ke-yen* /käˈään/ 出現 387 例。

但是，在《元朝秘史》中把這個動詞標記爲"格"*ge-* /gäˈää-/，"格額" *ge-e-* /gäˈää-/，"格延"*ge-yen* /gäˈään/ 的例子却無一條。

因此，在《元朝秘史》的蒙古語中，這個動詞的元音之間的/ *-m-/的消失並没有使其詞首輔音/k-/有聲化。同樣的道理，原始蒙古語的 / *kümüün/ 在《元朝秘史》蒙古語中也没有變爲/güˈüün/～/güˈüü/，而是 /küˈüün/～/küˈüü/。八思巴字文獻的 *kʻuin* "人"這一形式也能成爲其旁證。

現代蒙古語諸多方言的/gä-/"説"和/gi-/"説"等動詞也是源自原始蒙古語的/ *kämää-/，那或許是因爲其前接性（enclitic）的語音弱化較多而引起的弱化形式。

四

《元朝秘史》裏有標記爲"古出"*gu-cu*（力量）、"古純"*gu-cun*（力量）的名詞，前者除了在固有名詞裏出現以外，包括接續後綴/-tän/、/-tü/的例子一共出現 35 例，後者則只出現 3 例（十 29 二、九 31 五、十二 28 一〇）。在現代諸語言中與其對應的形式有：

土族語/kuzi/［kʻuʤi］‖ 達斡爾語/kuci/ ‖ 鄂爾多斯語/güči/ ‖ 喀爾喀語/xüč(i)/ ‖ 布里亞特語/xüšaɴ/ ‖ 卡爾梅克語［küʧŋ］/küčän/

基於上述諸多形式，不得不確立原始蒙古語中的詞首輔音爲/ *k-/，在鄂爾多斯方言中的/ *k-/在其後直接連接"短元音+č（或其他無聲輔音）"時會變爲/g-/。

在《元朝秘史》的蒙古語中，會不會也發生了同樣的變化呢？針對此問題，筆者仍然保持否定的態度。因爲在其蒙古語中可以找到不發生這個音韻變化的例子，却找不到發生變化的例子（下面的内容裏要講述一個例外）。與其相關的例子如下：

客扯兀 *ke-ce-u* /käčäˈüü/（十 25 一〇），客扯温 *ke-ce-un* /käčäˈüün/（十二 17 一〇），客潮兀 *ke-ceu²-u-* /käčäˈüü-/（十一 23 一）‖ 喀爾喀語/xäcüü/"困難"‖ 鄂爾多斯語/gäčüü/

客貼 *ke-te* /kätä/（二 25 九）‖ 喀爾喀語/xät(ä)/"燧"‖ 鄂爾多斯語/gätä/

乞赤額 *ki-ci-e-* /kičiˈää-/（九 21 七）乞赤耶 *ki-ci-ye-* /kičijää-/（十二 57 三）乞赤延 *ki-ci-yen* /kičijään/（十一 26 一）‖ 喀爾喀語/xičää-/"努力"‖ 鄂爾多斯語/gäčää-/

乞塔場 *ki-ta-d* /kitad(-)/（四 10 九，另有 25 例）‖ 喀爾喀語 *xjatad* "中國人"[8] ‖ 鄂爾多斯語/gitad/

乞禿中孩 *ki-tu-qai* /kitugai/（五 2 八，另有 10 例）‖ 喀爾喀語 *xutga* "小刀"‖ 鄂爾多斯語/ˈutaʁa/

可脱勒 *ko-to-l-* /kötäl-/（一 9 二、二 15 二），闊脱勒 *ko³-to-l-* /kötäl-/（一 37 一、二 28 四、七 6 四）‖ 喀爾喀語 *xötlö-* /xötälä-/"牽馬"‖ 鄂爾多斯語 *götöl-* /götäl-/(補1)

例外只出現在以下一詞的一部分標記中：

客卜貼 *ke-b-te(-)* /käbtä(-)/（二 19 二，另有 11 例），客卜貼兀勒 *ke-b-te-u-l-* /käbtäˈüül-/（七 20 九，另外不包括名詞的例子有 3 個）客卜迭 *ke-b-de-* /käbdä-/（二 4 五、17 九、17 一〇），客卜迭兀勒 *ke-b-de-u-l* /käbdäˈüül/（十二 36 一〇，這是名詞），格卜貼~田 *ge-b-te-(~-ten)* /gäbtä-/（六 46 二、八 20 四、九 47 七、十 40 一。四 41 九、十一 24 四）‖ 土族語/kidjee/"躺下"‖ 達斡爾語/kärtä-/ ‖ 鄂爾多斯語/gäbtä-/ ‖ 喀爾喀語/xäbtä-/ ‖ 布里亞特語/xäb(ä)tä-/ ‖ 卡爾梅克語[keptᵊ-]

《元朝秘史》的這種標記法的不穩定性值得關注。"客卜迭""客卜迭兀勒"的"迭"，恐怕是標記方面的不穩定性造成的現象，會不會是表示此詞第二音節的輔音原本就是/d/的殘留現象呢？這個需要更深入的研究。但是，出現 6 個"格卜貼"（~"格卜田"）的例子，也許説明在《元朝秘史》的蒙古語中正在發生第一音節短元音後面直接接續/-bt-/[-pt-]的情況下會發生/käbtä-/→/gäbtä-/的音韻變化。爲什麼這麼説呢？因爲還能找到以下例子：

塔奔 *ta-bun* "五"（一 11 八，另有 31 例）

苔卜禿阿舌兒 *da-b-tu-a-r* "第五"（十 12 八、13 一）

況且並沒有寫成"苔奔"*da-bun*（五）、"塔卜禿阿兒"*ta-b-tu-a-r*（第五）的例子。

進而可以與以下形式進行比較：

只舌兒豁中都阿舌兒 *ji-r-qo-du-a-r* "第六"（四 14 七、八 29 六）

乃木羅都阿舌兒 *do-lo-du-a-r* "第七"（十一 52 七）

從上述例子可以發現原本以/d-/爲第一輔音的後綴直接接續在以/-b/爲結尾的數詞詞幹時變爲/t-/，甚至在《元朝秘史》蒙古語中複合輔音/-bt-/[-pt-]/也是如"苔卜禿阿舌兒"那樣，詞首的/-t/變成了/d-/。

比較上述"古出""古純"與八思巴字文獻的 *kʻüčʻün*（力量）後可以發現此詞的語音形式一定不是/güčü/和/güčün/，而是/küčü/和/küčün/。

五

在《元朝秘史》中標記"到達"這一動詞時常用以下幾個形式：

古兒 *gu-r¹-* ~ 古舌兒 *gu-r*(-)（四 49 一〇，另有 121 例），古舌魯 *gu-ru-*（一 4 九，另有 13 例），古舌侖 *gu-run*（三 2 四，另有 5 例）

然而，在現代諸語言中與其對應的形式如下：

土族語/kuru-/ ‖ 達斡爾語/kur-/ ‖ 莫戈勒語/kuru-/ ‖ 鄂爾多斯語/kür-/ ‖ 喀爾喀語/xürä-/ ‖ 布里亞特語/xürä-/ ‖ 卡爾梅克語/kür-/

因此，不得不確立原始蒙古語中這一詞的詞首輔音爲/*k/。

那麼，原始蒙古語的/*k/形式在《元朝秘史》的蒙古語中出現在間隔一個短元音的/*-r(-)/前就變爲/g-/的嗎？對此問題，筆者的答案還是否定的。因爲還能找到以下一些例子：

客兒 *ke-r¹* ~ 客舌兒 *ke-r* /kär/"如何"（一 37 五，另有 59 例）‖ 喀爾喀語 *xärxä-*"怎麼做"（←*kär ki-*）‖ 布里亞特語 *xär*（怎麼樣）

客舌里額 *ke-ri-e* /käriˈää/（三 47 六、八 12 一〇、九 3 一〇），鵶舌列額 *ker²-re-e* /käriˈää/或者/käräˈää/（三 18 二）‖ 土族語/kərjee/"烏鴉" ‖ 鄂爾多斯語/kärää/ ‖ 喀爾喀語/kärää/ ‖ 卡爾梅克語/kärää/

乞舌魯額 *ki-ru-e* /kirüˈää/（十 19 七）‖ 土族語/ciruu/"鋸子" ‖ 鄂爾多斯語/köröö/ ‖ 喀爾喀語/xöröö/ ‖ 卡爾梅克語/körää/

闊舌兒別 *ko³-r-be* /körbä-/（十一 24 三）‖ 喀爾喀語 *xörβö-* /xöräbä-/

"翻開"

闊^舌里速 *ko³-ri-su-* /körisü-/（十一 24 三）可^舌里速 *ko-ri-su* /körisü/（三 18 三）‖ 喀爾喀語 *xörs* "皮子"

在《元朝秘史》蒙古語中没有出現以"格^舌兒" *ge-r*，"格^舌里額" *ge-ri-e*，"吉^舌魯額" *gi-ru-e*，"歌^舌里速" *go-ri-su*，"戈^舌里速" *go¹-ri-su* 等詞標記上述這些詞的例子。

另外，"古^舌兒" *gu-r-* 的使動態一般都寫成"古^舌兒格" *gu-r-ge-*、"古^舌兒堅" *gu-r-gen*（共 38 例），但有一例寫成"枯兒格" *ku²-r¹-ge-* /kürgä-/（二 37 六）的例子。

不僅如此，在八思巴字文獻裏有 *k'ürge-* "給予，奉獻（＝送到）"、*k'ürt'ele* "到……爲止" 等例子。因此，前面描述的"古兒" *gu-r¹-*、"古^舌魯" *gu-ru-*、"古^舌侖" *gu-run* 等形式一定是表示 /kür(-)，kürü-，kürün/ 的。

六

但是，"古"一字在《元朝秘史》蒙古語裏並不經常表示 /kü/，也存在一定表示 /gü/ 的例子。例如：

古訥 *gu-nu*（五 41 七）、昆 *gun*（十二 34 一○）、昆訥 *gun-nu*（八 10 六）‖ 鄂爾多斯語 /güün/ "深" ‖ 喀爾喀語 /güɴ/ ‖ 布里亞特語 /güɴ/ ‖ 卡爾梅克語 /gün/

不僅是現代諸語言中顯示爲原始語的 /*g-/，此詞在《元朝秘史》的蒙古語中也有拼寫爲 /g-/ 的内在證據處於其標記法中。"昆"這一詞的漢語語音（《中原音韻》）爲 [kun¹]，與"坤" [k'un¹] 相對立，後者用於標記《元朝秘史》蒙古語的 /kün/。例如：

坤都 *kun-du*（四 47 五，另有 3 例）‖ 土族語 /kundun/（重）‖ 鄂爾多斯語 /kündü/ ‖ 喀爾喀語 *xünd*

另一方面，"昆"的其他用例顯示此字表示蒙古語的 /gün/ 或者 /güm/。後者的例子如下：

桑昆 *sang-gun*（四 33 三，另有 24 例），桑古迷 *sang-gu-mi*（六 9 七，另有 7 例），桑古門 *sang-gu-mun*（五 32 六，另外有 9 例）

這個人名恐怕是 /säŋgüm/，但是由於當時的漢語裏没有 [kum] 音節，於是借"昆" [kun¹] 來表示蒙古語的 /güm/ 了。

“昆”和“古訥”的交替，以及上述的交替現象的例子都能成爲“古”這一字來表示蒙古語的/gü/的證據之一。

再舉一個同樣的交替的例子，也能與現代諸語言進行比較：

蒙古 *mung-gu*／möŋgü/[9]（十 13 二、四、十一 47 三），蒙昆 *mung-gun*／möŋgün/（十一 5 九，另有 6 例）“銀”‖ 土族語/mjängu/‖ 達斡爾語/mängu/‖ 鄂爾多斯語/mäŋgö/～/müŋgü/‖ 喀爾喀語 *möŋgö*

果然，上述的“古”一字表示蒙古語的/gü/。

七

如上所述可以明確《元朝秘史》的蒙古語標記法的原則[10]爲如下情況，就是當時的漢語使用帶有“無聲送氣”輔音的詞來表示對應於原始蒙古語以輔音/*t/／/*k/／/*č/爲起首的音節（或者其開頭部分），同樣，使用帶有“無聲不送氣”輔音的詞來表示對應於輔音/*b/／/*d/／/*g/／/*ǰ/爲起首的詞[11]，多少會有一些例外。

爲表示蒙古語的/gü/和/kü/，用以下諸字，其他字一律不用。

ku 曲[kʻyʔ¹]，枯[kʻuˡ]，窟[kʻuʔ²]

gu 古[kuˡ]，估[kuˡ]，沽[kuˡ,ˡ]，詁[kuˡ,ˡ]

在上述字裏，表示 *gu* 的字，尤其是“古”一字的出現頻率明顯偏高，與其相反，表示 *ku* 的字的用法受到限制，並且其出現頻率非常低，爲數極少。後者的全部例子如下：

曲出 *kuˡ-cu*（人名）（三 23 一〇）

曲魯克 *kuˡ-lu-g*(-)“豪傑，俊傑”（一 26 一〇、27 四、八 19 五、36 六、37 八、37 九）‖ 鄂爾多斯語/külüg/“駿馬”‖ 布里亞特語/xüläg/‖ 卡爾梅克語/küläg/

曲魯兀楊 *kuˡ-lu-u-d*(-)（上例的複數）（五 34 四，另有 11 例）

曲騄兀楊 *kuˡ-luˡ-u-d*“駿馬”（一 2 八）

枯兒格周 *ku²-rˡ-ge-jiu*“送到着”（二 37 六）‖ 鄂爾多斯語/kürgä-/“送到”‖ 喀爾喀語 xürgä-

枯舌連勒古 *ku²-ren-l-gu*（山名）（二 37 五）

枯舌魯 *ku²-ru*“石頭”（二 16 一）‖ 喀爾喀語 *gür*“鐵礦”‖ 卡爾梅克語

/gür/"礦石"

窟 *ku*"只"（二 22 三）‖ 喀爾喀語/ˈänäxüü/"正是"（←*ene kü*）

窟出犇捏 *ku-cu-ge²-ne*"小鼠"（三 18 九）

窟出古兒 *ku-cu-gu-r¹*"野鼠"（二 27 四）

窟出沽₅兒 *ku-cu-gu³-r*（人名）（三 34 九）

窟兀兒格邊 *ku-u-r¹-ge-ben*"扇爐的風匣行"（二 41 四）‖ 鄂爾多斯語 *köörgö*"風箱"‖ 喀爾喀語 *xöörög* ‖ 布里亞特語/xöörgä/ ‖ 卡爾梅克語/kööräg/

脱窟ₓ*to-ku-m*（地名）（五 27 四）

兀窟 *u-ku-*"死"（四 29 三,另有 21 例）‖ 鄂爾多斯語/ˈükü-/"死亡"‖ 喀爾喀語/ˈüxä-/

兀窟克迭 *u-ku-g-de-*"死的"（二 15 一〇）

兀窟勒都 *u-ku-l-du-*"共死"（七 43 四、八 14 一〇、45 九）

兀窟良額 *u-ku-leng-e*"死的行"（十一 22 二）

兀窟兀勒*u-ku-u-l*(-)"教死"（八 30 八,另有 14 例）

兀窟兀勒迭 *u-ku-u-l-de-*"（可）教死"（四 49 七、六 51 九、八 30 八、十二 45 八）

不列窟 *bu-le-ku*"澎"（二 22 一〇）‖ 鄂爾多斯語/büli-/"攪拌"‖ 喀爾喀語 *büläx* ‖ 布里亞特語/büläxä/ ‖ 卡爾梅克語［bülˀxə］［bülˈxə］

以上的"曲""枯""窟"的例子中,關於"枯₅魯"有些疑問以外[補2],其他例子都明確地表示/kü/,或者可以認爲是表示/kü/並無問題。

八

一般情況下,《元朝秘史》的漢字音音譯者常用的文字,其表達的意義爲積極或中性的,而且是筆畫盡量要少,容易書寫的字。同時,總是嘗試使用與其表示的蒙古語所包含的某些意義相關聯的漢字[12]。

上述的"窟"一字的用例屬於後者。可以認爲,這個字非常適合表示有"小鼠""野鼠""死亡"等意義的蒙古語,因此才被選用。順便說一下,表示"死亡"的蒙古語動詞詞幹（或詞根）/ˈükü-/,經常寫成"兀窟",並不會寫成"兀古"。

另一方面,"枯"一字的筆畫不多,容易書寫,其音［kˈuˈ］也適合表示蒙古語的/kü/，但是，毋庸置疑，其意義不積極，所以沒被作爲常用字使用。同樣，"曲"一字的音[k'yʔ²]非常適合表示蒙古語的/kü/，但是考慮到其表達的意義不合適，沒有作爲一般的常用字使用。而"窟"一字則不僅筆畫多而且其意義還不積極。

與此相反，"古"字筆畫少，容易書寫，其含義也好。"古"比"今"更令人感到推崇與尊敬。

而且，在語音形式上沒有與/kü'üün/"人"、/küčün/"力量"、/kür-/"到達"等詞對立的/gü'üün/、/güčün/、/gür-/等詞，所以，即使把這些詞寫成"古温""古純""古兒"也不會有誤讀的可能性。

筆者認爲，漢字音音譯者選用"古"一字作爲常用字來表示蒙古語的/kü/和/gü/。

因此，毫無疑問，以"古温"一詞來表示的蒙古語的詞首輔音不是/g/，而是/k/。

通過以上論述，筆者可以確定，構擬《元朝秘史》蒙古語的音韻時，雖然說是以當時的漢語語音爲最根本的材料依據，但是更應該以時常考慮共時系統和結構等的[13]比較方法爲優先選項，同時還必須注意音譯字的字形和字義。

1974 年 10 月 1 日

注釋：

[1] 筆者的這個觀點曾經刊登在《言語研究》第 25 號（1954 年 3 月）428 頁。本稿的主要內容，1970 年夏天在蒙古國烏蘭巴托召開的第 2 屆國際蒙古學者會議上用蒙古語發表過。另外，在本稿省略了構擬原始蒙古語形式時需要的論證依據，我在《言語の科學》第 3 號（1972 年 5 月）發表的文章"Initial Plosives Proto-Mongolian and Their Later Developments"裏陳述過與其有關的內容。

[2] "一 12 二"，意爲"第一卷第十二頁正面第 2 行"。以下相同。行數的"六"或"一〇"表示背面的第 1 行或第 5 行。

[3] 請參照拙著《元朝秘史の蒙古語を表はす漢字の研究》（1946 年 9 月，文求堂）的"附錄第一"的"第三種轉寫"。還有 Acta Asiatica, 24（1973）的拙文第 40 頁以後的 Appendix。

[4] 假如卡爾梅克語的/kümän/是從書面語中借來的詞，那就不必確立/*kümün/。

[5] 請參照《言語研究》36 號，Studia Mongolica, Tomus I, Fasciculus12, 1959, Ulan

Bator 以及 L. Ligeti, ed.：*Mongolian Studies*，1970，Budapest 中的拙文。

[6] 斜體羅馬字是注釋(3)裏敍述過的筆者的"第三種轉寫"，/　/裏是《元朝秘史》蒙古語的音韻標記［注(3)拙著中擬定爲"第二種轉寫"］。

[7] 筆者將"六１四"的"乞額*楊*"看作"客額*楊*"的誤寫。另外，筆者認爲，/kää-/是從 /kä'ää-/派生出來的，/'/的前後爲同一個元音時，/'/會消失，從而變爲單一的長元音。這個現象在《元朝秘史》的蒙古語中已經開始發生。

[8] 喀爾喀語的 *xjatad* 也許是/xitad/。

【補1】筆者又認爲，從音韻學角度可以把第 2 莫拉以及其後的 a、ä、o、ö 解釋爲/a/（或者是 archiphoneme /A/？）。比如，*götöl- /götal-*，*köörgö* /köarga/。

[9] 關於"蒙"[muŋ¹]在這個時候表示蒙古語的/möŋ/的推測，請參照拙文"Mongolか Mangolか"(《東方學報》東京第十二册之二，1941 年 8 月)。

[10] 請參照注[3]裏提出來的拙著以及拙文。

[11] 這裏排除筆者的"第三種轉寫"(參照注[3])中用 q-表示的詞。

[12] 請參照拙文《呫連 in Yüan-ch'ao Mi-Shih》(*Ural-Altaische Bibliothek*，Ⅴ，Studia Altaica，*Festschrift für Nikolaus Poppe*，1957)。

【補2】在八思巴文獻裏有 *k'urus*"石頭（複數）"的例子。

[13] 雖然這是多餘的修飾短語，不過比較語言學家也未必將此置於首位，謹慎起見，還是附在文中。

河西方言的性質與當代西北方言[*]

高田時雄 撰

鈴木博之 譯　石静雅 校

　　本書上述第三章[1]，我主要在漢藏對音資料基礎上，對 9、10 世紀在河西用過的漢語音韻按照聲韻母及聲調分別進行了討論。此過程中，我闡明了一般被稱爲漢藏對音但實爲兩種性質不同的資料。一類爲《金剛經》《阿彌陀經》等資料，與《唐蕃會盟碑》上有的對音基本一致。與此相反，另一類以《南天竺國菩提達摩禪師觀門》爲代表，此類資料與《開蒙要訓》等對音資料、敦煌寫本的別字異文以及布拉密文(brahmi)轉寫資料等，具有共同的音韻特徵。雖然並不存在可以證明第二類漢藏對音資料屬於 10 世紀的明確的外來證據，但還是可以認爲那些與之具有同樣音韻特徵的其他資料，反映着 10 世紀以敦煌爲中心的歸義軍統治下使用的漢語方言。我們稱作 10 世紀河西方言者，即第二類漢藏對音資料所反映的方言，可以把它看作實際上是獨立國家的河西歸義軍實力最強的語言。那麽問題是，第一類漢藏對音資料反映的方言到底是什麽。對此問題的回答，雖不能完全排除河西方言的影響，但基本可以認爲是以首都長安的方言爲基礎的唐代標準音。比如《唐蕃會盟碑》等當時的國際條約中被使用的音與這一情況相一致，就是最有力的證據。加之，第一類資料可以追溯到吐蕃統治時期(787—848 年)，一般會比第二類資料具有更多古老的年代特徵，可以看成這是中央的規範影響到文物制度各方面的盛唐時期的語言留存。吐蕃統治之前，河西是與長安直接相連的中國領土，因此我們可以想象，這個時代作爲唐朝"官話"的標準語在河西也具有規範力。但是，也不難想象，在吐蕃及其後續的張氏歸義軍、曹氏歸義軍等時期，隨着時代的變遷，這種語言的影響力

---

[*]　本文譯自高田時雄：《河西方言の性格と現代西北方言》，見於《敦煌資料による中國語史の研究：九‧十世紀の河西方言》第 4 節，東京：創文社，1988 年，186—191 頁。

確實漸漸衰退。這是由於,在唐朝統治下才能存在的標準語即"官話",在離中央很遠的地方性小王國已經不再擁有其存在的基礎了。據此我們可以推測,在 10 世紀的河西,原本的地方方言由此替代了"官話"進而獲得了權威地位。

如果第一類資料和第二類資料在一方面反映時代之間的差異,與其認爲是"標準音"與"河西音"的差異,不如認爲它反映着單一河西方言的時代變化的面貌。這一疑問當然會存在,羅常培先生曾經如此思考。然而,第一類資料和第二類資料之間的差異很大,只用一百年之久是很難説明的。若要如此思考,我們得把如聲母的徹底清化、微母的完全的非鼻音化(即自[ŋv]至[v]的變化)、韻母中三等重組二類的區別的消失、宕攝及梗攝的鼻音韻尾的脱落等所有演變都看作在此期間内發生的。第二類資料顯示的這些特點作爲河西方言的特徵不僅在 10 世紀,在 8、9 世紀就已經存在了,這種猜想可能是接近事實的。但是,只有到 10 世紀,河西方言的這些特徵才在資料上完全反映出來。因此,在 8、9 世紀,同一時代裏激進性的"河西音"和保守性的"標準音"二者並存。如此並存的現象,在漢語史中非常自然,而且頗具規範性的"標準音"表現出相對保守的特徵,也容易被理解爲一般的現象。

羅常培先生在《唐五代西北方音》裏對漢藏對音及《開蒙要訓》音注得到的結果,即羅氏説的對唐五代西北方音和當代西北方言音韻之間進行的比較[2]。被選擇的當代西北方音爲蘭州、平涼、西安、三水、文水、興縣六個地點,前兩地屬於甘肅,其次屬於陝西,最後屬於山西。選擇如此大範圍地區的方言僅僅是因爲當時敦煌附近的方言尚未被調查,並沒有很大的意義。羅常培先生的意圖爲,通過和這些方言之間的比較就能看出唐五代西北方音之間連貫的繼承關係。目前,敦煌的方言已經大概清楚了,因此若要嘗試比較,當然首先應該與當代敦煌方言進行比較。然而,這種與當代敦煌方言的比較也和羅氏對六個地點進行的比較一樣,追溯其繼承關係並不是多麼行之有效的方法。因爲,很可惜我們無法找到 10 世紀的河西方言能直接與當代的敦煌方言連接的證據。

據説,當代的敦煌方言[3]可以分成在南北貫流的黨河東邊使用的"河東話"與其西邊使用的"河西話",二者的區別是基於清朝以後屯田移民的出生地的不同。即,"河東話"主要是從甘肅東部及南部移民而來的人們講的方言,"河西話"則是從所謂的"河西走廊"地域移民而來的人們講的方言。

現在我們能看到的報告僅有記録"河東話"的,而關於"河西話"則尚不詳明。但除了聲調差異之外,兩者似乎並沒有多大的區別。僅根據"河東話"的調查報告,當代的敦煌方音在音韻上的主要特點和當代西北方言所見到的特點沒有較大差別。在這點上,我們當然不能期待與羅氏的比較結果有所不同。不如説我們需要關注當代的敦煌方言是隨清朝以後的移民而形成的事實。一般來説,邊境的語言不能保證在各時代隨着國境線的變遷而發生有連貫性的變化。從内地來的語言直接或間接的影響正如潮水的漲落一樣,或增强或減弱而逐漸推移。有時候會發生曾經存在的方言徹底消失之後,因國境又擴大而在領域内恢復,新的内地方言又移植至此地等情況。發生在以敦煌爲中心的此地域的現象正是這種情況。如在《序説》中所見,此地自從明朝以後作爲域外之地而被放棄,内地極少影響至此。語言上的影響亦可説由此杜絕。長久以來,直到清朝擴大領土而又成爲中國領土之前的很長一段時間内,我們可以認爲,此地的漢語方言已經毁滅,或者處於臨近毁滅的狀態。如上述,當代的敦煌方言爲清朝時重新移植的語言。根據這樣的歷史背景,我們可以預想,10世紀河西方言和當代敦煌方言之間的比較本身沒有多大意義。

接下來,我們將簡單地探討羅常培先生在比較時指出的方言所具有的特點。首先關於聲母,羅氏提到以下的特點[4]:

(1)全濁聲母的發展

(2)舌上音和正齒音的合併

(3)擦音清濁的合併

(4)明泥疑三母的讀音

(5)齒頭音和牙音的齶化[5]

其中,(2)(4)(5)不僅僅是當代西北方言,而且也是北方語言廣泛具有的特徵,而不是以10世紀河西方言和當代西北方言之間的連接作爲前提而特別提出的。與此相反,(1)(4)是10世紀河西方言所呈現的特點與當代西北方言特點不一致的地方。當代敦煌方言中的全濁聲母在平聲中變成不帶聲送氣音,而在仄聲變成不帶聲不送氣音,是一般在北方語中能看到的發展,而明泥疑三母也不是[^{m}b]、[^{n}d]、[^{ŋ}g],而是變成單純鼻音[m]、[n]、[ŋ][6]。

而關於韻母提到的是以下五種特點:

(1)鼻音韻尾的消失

（2）入聲韻尾的消失

（3）一等[â]和二等[a]的區別

（4）模魚虞的發展

（5）聲母對韻母的影響

其中,（2）（3）是在北方語裏廣泛發現的特徵,不需要特別考慮西北方音。(1)中的現象,在10世紀河西方言裏僅出現在宕攝及梗攝,在當代敦煌方言中不僅僅出現在宕、梗攝,而且波及所有鼻音韻尾(-m, -n, -ŋ)。對於此情況,如果能想到在10世紀河西方言發現的一部分韻尾的消失,漸漸地發展到所有鼻音韻尾的消失,我們就可以說在此看到兩者之間的繼承關係。然而,我們在當代敦煌方言裏找不到反映了在10世紀河西方言中僅在宕攝和梗攝發生消失這一具有系統性的特異點,因此我們還是猶豫是否要認可這種繼承關係[7]。關於(4),羅常培先生在唐五代西北方音中看到了現在西北方音中也能看到的模韻[o]>[u]變化及魚虞韻的合流迹象,這也並不是僅在西北方音裏才能發現的特徵,因此不需要將其看作重點。但是,對於後者,我們應該注意到10世紀河西方言具有魚韻和虞韻之間明確的區別。關於(5),羅氏提到的是以下三點：（a）合口韻母在p組後變成開口；（b）o、eu、iu三個韻在p組後變成u韻；（c）齊齒韻母在c組聲母後往往省略y介音,雖有稍微變化,但這些特徵在當代西北方言中被保留着。但是,對於(a),唇音在開合的方面保持音韻上的中立,因此,不是不可思議的情況。(b)在《慧琳音義》裏也能觀察到,當代北方語也有共通的情況,並不需要將它作爲與西北方音有關的聯繫而特別考慮,而(c)甚至不是漢語方言的問題,而是藏文寫法的問題。以上綜合起來説,在10世紀河西方言的音韻特點中,需要特別利用當代敦煌方言解釋的東西並不存在。與此相反,應該説在這點上相異點更大。我們應該特別重視在10世紀河西方言中,難以用包括敦煌方言在內的西北方言來進行解釋的特徵[8]。當然,從廣義來看,10世紀河西方言也可能屬於當時的西北方言,況且它與當代西北方言具有很多共同特徵也是事實,不能任意否定。

總之,由於10世紀河西方言和當代敦煌方言之間有被歷史背景導致的隔斷,因此不能單純通過前者找出後者的祖先形式。從而我們可以説10世紀河西方言在某種意義下是個已滅絕的語言。然而,即便如此,不能認爲它在漢語史裏的意義很小,反而可説其價值頗大。

注釋：

［１］【譯者注】即高田時雄（1988）一書。

［２］羅常培（1933），第136—160頁。

［３］當代的敦煌方言的相關内容，全基於張盛裕（1985）以及劉伶（1986）的描述。兩者的描述略有差異，現基於便利采用後者的描述。

［４］以下的特點，並不是羅氏所說的唐五代西北方音和當代西北方音之間的完全一致的點，而是至少在兩者之間可以看到關聯的。因此，其中包含在唐五代西北方音（10世紀河西方言）裏僅少部分才能發現的萌芽現象。

［５］齒頭音的齶化是羅氏的誤解，本來要删掉。

［６］但是，疑母字當然有因條件的不同變成[ȵ]、[v]、[ø]的情況。加之，有趣的是這種非鼻音化聲母遺留在當代西北方言最東邊的山西方言中。

［７］比如，宕攝的唐韻一等和江韻在10世紀河西方言裏表現爲[ɔ̃]（譯者按：原文均爲[ɔ-]，應爲原文輸入有誤）對[aŋ]的區别，在當代敦煌方言則兩者都變成[ɔ̃]。如果我們設想從10世紀河西方言直接發展成當代敦煌方言，就要設想以下演變：

	切韻	10世紀河西	當代敦煌
唐韻一等	/âŋ/ >	/ɔ̃/ >	/ɔ̃/
江韻	/ɔŋ/ >	/aŋ/ >	/ɔ̃/

但是，這是非常奇怪的演變。若要考慮更自然的演變，應該像下圖這樣首先發生了主元音合流，其次發生了韻尾的消失（元音的鼻化）。

唐韻一等	/âŋ/ >	/âŋ/ >	/ɔ̃/
江韻	/ɔŋ/ >	/âŋ/ >	/ɔ̃/

當然，這不可能是在10世紀河西方言實際上發生的演變。

［８］文韻唇音的形式等可以作爲其例子，參見原書158—159頁。

文獻研究與語言學[*]

——回鶻文漢字音的重構與漢文訓讀的可能性

庄垣内正弘 撰

温　睿 譯　趙清泉 張夢瑶 校

○、前　　言

　　語言學是側重體系的發現與普及的學問。在我周圍，"普及"之聲也不絕於耳。在這樣的環境下，文獻語言研究有相當悠久的歷史。事實上，在引出"體系"概念和"普及"等方面，它是一門需要花費大量時間的學科。

　　對古文獻中的語言進行語言學上的描寫，和以田野調查爲基礎的方言調查學有相似之處。對方言調查學來說，如果沒有通過實地調查和資料分析，就不可能正確描寫語言；文獻語言學也是如此，在解讀文獻時，無法理順原文的話也很難考察其語言特徵。但田野調查時，可以爲了特定的描寫而從發音者那兒有針對性地獲得必要的信息，這對文獻語言學來說却不可能。古文獻殘片居多，通常要一點點地發現並整理原文之後才能知道其中包含什麼資訊。這項操作就是文本綴合，是文獻研究中最耗時間和精力的工作。隨着這項工作的持續進行，語言學研究課題會不斷地產生，最終形成體系並得出結論。有時會一次出現多項課題，也有可能在長時間的文本綴合完成之後沒有出現任何可研究的課題。這也許是它被認爲是非常耗時的學科的原因。不過綴合完成的文本會被研究者們共用和評價，這與田野調查獲取的資料一致。本文將圍繞中亞古文獻之一、回鶻文獻文本綴合完成後產生的一個問題進行闡述。

　　回鶻文文獻是約 9 世紀至 14 世紀之間敦煌、吐魯番等地遺留下來的文

＊　本文譯自庄垣内正弘：《文獻研究と言語學——ウイグル語における漢字音の再構と漢字訓讀の可能性》，載《言語研究》第 124 期，2003 年，1—36 頁。

獻。回鶻文最初引入了粟特文字並與吐火羅佛教接觸,不久後又與東方的中國密切接觸,很大程度上蒙受漢字文化的影響。之後,在大量漢文佛典被譯爲回鶻文的過程中,獨特的漢字使用方法也一併形成,分別是名爲"回鶻漢字音"的音讀法和稱作"漢文訓讀"的譯讀法。

一、漢文《增一阿含經》的讀法

柏林所藏吐魯番出土漢文《增一阿含經》殘片印製於元朝,漢文末尾的空白處寫有如下回鶻文字:

yig üstünki lisayi baxšïmnïŋ qutïnta buyanïnta bo seŋ ir a？ amnï mn tolu tutuŋ-qia oqïyu tägindim namobud namodram namosaŋ(參 Gabain ,1967：28)

"最上的我,爲了 Lisayi 師的幸福,我 Tolu tutuŋ-qia 誠摯地朗讀這篇《增一阿含》。南無佛,南無法,南無僧。"

關於這段文字,A. von Gabain 解釋爲"回鶻人用漢語讀漢文";從此以後,一般都理解爲回鶻人像講漢語的人一樣讀漢文。但是我認爲回鶻人確實能讀漢文,只是讀法與講漢語的人略有不同。

二、回鶻漢字音的重構

2.1　回鶻漢字音的研究

回鶻漢字音的研究,自 1982 年東洋文庫主辦的演講會上 G. Kara 介紹柏林所藏回鶻文文獻 U5335、展示回鶻文注音的漢文樣例而始(梅村,1982)。雖然當時因回鶻文所記漢文的存在爲人所知,但人們還未認識到回鶻漢字音(的存在)。此後,高田時雄在 1985 年對伊斯坦布爾所藏漢文《法華經》及柏林所藏漢文《慈悲道場懺法》的難字注音漢字[1]音韻進行了描寫,推斷其爲回鶻漢字音的背景(高田,1985)。儘管每一枚都是細小殘片,漢字數量也相當少,但是關於回鶻漢字音存否的討論却由此開始。不久之後進入 90 年代,得因於外國人也可以參加俄羅斯科學院東方學研究所聖彼德堡分所的回鶻文文獻調查,我找到了 15 枚回鶻文注音的漢文殘片,並圍繞它們展開了研究(庄垣内,1995、1997)。

2.2　從回鶻文注音漢文看回鶻漢字音的重構

下面將針對憑藉聖彼德堡所藏 15 枚回鶻文記錄的漢文殘片重構了什

麼樣的漢字音進行敘述。

2.2.1 注音漢文内容的比勘

圖1展示了一枚回鶻文所記漢文寫本的殘片。其他殘片也同樣以草書體的回鶻文書寫。由於這種文字的多音性很強,起初無法正確轉寫。首先完成大致的文字轉寫,與漢文比勘後,改成如下 a) 所載的正確内容。比勘工作並不像找到關鍵字、查找漢文典籍那樣簡單。可以明確的是,圖1所載 SI Kr. IV266 是叫作《聖妙吉祥真實名經》的佛典的一部分。將其與漢字對照來看,如 b) 所示。

a)
(1) [   ]m ywq : [   ]
(2) [   ]kšy'wd'y l'q̈ : t[   ]y'n l'q c't'yky s[   ] : : [   ]yky šyqyw qwd'y šyn :
(3) t'yšyq pykyp t'ykysw : t'ymykyp y[   ] t'y qwd'y : t'ycwnk vyc'šyä̈ wd'y : :
(4) cy'wä̈ wd'y cykwky : qyw v'nd'w qyw t'ycwnk šynk : vw'wn p'w'wn
(5) qyyä̈ wd'y : kyncwnk syksyä̈ wd'ykyn : : q'yc'cypcy t[   ]yä̈'n q-' : t'yä̈'n

圖1

(6) q'cwnk šylyyyk : t'yq'n q'dwy kycwnk ky : t'yq'nq't'yä̈'nä̈ -'
(7) cwnk šyq'n šwr : : t'yšy cwc[   ] swyvyswn : t'ycy q'y cwnk cyšwšynk :
(8) [   ]d'y š[   ]nšwä̈ sykkynä̈ w : [   ]ysysyn [   ] : : yyd[   ]dy cw
(9) sylw : yyd'y cykw lycyšyn : kwswä̈ t'ylyk t[   ]vwpyn : t'ykwn
(10) šynk cy šyd'yä̈'y : : t'ysw swsy [   ]lw pyn : yyk šy t'yvy šynk
(11) cykw : yyw d'y cykw kwd'y cy : t'yä̈'y syk šy t'yvw pyn : :

b)
(1) [t'y kwnk yw c't'y t']m ywq : ['yrsy t'm ywq qyy/q'y cw t'n t'y ywq]
     大　供養者大貪欲　一切　貪欲　皆除　斷大欲
(2) [sy]kšy'wd'y l'q̈ : t['y'n l'q c't'yky s[wq] : : t']yky šyqyw qwd'y šyn :
     即是　於大樂　大安樂者大喜足　　大境色與廣大身
(3) t'yšyq pykyp t'ykysw : t'ymykyp y[w] t'y qwd'y : t'ycwnk vyc'šyä̈ wd'y : :
     大色　並及大形象　大明及與　大廣大　大中圍者是廣大
(4) cy'wä̈ wd'y cykwky : qyw v'nd'w qyw t'ycwnk šynk : vw'wn p'w'wn
     持於廣大　智慧器鉤煩惱　鉤大中勝普聞妙聞
(5) qyyä̈ wd'y : kyncwnk syksy ä̈wd'ykyn : : q'yc'cypcy t['y]ä̈'n q-' : t'yä̈'n
     皆廣大　顯中即是　廣大顯解者執持大幻化大幻
(6) q'cwnk šylyyyk : t'yq'n q'dwy kycwnk ky : t'yq'nq't'yä̈'n ä̈-
     化中成利益大幻化内喜中喜大幻化大幻化
(7) cwnk šyq'n šwr : : t'yšy cwc[wnk] swyvyswn : t'ycy q'y cwnk cyšwšynk :
     中施幻術　大施主中最爲尊大持戒中持殊勝
(8) ['w]d'y š[y]nšwä̈ sykkynä̈ w : [yy t']sysysyn [syr ky š] : : yyd['y] [šyn]dy cw
     於大忍辱　即堅固以大精進悉棄舍以大禪定住
(9) sylw : yyd'y cykw lycyšyn : kwswä̈ t'ylyk t['y]vwpyn : t'ykwn
     静慮以大智慧令持身具足大力大方便大願
(10) šynk cy šyd'y ä̈'y : : t'ysw swsy [w]lw pyn : yykšy t'yvy šynk
     勝智是大海　大慈自性無量邊亦是大悲勝

(11) cykw : yyw dʼy cykw kwdʼy cy : tʼẏẅʼy sykšy tʼẏvw pyn : :

　　 智慧　有　大　智慧　具大智　　大解　即是　大方　便

像這樣持續進行比勘工作,最後可知聖彼德堡所藏殘片,可據其内容分屬於 c) 中的三種佛典。

c)

《聖妙吉祥真實名經》: SI Kr.IV266, 271, 291, 817, 819, 821, SI 4b Kr.89

《四分律比丘戒本》: SI Kr.IV285, 309

《禮懺文/禮讚文》: SI O105, SI 4b Kr.175, 176, SI Kr.I125, SI Kr.IV276, SI 2Kr.45

2.2.2　重構的方法

接下來將簡單闡述已與漢文比勘的文字轉寫文本實際上表現了什麽樣的漢字音,涉及何種重構及重構的方法。

1) 利用漢字音資料

用於回鶻文所記漢文的漢字音之重構,首先以其與中古漢字音的比較爲基礎,且同時參照近代漢字音、西北方音[2]甚至回鶻文文獻中的注音漢字音而進行。“中古漢字音”不僅利用了以《切韻》系韻書爲基礎的重構音形式,還利用了反映《切韻》音系發展的慧琳(737—820 年)所著的《一切經音義》等;“近代漢字音”以《中原音韻》爲基礎並利用了重構的元代漢字音;“西北方音”則利用了以藏文和梵文爲材料重構的唐五代時期的西北漢字音[3]。另外,10 世紀末寫成的回鶻文文獻《大慈恩寺三藏法師傳》中出現大量注音漢文,這些也被用來重構漢字音[4]。

2) 回鶻文語音與文字

回鶻文采用表音文字,音韻體系與漢語差異很大,因而必須厘清回鶻文的語音與文字。

a) 回鶻文音系

p	t	k	q
b	d	g	
	(ts)	č	
(f)	s	š (x)	χ
v	z	(ž)	γ[5]
		y	
m	n	ŋ	
	l		
	r		

č=[ʧ]　　š=[ʃ]　　ž=[ʒ]　　γ=[ʁ]~[ɣ]

	舌面前	舌面後	舌面前	舌面後
高	i	ï	ü	u
	e			
低	ä	a	ö	o

e=[ẹ]　ä=[e~ɛ]　ï=[ɨ~ɯ]　ö=[ø~œ]ü=[y]　a=[ɑ]

b）回鶻文字與回鶻文語音的關係

如下所示，回鶻文語音的多音性很强：

輔音：p=/p, b/　t=/t/（音節起首和音節中間也可以用/d/表示）　d=/d/（音節中間常常也可以用/t/表示）　k=/k, x, g/　q(q̈)=/q, χ, γ/　c=/č/　v=/f, v/　s=/s, š, ž/　š=/š, ž/　z=/z, ž/　ž=/ž/　y=/y/　m=/m/　n=/n/　nk=/ŋ/　l=/l/　r=/r/。

元音：y=/i, ï, e/（音節起首時爲 y-)=/a, ä/（a 位於音節起首時是'，ä 則是'）　w=/u, o, ü, ö/（u, o 位於音節起首時'w，而 ü, ö 則是'wy）。

3）回鶻文所記漢文的回鶻文音系變異程度

假設載於回鶻文所記漢文中的漢字音，先是作爲漢語口語音系的基礎使用，後來成爲扎根於回鶻文音系中的漢字音。多數情況都符合這一假設，在融於回鶻文音系同時保留部分漢字音的特徵。例如位於音節起首的硬齶-齒齦濁擦音[ʒ](ž)，與[eu][iu]這類元音的拼合並不會出現在回鶻文裏：<nʑien>ẓ̌-yn/žen/<lieu>lyw/leu/<kɪəu>kyw/kiu/。所以重構時，要首先確定記載的文字應歸入回鶻文語音的哪個範疇，然後才能判斷其變異程度。

2.2.3　重構範例

限於篇幅，在闡釋以上重構方法之後，就不再詳細説明重構過程了。此處特將去鼻音化聲母與舌根鼻音韻尾脱落的韻母選爲示例[6]。

1）鼻音聲母的去鼻音化

a. 明母（雙唇鼻音 m）的去鼻音化

A　　　　　　　　　　　　　　　　　　　　B

魔<中古音 muâ→近代音 muɔ>pʼ（文字轉寫）　　滿<muân→muɔn>mʼn

蜜<miĕt→mui>pyr　　　　　　　　　　　　面<miɛn→miɛn >myn

默<mək→mui>pyk　　　　　　　　　　　　明<miaŋ→miəŋ>my

藏文　　'b~m（文字轉寫）　　1)ᵐb~m,　　2)ᵐb

梵文　　b~m（文字轉寫）　　ᵐb（推擬漢字音）

《慈恩傳》A：p　　　　　　B：m（文字轉寫）

　　由示例可知,中古漢字音和近代漢字音都保留鼻音聲母 m。但是反映唐長安音的日語漢音中"馬"(うま)音爲"バ",據此可知,唐代中國北方大部分地區 m-已去鼻音化。西北方音中也可見該現象。上例 1)中的 B 組,原來有鼻音韻尾,回鶻文中保留聲母 m-;而無鼻音韻尾的 A 組以字母 p-記錄原來的聲母 m-。藏文所記 m-也多數留有鼻音韻尾。'b 表示輔音的鼻化。擬音有 1)和 2)兩種,前者爲羅常培(1933)所持,後者是高田(1988)所用。梵文記載也可見去鼻音化,只是 b-和 m-的分佈與韻尾的鼻音性無關,因而水谷(1959)推斷這兩種記法都是鼻化輔音。與此相反,回鶻文字記載中韻尾鼻音性的有無與聲母的去鼻音化有明確的關係,並且沒有任何像藏文記載那樣表明輔音鼻化的標誌,因而必須假定字母 p-表示回鶻文非鼻音性輔音 b-範疇内的音;同時必須認爲 B 組中的字母 m 代表回鶻文語音 m[7]。這一現象也與《慈恩傳》裏的情況一致。

　　回鶻漢字音 A:/b/　B:/m/

　　b. 微母(唇齒鼻音)

A	B
無<mɪu→vu>'w ~ ww ~ www	聞<mɪuən→vuən>'wn ~ vyn
武<mɪu→vu>ww	文<mɪuən→vuən>vyn
未<mɪuəi→vuəi>vy ~ 'wy ~ wy	萬<mɪuɐn→van>v'n
微<mɪuəi→vuəi>vy	網<mɪuâŋ→vuaŋ>'w

藏文	'b	1)ŋbv	2)v
梵文	v	w	
《慈恩傳》	v		

　　微母在近代漢語中去鼻音化,變爲 v-;在藏文與梵文材料中也發生了去鼻音化。《慈恩傳》中全都以字母 v 記載。除了 v 之外還可見'和 w 的記録。'和 w 在音節起首結合爲'w,它在回鶻文中通常表示舌面後高及半高圓唇元音(u, o),但在這裏除了如'wpyn"無邊"一樣位於起首之外,也有像 ly'wyw"令無餘"一樣位於中間的。回鶻文裏,位於中間的舌面後高及半高圓唇的元音記爲'w 而不是 w;還要考慮到使用'來表示喉塞化聲母的情況。與近代漢語(或稱"中世漢語")音韻體系相近的《高昌館譯語》[8]中也可見與此相同的微母記示法:文<mɪuən'中古漢語'→vuən《中原音韻》→uən《等韻圖經》>:《高昌館譯語》'wwn(參庄垣内,1987:100)[9]。從上述"無、未、聞、網"的微母記法'w 可以推斷,它反映了與圓唇元音結合並喉塞化的新形式。

另外,記示"無、武"的字母 w 在回鶻文的音節起首表示近音[w],也可視爲 v 的交替形式。

回鶻漢字音　/v/~/w/~/ː/[ʔ]

c. 泥母(齒齦鼻音 n)的去鼻音化

A		B	
那<nâ→na>dʼ~tʼ		南<nậm→nam>tʼm	
乃<nậi→nai>tʼy		念<niem→niɛm>dym~tym	
惱<nậu→nɑu>tʼv~dʼw		難<nân→nan>tʼn~dʼn	

藏文	ʼn~ʼd~n	1)ⁿd~n,	2)ⁿd
梵文	d~n	ⁿd	

中古和近代漢字音都保留鼻音 n,但日語漢音將"男"(おとこ)讀爲"ダン",這種現象説明北方即西北方音裏,泥母正在發生去鼻音化。當然藏文和梵文記載中也可見去鼻音化,擬音也各種各樣。據説藏文文獻中,有相當一部分與帶鼻音韻尾的韻母結合的聲母保留鼻音 n-(羅常培,1933:19);相反,梵文文獻中不見與明母一致的分佈(水谷,1959:92)。回鶻文注音漢文中,去鼻音化比它們更進一步,基本上鼻音韻尾也同時經歷着去鼻音化。但這並不是説重構音 d 是鼻化音[10]。

回鶻漢字音 A:/d/　B:/d/

d. 疑母(舌根鼻音 ŋ)的去鼻音化

A		B	
我<ŋâ→ŋɔ>ǵʼ~qʼ		語<ŋıo→ ˙iu>kw	
五<ŋo→ ˙u>qw~qww		義<ŋıĕ→ ˙i>ky	
岸<ŋan→ ˙an>ǵʼn~qʼn		業<ŋıɐp→ ˙iɛ>kyp	
		月<ŋıuɐt→ ˙iuɛ>kwr	
		獄<ŋıok→ ˙iu>kwq	

藏文	ʼg	ⁿg
梵文	g~h	g

《慈恩傳》B:k[11]

中古漢字音中的舌根鼻音 ŋ 到了近代漢字音時大致變爲影母(零聲母、喉塞音)。藏文轉寫爲鼻化輔音,但梵文轉寫中推斷爲軟齶濁塞音。由回鶻文記載並不可推斷鼻音性的存在。A 組的字母 q 或 q 上加兩點的寫法,表示回鶻文中軟齶後部或小舌部位的濁擦音。這裏擬音爲 γ[12]。B 組的字母

k 表示回鶻文中舌根濁塞音 g 的範疇。B 組帶有介音 ɪ。A 組與 B 組的區別可以説是順應了回鶻文輔音與元音結合規則的。

回鶻漢字音 A：／γ／　B：／g／

2）舌根韻尾（音節尾舌根鼻音 ŋ）的脱落

a. 宕攝

唐韻	陽韻
當<tâŋ→taŋ>tw	長<ȡiâŋ→tʂiaŋ>cw
剛<kâŋ→kaŋ>q̈w～qw	量<liâŋ→liaŋ>lw
廣<kuâŋ→kuaŋ>qw～q̈w～qww	方<fɪuâŋ→fuaŋ>vw
皇<γuâŋ→xuaŋ>qw	網<mɪuâŋ→vuaŋ>ˈw

藏文 o～ań　　　　　　　　　　　1）oγ̃,　　　2）ɔ̃ 藏文 yo～o～oń～ań

～yań　1）ioγ̃,　　2）iɔ̃

梵文　　　ã　　　　　　　　　　　梵文　　　ā～yā

《慈恩傳》w　　　　　　　　　　　《慈恩傳》w～wy

b. 梗攝

庚韻二等	青韻
猛<maŋ→muŋ>mˈ	頂<tieŋ→tiəŋ>ty
生< ʂaŋ→ ʂəŋ>š̈～š̈ˈ～s̈ˈ～ʂˈ	形<γieŋ→xiəŋ>ky
行<γaŋ→xiəŋ>qy	

藏文 e～eń～eˈi　1）eγ̃,　　2）äĩ 藏文 e～ye　　1）ieγ̃　　2）iäĩ

梵文 e　　　　　　　　　　　　　梵文 ye

《慈恩傳》y　　　　　　　　　　　《慈恩傳》y

舌根韻尾-ŋ 在唐五代前後時期的西北方音中,有從宕攝和梗攝兩個韻母組中脱落的傾向。藏文所記此兩攝中,ŋ 通常脱落但還有鼻輔音韻尾出現,因而可推斷其保持着鼻音性;梵文中未出現此類韻尾,水谷（1959）憑上述文字轉寫設想宕攝也有鼻音性。回鶻文記載中別説是鼻音韻尾,就連表示元音鼻化的記録都没有;《慈恩傳》中的漢語注音詞彙情況也與之相同,因此從回鶻文所記漢文中難以推測韻母保有鼻音性;我認爲應該在全部回鶻語口元音的範疇内考慮。回鶻文記載中,唐韻與陽韻都以字母 w 表示,屬於回鶻語音素 o 的範疇,但陽韻原來就有介音 i(i),《慈恩傳》中也可見前元音 wy 的記法。所以事實上比起唐韻,將陽韻推測爲前一種音值更爲妥當。

唐韻	陽韻
回鶻漢字音　/o/［o］	回鶻漢字音　/o/［ǫ］
庚韻二等	青韻
回鶻漢字音　/a/～/ï/	回鶻漢字音　/e/

2.2.4　重構的範圍

雖然以上述方法重構了聲母和韻母,但並不表示回鶻文字的表音能力足夠記録漢字音。重構工作有其自然的局限,這裏以塞音的清濁和送氣與否爲例説明。

唐五代西北方音中塞音没有清濁對立,《切韻》中的平聲字多爲清送氣音,與其他聲調的清不送氣音字合流。因此回鶻文所記漢文中,塞音清濁對立消失的可能性也很大。回鶻語中没有送氣與否的對立,只有清濁對立,但可以記録這種對立的只有表示齒齦音的字母 t 和 d,然而這也不可信。回鶻語的音節中間字母 t 和 d 混用,音節起首只有 t 音出現,所以把外來語音 d 寫作字母 t 的情況也很多。簡單説來,塞音只有在文字上才有 t 和 d 的區別,這種文字上的區別在音節中間也已消失,在音節起首處也有合併爲 t 的傾向。下面的例子展示了如何記録齒齦塞音。

1)

端母<t>

多<tâ→tuɔ>t'
到<tâu→tɑu>t'w
得<tək→tei>dyk～tyk
德<tək→tei> tyk～dyk

定母<d>

塗<do1→t'u>tww
台<dâi1→t'ai>t'y
道<dâu2→tɑu>t'v
度<do3→tu>tw
大<dâi3→tai>t'y～d'y
達<dât→ta>t'r
脱<duât→t'uɔ>t'r～d'r

透母<t'>

太<t'âi→t'ai>t'y
土<t'o→t'u>tww
塔<t'âp→t'a>t'p
天<t'ien→t'iɛn>tyn
通<t'uŋ→t'uŋ>twnk

上載 1)中的字母 t 和 d 總是在音節一開頭就出現。《切韻》中表示濁音的定母<d>中偶然會以字母 d 表示,但由於端母即清不送氣的<t>也標爲 d,難以説明定母中還殘留着濁音性。應該注意的是,清送氣音的透母決不以字母 d 表示。送氣與否的對立不再存在,而保留清濁對立的語言中,常常出現以清音表示濁音、以濁音表示清音的情形。回鶻語雖已轉變爲如今新疆的維吾爾語,但仍有恰好記録了其轉變過程的資料,這就是作爲"華夷譯語"的一種、成書於明代的《畏兀兒館譯語》。雖用漢字記録詞彙,但由 2)可見,這種語言之中以濁音記清音、以清音記濁音,涇渭分明(參庄垣内,1984:56—61)。

2)《畏兀兒館譯語》"畏兀兒語"聲母的表示:

批愓(p'i t'i)/pit/'虱':把兒(pa ər)/bar/'有'

土舍(t'u ṣɛ)/tüšäk/'褥':打魯(ta lu)/daru/'藥材'

闊闊(k'uɔ k'uɔ)/kök/'青':革即兒(kɛ tsi ər)/gäzir/'砂果'

考慮到《畏兀兒館譯語》一類的外部材料,就很難斷定回鶻文所記漢文也反映了漢語送氣音對應清音、不送氣音對應濁音的現象。但是,也有使這一判定動搖的回鶻文獻,那就是以漢字書寫了回鶻人名字的元代殘片。將其分析如下[13]:

a)不(fiəu/pɪəu→pu):bu-
白(bak→pai):bä-
古(ko→ku):-gu-
斤(kiən→kien):-gin
底(tiei→ti):-di-
都(to→tu):-du

b)曲(k'iok→k'iu):kö-
脱(duât→t'uo):to-
怗(t'iep→t'iɛ):te-
唐(dâŋ→t'aŋ):ta-

c)荅(tâp→ta):ta-
的(tiek→ti):te-
大(dâi→tai):ta-

a)與 b)均無問題,而 c)中以不送氣音記録了回鶻語的不送氣音。另外,高田(1985)的《法華經》漢字難字注音殘片中也可見幫母(不送氣音 p)和滂母(送氣音 p')、端母(不送氣音 t)和透母(送氣音 t')、見母(不送氣音 k)和溪母(送氣音 k')的混用。考慮到以上内容,我們不能像《畏兀兒館譯語》那樣處理回鶻文字所記殘片,這裏是没有辦法了,才不論送氣與清濁的區别,僅將清不送氣音(p,t,k)作爲回鶻漢字音,只可能記述不送氣音有濁化的可能性。因此,始於回鶻文字所記漢語的漢語語音重構,有着相當的限制。

2.2.5 重構的結果

雖然有所限制,重構整體還是相當明確地顯示了回鶻文字所記漢文的音系及其特徵。回鶻文如何與中古漢語相對應、表示了怎樣的音,都如下圖所示;但這裏僅展示主要內容,將次要或例外的對應一併略去。

1) 聲母

	重　唇　音				輕　唇　音			
	幫	滂	並	明	非	敷	奉	微
中古漢語	p	p'	b	m	f	f'	v	ŋ
回鶻文	p		p	m	p	v		w v '
回鶻漢字音	p		b	m	p	f		w v ·

1. 異於鼻音韻尾　2. 與圓唇元音結合

舌　頭　音					齒　頭　音				
端	透	定	泥	來	精	清	從	心	邪
t	t'	d	n	l	ts	ts'	dz	s	z
d~t		d~t	l		s				
t		d	l		s				

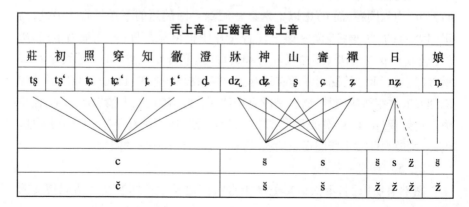

舌上音・正齒音・齒上音													
莊	初	照	穿	知	徹	澄	牀	神	山	審	禪	日	娘
tʂ	tʂ'	tɕ	tɕ'	ʈ	ʈ'	ɖ	dʐ	dʑ	ʂ	ɕ	ʑ	nʑ	ɳ
c						š		s			š s ž		š
č						š		s			ž ž ž		ž

牙　音				喉　音				
見	溪	群	疑	影	曉	匣	云/羊(開)	云/羊(合)
k	kʻ	g	ŋ	·	χ	ɦ	ɦ/y	ɦ/y
q	k1	q	k1	'	q	k1	y	v
q	k	ɣ	g	·	χ	x	y	v

1. 與三四等韻母結合　2. 與圓唇元音標記結合

2）韻母

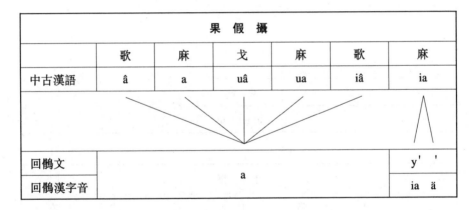

果　假　攝						
	歌	麻	戈	麻	歌	麻
中古漢語	â	a	uâ	ua	iâ	ia
回鶻文	a					yʼ '
回鶻漢字音						ia ä

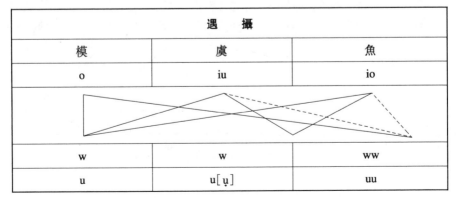

遇　攝		
模	虞	魚
o	iu	io
w	w	ww
u	u[u̜]	uu

1. 唇音聲母, 與云/以母結合

蟹　攝						
哈	泰	皆	佳	皆	灰	泰
ậi	âi	uai	aï	äi	uậi	uâi

'y		'y		wy	
ai		ai〔ai〕		oi	

祭	齊	齊
iɛi	iei	iuei

y	w　wy
i	u〔ụ〕　ui

止　攝						
之	支	脂	脂	微	支	支
iəi	iĕ	iĕi	iĕi	iuəi	iuĕ	iuĕi

y		w 1		wy	w	y
i		u		ui	u	i
ï1						

1. 與齒頭音聲母結合　　2. 與輕唇音聲母及云/羊母結合

效 攝				流 攝	
豪	肴	宵	蕭	侯	尤
âu	au	iɛu	ieu	ɘu	iɘu
'v 'w	ww1 w1	yv yw	'w	yw w	yw yv
av au	ou o	ev eu	äu	ïu u	iu iv

1. 與唇音聲母結合　2. 與輕唇音聲母及云/羊母結合

咸 攝										深 攝	
覃	談	銜	凡	鹽	嚴	添	合	乏	業	侵	緝
âm	âm	am	iuɐm	iɛm	iɐm	iem	ɐp	iuɐp	iɐp	iɘm	iɘp
'm	'm	ym		'p	'p	yp		ym		yp	
am	am[am]	em		ab	ab[ab]	eb		im		ib	

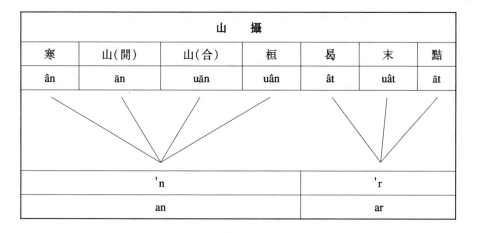

山 攝						
寒	山(開)	山(合)	桓	曷	末	黠
ân	ăn	uăn	uân	ât	uât	ät
'n				'r		
an				ar		

仙	元	先	仙	元
iɛn	iɐn	ien	iuɛn	iuɐn
yn			wyn　yn1	wn　wwn　'n
en			uen[ɥen]　en	un[ʮn]　uun　an

1. 與云/羊母結合　2. 與唇音聲母結合

薛	屑	薛	月
iɛt	iet	iuɛt	iuɐt
yr		wr	'r
er		ur[ʮr]	ar

1. 與唇音聲母結合

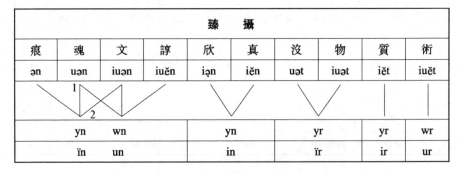

臻　攝									
痕	魂	文	諄	欣	真	沒	物	質	術
ən	uən	iuən	iuěn	iɐn	iěn	uət	iuət	iět	iuět
	yn　wn			yn		yr		yr	wr
	ïn　un			in		ïr		ir	ur

1. 與唇音聲母結合　2. 與唇音聲母‧云/羊母結合

宕　攝					
唐	唐	陽	陽	鐸	藥
âŋ	uâŋ	iuâŋ	iâŋ	âk	iâk
w	ww	w	ww	'q	'q
o	ou	o[ǫ]	ou[ǫʮ]	aɣ	aɣ[aɣ]

1. 與輕唇音聲母及云/羊母結合

曾 攝				
登	蒸	德	職	德
əŋ	iəŋ	ək	iək	uək
ynk	ynk	yk	yk	wq
ïŋ	iŋ	ïg	ig	uɣ

梗 攝						
庚	耕	庚	青	清	庚	庚
aŋ	ăŋ	iaŋ	ieŋ	iɛŋ	uaŋ	iuaŋ

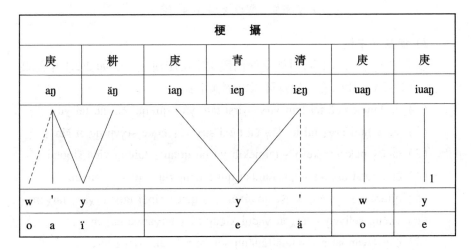

w	'	y		y	'	w	y
o	a	ï		e	ä	o	e

1. 與云/羊母結合

陌	麥	昔	錫
ak	uăk	iɛk	iek
'q		yk	
aɣ		eg	

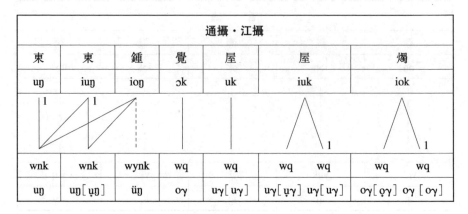

通攝·江攝							
東	東	鍾	覺	屋	屋		燭
uŋ	iuŋ	ioŋ	ɔk	uk	iuk		iok
wnk	wnk	wynk	wq	wq	wq	wq	wq	wq
uŋ	uŋ[u̯ŋ]	üŋ	oɣ	uɣ[u̯ɣ]	uɣ[u̯ɣ]	uɣ[u̯ɣ]	oɣ[o̯ɣ] oɣ [oɣ]

1. 與輕唇音聲母及云/羊母結合

3）漢文的重構

以上述 1）、2）的內容，可能重構回鶻文字所記漢文。例如 2.2.1 中記載的《真實名經》殘片的文字轉寫可以重構如下：

（1）tai kuŋ yo čä tai tam yuɣ ꞉ irsi tam yuɣ qïi/qai ču tan tai yuɣ

（2）sigši utai laɣ꞉ tai an laɣ čä taixi suɣ ꞉꞉ taike šïɣyu qotai šin ꞉

（3）taišïɣ pekib taixeso ꞉ taimekib yu tai qotai ꞉ taičuŋ vičä šiqotai ꞉꞉

（4）či uqotai čixuki ꞉ qïu fandau qïu taičuŋ šiŋ ꞉ fu un beu un

（5）qïiqotai ꞉ xenčuŋ sigši qotaixen ꞉꞉ qaicä cibči taiχan χa ꞉ taiχan

（6）χačuŋ šeliyeg ꞉ taiχan χadoi xičuŋ xi ꞉ taiχanχa taiχan χa

（7）čuŋ šiχan šurr ꞉꞉ taiši čučuŋ soivisun ꞉ taiči qai čuŋ čišušiŋ

（8）utai žinžuɣ sigkenqu ꞉ yi taisesin sir ki šä ꞉꞉ yitai šen te ču

（9）selu ꞉ yitai čixu lečišin ꞉ kusuɣ tailig taifopen ꞉ taigun

（10）šiŋ či šitai χai ꞉꞉ taisu suse ulo pen ꞉꞉ yegši taifi šiŋ

（11）čixu ꞉ yiu tai čixu kutai či ꞉ taiqai sigši taifo pen ꞉꞉

2.2.6 重構音的特徵

與中古漢語音相比，回鶻文字所記漢語音比較簡化。回鶻文字所記漢語音的主要特徵記述如下：

1）聲母的特徵

a）中古漢語至近代漢語的過程中漢語音變的反映

·至少濁塞擦音從母<ʣ>牀母<dʐ>神母<ʥ>，擦音邪母<z>禪母<ʑ>

記作清音：前<dʑien> syn/sen/　事<dʑiəɨ>sy~šy/ši/　神<dʑiĕn>šyn~syn/ šin/　續<ziok>swʠ/suɣ/　殊<ʑiu>šw~sw/šu/

· 微母<ɱ>日母<nʑ>疑母<ŋ>没有鼻音性質：二<nʑiĕi>šy~sy/ži/ 參 2.2.3

b）近代漢語的反映

· 微母<ɱ>有影母化<>（零聲母或 ʔ）現象：參 2.2.3. 1）b.

· 疑母<ŋ>也有 y 化現象：言<ŋiɐn>kyn/gen/~yyn/yen/

c）西北漢語音的反映

· 明母<m>和泥母<n>去鼻音化，但作爲鼻音韻尾的明母免於這一變化：參 2.2.3.1）a，c

d）嵌入回鶻語音系的漢語音的反映

· 中古漢語齒頭音<ts, ts', dz, s, z>全部合流爲/s/：早<tsâu>s'v/sav/ 草<ts'âu>s'w/sau/　在< dzâi >s'y/sai/　笑<siɛu>syw/seu/　像<ziâŋ> sw/so/

· 中古漢語舌上音知徹澄<ʈ, ʈ', ɖ>、齒頭音莊初<tʂ, tʂ'>、正齒音照穿<tɕ, tɕ'>全部合流爲/č/：智<ʈiĕ>cy/či/　癡< ʈ'iəi >cy/či/　除<ɖio>cw /ču/　靜<tʂăŋ>cy/či/　懺<tʂ'am>c'm/čam/　主<tɕiu>cw/ču/　稱<tɕ'iəŋ> cynk/čiŋ/

· 中古漢語的牙音及喉音的曉母、匣母，與一、二等韻母相拼時記作 q，與三、四等韻母相拼時記作 k：解<kaï>q'y/qai/~稽<kiei>ky/ki/　海<χâi> q̈'y/χai/~喜<χɪəi>ky/xi/　回 < ɦuâi >qwy/χoi/~　慧 < ɦiuei >kw/xu/~ kwy/xui/

2）韻母的特徵

a）嵌入回鶻語音系的漢語音的反映

· 介音 i 一般不表示，併入主元音：業<ŋiɐp>kyp/keb/

· 介音 u 除了與牙喉音聲母相拼之外，都與主元音融合爲舌面–後圓唇元音：尊<tsuən>swn/sun/　内<nuâi>dwy/doi/

· 介音 iu 一般也不表示，將主元音或韻尾包含在内、融合成圓唇元音，但與唇音聲母及云母、以母相拼時表現爲不圓唇元音：願<ŋïuɐn>kwn/gun/ 忿<f'ɪuən>pyn/pïn/　遠<ɦïuɐn>vyn/ven/

· 聲調没有分別

· 不表示三、四等重紐兩類的區別[14]：緊<kiĕn>kyn/kin/　謹<kɪən>

kyn/kin/　比<bĭĕi>py/pi/　悲<pĭĕi>py/pi/

b）到近代漢語之前的韻母的反映

・塞音韻尾不脱落：合<kâp>ȁʹp/qab/　舌<dʑiɛt>šyr/šer/　力<liək>lyk/lig/。此外，帶軟齶韻尾、屬於通江宕三攝的記作 q，曾攝和梗攝則隨韻母種類的不同，分别記作 q 或 k[15]：速<suk>swǧ/suɣ/（通攝）　樂<lâk>lʹqʹʹ/laɣ/（宕攝）　北<pək>pyk/pïg/（曾攝・德）　力<liək>lyk/lig/（曾攝・職開）～色< ʂiək>šyq/šï? /　百<pak>pʹq/pa? /（梗攝・陌）　覓<miek>pyk/beg/（梗攝・錫）。

c）西北漢語方音的反映

・軟齶鼻音韻尾 ŋ 在宕攝、梗攝脱落，主元音在宕攝變爲圓唇元音、在梗攝變爲不圓唇元音：參 2.2.3.2）。

2.2.7　作爲漢字音的認定

回鶻文字所記漢文顯示了保留塞音韻尾等與中古漢語一致的特徵。另一方面，從藏文與梵文材料中可以明見的唐五代西北方音的特徵，它也具備，例如聲母 m、n 的去鼻音化，軟齶鼻音韻尾 ŋ 的脱落等。但是並不能確定這些回鶻文文獻就屬於同樣古早的時代。回鶻文字所記漢文殘片，尤其是數量較多的《聖妙吉祥真實名經》，實際上是元代（13 世紀後半至 14 世紀中葉）才被翻譯、注音轉寫爲漢文的，絶不會隸屬於元朝以前的時代，所以從其他殘片和字體等來看，可以推斷在相同的時代，它和《真實名經》一同被轉寫爲漢文。另一方面，元朝時的回鶻人與説漢語的人接觸，俗文獻與佛典的跋等記載中也殘存着當時的漢語音。如下 1）所示，它們反映了近代漢語的音系。

1）

狼<lâŋ　→laŋ>　維吾爾語 laŋ　　　　　　回鶻漢字音　lo

曲<kiok→kiu> 維吾爾語 kiu～küü　　　　回鶻漢字音　küɣ

録<luk　→lu> 維吾爾語 liu　　　　　　　回鶻漢字音　luɣ

2）與《慈恩傳》體系的比較

回鶻語文獻《大慈恩寺三藏法師傳》是 10 世紀末左右被譯爲回鶻語的，難以判斷回鶻文中所含漢語音是表示當時回鶻人使用的口語音，還是表示作爲漢字音早就存在的語音，但采用的漢語語音特徵與回鶻文字所記録的基本一致。當然，這幾點如 2）所示，比起回鶻文字所記漢文，這裏使用了與實際漢語音更接近的記録。

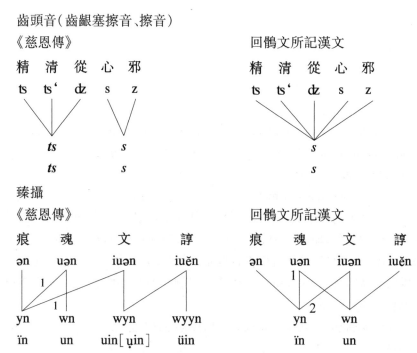

齒頭音（齒齦塞擦音、擦音）

1. 與唇音聲母結合　1. 與唇音聲母結合　2. 與唇音聲母・云/羊母結合

總之，回鶻文轉寫漢語的音系，使用的是 3—4 世紀左右的漢語西北方言。難以想象元朝的回鶻人將這樣的漢語音作爲口語使用，倒不如將其推斷爲佛典等處使用的一種音讀漢字音。

三、回鶻的漢文訓讀

3.1　回鶻文中的漢字讀法

用回鶻漢字音朗讀漢文的後期回鶻語時代，即元朝，回鶻語佛典裏屢見漢字的插入。這些漢字以訓讀和音讀兩種方法朗讀，但如 3.1.1 所示，多數是訓讀。

3.1.1　回鶻文中的漢字訓讀

1）語言層面的訓讀

a）

bir 者 時 -nüŋ qolunuŋ eniš čöpdikiŋä ikinti ärsär 佛 -sïz ödkä qoluqa tušušmaq üzä 三 -ünč 者 nizvanï qïlïnčnïŋ a? ïrïŋa bu tušta　佛 qutïŋa alqïš alu umadïlar ärsär.

"此時如果不能證得佛果的話,一是向時節的濁惡世,二是遭遇無佛的時代,三是陷入煩惱業的痛苦"

a）中所記録的回鶻文中的漢字全部訓讀,實際讀如下文 b）。

b）

bir ärsär öd-nüŋ qolunuŋ eniš čöpdikiŋä ikinti ärsär burxan-sïz ödkä qoluqa tušušmaq üzä üč-ünč ärsär nizvanï qïlïnčnïŋ aɣïrïŋa bu tušta burxan qutïŋa alqïš alu umadïlar ärsär.

e. x.　　時-nüŋ＝öd-nüŋ　　時<ẓiəi→ şï>（回鶻漢字音）　＊ši-niŋ

回鶻文中的漢字訓讀,可以從包含接尾詞在内的元音同化爲詞幹最末音節元音的現象,即元音和諧中判斷出來。例如"時-nüŋ"的"時",如果以漢語音讀,那麼無論是接近中古音還是近代音,都不會出現屬格接尾詞。如果以回鶻漢字音讀,像 ši-niŋ 一樣的接尾詞元音必須與詞幹元音和諧爲 i。此處訓讀爲 öd-nüŋ。

此外,訓讀的證據還可以從 3）中的頭韻詩中窺得:

c）

子 -larï ögindä qaŋïnda

ušaq kečig bolup qalsar yämä

大 atalarï täg ök qatïɣlanu tavranu

uqušsuz taqï artuqraq bay boldïlar

子<ʦiəi→ʦï>＝sï（回鶻漢字音）＝維吾爾語　oɣlan

大<dâi　→tai>＝tai（回鶻漢字音）＝維吾爾語　uluɣ

上面一段押頭韻 u～o,可知回鶻語中"子"讀作 oɣlan,"大"讀作 uluɣ。

2）超越語言層面的訓讀

另外,回鶻文中的漢字訓讀裡還有句子超越語言的層面、達到文本級別的。

a）（參羽田 1975 第 176 頁 第 1—7 行）

四 türlüg äzrua 福 -larï 者 bular ärürlär 一者 kim qayu tözünlär oɣlï tözünlär 女 -ï vrxar 寺 turɣurmaduq orunta 寺 turɣursar 是謂一者 äzrua buyan-ï：二者 äski vrxarlarïɣ etsär sapsar 是謂

二者 äzrua buyan-ï：三者 tüz baz qïlsar tözün bursaŋ quvraɣ-ïɣv 是
謂 üčünč äzrua buyan-ï：四者如來 -lär aŋbašlayu nomluɣ 輪
ävirgü ödtä alqu 天 -lärtä 世 -täki 人 -lärtä kim ärsär bir tïnlɣ ödläp
ärigläp nomluɣ tilgän ävirdgükä ödgüči bolsar 是謂四者梵福 -ï

文中的漢字訓讀，從第一行"福-larï"等接續的詞綴上不難看出。恐怕
這七行應該讀如 b）。

b）

tört türlüg äzrua buyan-larï ärsär bular ärürlär aŋˈilki ärsär kim
qayu tözünlär

oɣlï tözünlär qïz-ï vrxar vrxar turɣurmaduq orunta vrxar turɣursar

bu ärür qaltï aŋˈilki äzrua buyan-ï：ikinti ärsär äski vrxarlarïɣ etsär sapsar
bu ärür qaltï

ikinti äzrua buyan-ï：üčünč ärsär tüz baz qïlsar tözün bursaŋ quvraɣ-ïɣ bu
ärür qaltï üčünč äzrua buyan-ï：törtünč ärsär ančulayu kälmiš-lär
aŋbašlayu nomluɣ tilgän

ävirgü ödtä alqu täŋri-lärtä yertinčü-täki kiši-lärtä kim ärsär bir tïnlɣ ödläp
ärigläp nomluɣ tilgän ävirdgükä ödgüči bolsar bu ärür qaltï törtünč äzrua
buyan-ï

最後一行的"是謂四者梵福-ï"是一句稍有變化的漢文，可推斷 bu ärür
qaltï törtünč äzrua buyan-ï 訓讀成"這正是第四種梵福"。像這樣的漢字訓
讀，並不能理解為單個漢字與其意義的單純結合，需要關於漢語句子結構的
較深層知識。

3.1.2　回鶻文中的漢字音讀

回鶻文中的漢字音讀時，常常有 tegmä"所謂、即"一詞緊接在音讀漢字
之後，隨後接續有回鶻語譯文。

a）（庄垣内，1995：70，第 282—283 行）

清净法身 tegmä arïɣ süzük nomluɣ ätˈöz bašlap

"清净法身即純净的法身"

"清净法身"大概讀作回鶻漢字音/se se fab šin/，回鶻語譯文接續其後。

下面的 b）這樣含有回鶻文轉寫漢字的回鶻文，是在 tegmä 之前的漢字
音讀的證據：

b)（庄垣内,1991：70,第 4353—4357 行）

munï yänä var čun ši tegmä säkiz türlüg vibakdïlarnïŋ

arasïnda bešinč tïn vibakdï üzä luɣli qab šiq tegmä altï türlüg

adïra qabšuru yörgülük samazlarnïŋ arasïnda ärkä tayaqlï? temištäki nïŋ

samaz üzä yörmiš kärgäk tep

　　"此外,將此按照八轉聲中第五類那樣,進一步分爲六離合釋後結合起來解釋的合稱語中,只能按照依士釋來解釋。"

　　漢字"八轉聲"轉寫爲 var čun ši,後接 tegmä 和回鶻語譯文 säkiz türlüg vibakdïlarnïŋ。"六離合釋"luɣli qab šiq 也同樣後接 tegmä 和譯文 altï türlüg adïra qabšuru yörgülük samazlar-nïŋ。這些漢字的音讀也遵從回鶻漢字音的音系。

3.2　漢文的訓讀

　　前文已述,回鶻文中的漢字音讀時後接回鶻語譯文,全部用這種方法書寫的文獻最近才被發現。其内容爲《千字文》,按照下面 1)a)的方法讀。

　　1) 回鶻文《千字文》的讀法

　　a)（庄垣内,2000：169）

yun tïŋ ču yu　bulït sekridi yaɣmur yaɣdï :

lu ker viš [*o* sa]lqïm tüšdi q[ïraɣ]u toŋdï

　　"*yun*（雲）*tïŋ*（騰）*ču*（致）*yu*（雨）　雲升起,雨落下。"

　　"*lu*（露）　*ker*（結）*vi*（爲）*šo*（霜）　露生出,霜結起。"

音讀音依然與回鶻漢字音同屬一個音系。

雲<ɣɪuən>＝ywn/yun/　騰<dəŋ>＝tynk/tïŋ/　致<ʈiěi>＝cw/ču/[16]

雨<ɣɪu>＝yw/yu/　露<lo>＝lw/lu/　結<kiet>＝kyr/ker/　爲<ɣɪuĕ>＝vy/vi/

霜<ʂiâŋ>＝s[w]/šo/

　　《千字文》以漢字讀音訓練爲目的,通常用來朗讀,可推斷回鶻以此方法訓練漢字的音讀與訓讀。順及,日本《千字文》的讀法也如 b)所示,基本與回鶻相同,在日本漢字音讀之後接上訓讀,就是所謂的"文選讀"。

　　b)（木田/小川,1997：21）

雲騰致雨(ウントウくものぼって　チウとあめをいたす)

露結爲霜(ロケツとつゆむすんで　ヰサウとしもとなる)

　　但如 c)中例子所示,這一回鶻文《千字文》中所用的回鶻語有着與漢語極其相近的語序。而回鶻語的語序與日語同爲 SOV 型。
　　c)(庄垣內,2000:170—172)
yemiš[-lär-t]ä adïrïldï murud-lï alïmla-lï"水果中挑選李子和杏子"
果珍李杏
qavla-lar-ta ：aγïr-lïγ boldï qaytsï yig siŋir bilän"蔬菜中重要的是芥和薑"
菜重芥薑
berti orun-ïn t[aqï] alïndï el-in"讓位之後,還被掠國"
推位讓國
erinčkämäk uz-ä bodun-ïn ketmäk üz-ä yazuqladï"慰問民衆,討伐罪人"
弔民伐罪
謂語下有劃線,此處回鶻語與漢語一致。

　　2)《阿毗達磨俱舍論實義疏》的讀法
　　《千字文》直接以回鶻漢字音讀漢文,其後續接漢語語序的回鶻語訓讀。這部書以漢字教育爲目的而讀,回鶻人直接讀漢文文本。實際上回鶻文《阿毗達磨俱舍論實義疏》也是以直接讀漢文爲前提而作的。我從這部足有 2 大本的佛典注釋書中,舍去一册內容爲注釋對象《阿毗達磨俱舍論》中的引用文,再配置各注釋語起首的漢字行列,如其所示,改編原來漢文中的注釋之處。
　　a)(庄垣內,1993b:76,第 933—938 行)
küsämiš üčün bäkiz bälgülüg bildürgäli yörügin anïn bar qïlmïš ol bu sezigig tep 釋曰決者決斷 yinčürmäk ärsär odγuraqlanmaq üzmäk ärür istämäk ärsär saqïnmaq ülgülämäk tetir atqanγularïγ saqïnïp ülgüläp odγuraqlap üzär üčün adïrtlïγ odγuraq anïn atamïš ol yinčürdäči istädäči tep
　　"由於想明確表示其意義,所以對此有一些疑問。釋曰'決'就是'決斷'。'度'就是'考慮'。將考慮情況後進行決斷的過程稱爲'決度'。"
　　注釋接在"釋曰"之後開始。原來在此之前應該有作爲注釋對象的回鶻文存在,但上面用小字寫的不是該注釋的對象,而是別的注釋語。

從"釋曰"之後的注釋語內容來看,可推斷翻譯原典的漢文是像 b) 那樣的。

b)(參庄垣內,1993a:77)

論曰以五識俱生慧不能決度故審慮爲先決度名見釋曰決者決斷……

"釋曰"之前的漢文內容在回鶻文中沒有記載,回鶻文中只記有"釋曰"之後的注釋文。文本的使用者在漢文《阿毗達磨俱舍論實義疏》中找到以回鶻文書寫的"釋曰決者決斷",如果不讀它前面引自《阿毗達磨俱舍論》的文字"以五識俱生慧不能決度故審慮爲先決度名見",就不可能理解回鶻文的內容,即可以推斷這份回鶻語文本是以直接讀漢文爲前提而作的。更有意思的是,這部注釋書與《千字文》相同,以漢語語序寫成。

c)(庄垣內,1991b:166,第 2276—2279 行)

birök vinayta inčip munda keŋürü yörär üčün pradimokš sudurnuŋ

　若　毗奈耶　即　是　廣　釋　　戒　　經

tözin　ärür tŋri burxan yrlïqamïš tep abidarimta keŋürü

　本　故　是　佛　　説者　　阿毗達磨　　廣

yörär suduruγ nä üčün säčä sezinür sizlär　 tŋri burxa yrlïqamïš

　釋　契經　何故　偏　疑　　非　佛　　所説

ärmäz tep

這段文字按一般回鶻語語序排列的話如 d) 所示。

d)

birök vinayta inčip munda pradimokš sudurnuŋ tözin keŋürü yörär üčün tŋri burxan yrlïqamïš

ärür tep abidarimta　　suduruγ keŋürü yörär　nä üčün säčä tŋri burxan yrlïqamïš ärmäz tep sezinür sizlär

　　回鶻文雖然遵從漢文語序,但絕不能機械地漢語化,應限於回鶻語可理解範圍內的漢語化。例如把意思是"故"的 üčün 放在與漢文相同的位置,意義就會不明確,所以放在動詞 yörär 的後面。

　　像 3.1.1 之 2) 中的"是謂四者梵福-ï"讀如 bu ärür qaltï törtünč äzrua buyan-ï 一樣,《阿毗達磨俱舍論實義疏》中的漢文也是以這樣的漢語化語序訓讀的,可知回鶻文中留有訓讀文的記錄。另外還可推知,由於回鶻文中並未產生標點,則使用遵從漢文的語序以一定速度來讀,就是一條捷徑。

四、結　語

　　日語和朝鮮語以漢文訓讀發達的語言而聞名,二者都存有獨特的漢字音。没有聲調區別,從固有漢字音與大量同音異義詞的結合來判斷文章的内容是極其困難的。日本的僧侣用有節奏的漢字吴音朗讀佛典,但通過這種漢字音很難直接掌握文章的内容。理解文意通常使用訓讀。

　　庄垣内(1982)曾推斷回鶻存在漢文訓讀,如今在明確了回鶻漢字音的存在與其特徵後,該推斷變得更加確定。1 中所示柏林所藏的附於漢文《增一阿含經》之後的回鶻文字"誠摯地朗讀",實際上是指用回鶻漢字音朗讀,並非和當時説漢語的人相同的念法,且該内容僅能通過訓讀才可理解。

　　與中國本土隔海相望的日本和大漠兩端的回鶻,在地處漢字文化圈的類似環境下產生了非常相似的漢字使用法,不能稱爲偶然。

　　上述内容不知是否與"文獻研究與語言學"的題目相稱,不過,這一方面的語言研究要以通讀文獻的工作爲前提,到"普及"與"體系的發現"還有相當長的路要走,若得理解,值得感激,如有年輕學生對此方面有所興趣,幸哉。

參考文獻

Emmerick, R. / E. Pulleyblank 1993　A Chinese Text in Central Asia Brahmi Script, Roma.

Gabain, A. 1967　Die Drucke der Turfan-Sammlung, Berlin SDAW.

Kara, G. 1991　Mittelchinesisch im Spätuigurischen, Ägypten Vorderasien Turfan, Probleme der Edition und Bearbeitung altorientalischer Handschriften, Tagung in Berlin, Mai 1987, Hrsg. H. Klengel / W. Sundermann, Berlin, 129–133.

高田時雄 1985　《回鶻字音考》,《東方學》第 70 輯,134—150 頁。

高田時雄 1988　《敦煌資料による中國語史の研究: 九・十世紀の河西方言》,東京: 創文社。

高田時雄 1990　《回鶻字音史概略》,《東方學報》第 62 册,329—343 頁。

梅村坦 1982　《George Cara 教授的演講》,《東洋文庫書報》第 14 號,67—91 頁。

羅常培 1933　《唐五代西北方音》,上海: 歷史語言研究所專刊。

水谷真成 1959　《Brahmi 文字轉寫〈羅什譯金剛經的漢字音〉》,《名古屋大學文學部十週年紀念論集》,749—774 頁。

小川環樹 木田章義 1997 《千字文》(注解),東京:岩波文庫。

羽田亨 1975 《回鶻譯本安慧之俱捨論實義疏》,《羽田博士史學論文集》下卷第 2 刷,同朋舍出版部。

庄垣内正弘 1982 《回鶻語・回鶻語文獻研究》Ⅰ,神户:神户市外國語大學外國學研究所。

庄垣内正弘 1984 《〈畏兀兒館譯語〉之研究——明代回鶻口語的重構》,《中亞語言的研究》Ⅰ,51—172 頁。

庄垣内正弘 1987 《關於引入回鶻文獻的漢語研究》,《中亞語言的研究》Ⅱ,17—156 頁。

庄垣内正弘 1991—1993 《古代回鶻文阿毗達磨俱捨論實義疏的研究》(Ⅰ—Ⅲ)。

庄垣内正弘 1995 《關於回鶻文字記音漢語佛典殘片——回鶻漢字音的研究》,《語言學研究》(京都大學語言學研究室)第 14 號,65—152 頁。

庄垣内正弘 1997 《關於回鶻文字記音漢語佛典殘片——回鶻漢字音的研究》(續編),《西南亞洲研究》No.46 1997,1—31。

庄垣内正弘 2000 《俄羅斯所藏回鶻語殘片研究》2,《語言學研究》(京都大學語言學研究室)第 19 號,65—152 頁。

庄垣内正弘 2001 《俄羅斯所藏回鶻語殘片研究》2,《語言學研究》(京都大學語言學研究室)第 20 號,243—275 頁。

注釋:

[1] 【譯者注】日語原文"難字音注漢字",日語"音注"即注音。

[2] 【譯者注】原文爲"西北漢語音"。

[3] 關於西北方音,采用羅(1933)、高田(1988)、水谷(1959)等説法。

[4] 回鶻文文獻《大慈恩寺三藏法師傳》中的注音漢文,采用庄垣内(1987)的重構漢字音。

[5] 【譯者注】原文此音記成花體字 γ,並非 ɣ,特此注明。

[6] 考慮到中古漢語重構音所使用的字母較爲生僻,可用以下元音字母記録近似音值:â=[ɑ] a=[a] â̂=[ʌ] ä=[ɐ]。

[7] 根據羅(1933:17)和水谷(1959:89)所説,藏文材料中,去鼻音化的輔音一般也跟不保留鼻音韻尾的韻母結合;另一方面,梵文材料中却不見同樣的分布。

[8] 作爲明朝"華夷譯語"的一種,《高昌館譯語》中也含有回鶻文注音的漢語詞彙。

[9] 《等韻圖經》即《重訂司馬温公等韻圖經》(徐孝,1602)。

[10] 然而《慈恩傳》中未見記載,屬於資料缺失。

[11] 《慈恩傳》中完全不見 A 組的例子。

[12] 不過作爲外來語音的小舌濁塞音[ɢ]有保存的可能性。

［13］參看 A. von Gabain，Ein chinesisch-uigurischer Blockdruck，Tractata Altaica，Sinor-Festschrift，1976。

［14］"三四等重紐"，就是與唇牙喉音聲母或卷舌音（莊組）聲母結合的三等字 i 介音是否存在分別，朝鮮漢字音、越南漢字音和日本漢字音中均可見證據。例如"乙"（オツ　質三入影）：'一'（イチ　質四入影）。回鶻漢字音中完全不見該現象。

［15］這與梗攝與曾攝的韻尾 k、ŋ 齶音化的説法相通。

［16］關於致<ʈiĕi>＝cw/ču/，回鶻漢字音中止攝至韻出現 u，通常限於與齒頭音聲母結合時，其他多爲 y(/i/)。此處爲例外。

《暹羅館譯語》乙種本的聲調[*][1]

遠藤光曉 撰

趙清泉 譯　李晨雨 校

　　本文主要對《暹羅館譯語》乙種本中泰語和音譯漢字間聲調的選擇傾向作相關考察。

一、《暹羅館譯語》的文本

　　《暹羅館譯語》有乙種本、丙種本[2]，在收錄詞項、體裁、音譯方法等方面，兩者有所差異。乙種本（雜字部分）具有兩種系統，西田龍雄（2000：100—101）對中國科學院圖書館藏本[3]的兩種系統的文本作比較，以"地理門"的王朝名稱究竟是"大明"還是"大清"來推定文本的新舊，並對同一詞項在新本中音譯漢字的不同，分別附注標示，而只見於新本的新增詞項則列舉在各門類末尾。

　　試以目前所能參照的版本的幾個詞項作對照，如下頁表格所示。

　　由此可見，僅今西本與羅振玉舊藏本傳本的新增部分有系統差異，其餘諸本即使書寫年代或刊行年代已爲清代，但基本沿襲乙種本，如"大明"這一詞項，在改寫爲"大清"或"大篩"時是很容易操作的。

　　據羅振玉舊藏本，由於新增本存在不少沿用舊本用字的詞項，加之新本增加的部分與舊本具有不同來源，有必要對二者的情況分開討論。今西本全部傳接新增本，雖不失爲意義重大的資料，但從方法論來説，必須首先處理資料的本源部分，於是促成我以不含增加部分的乙種本作爲研究對象，而它也反映暹羅館創設時即 16 世紀末期的語言狀況。下文選取最容易參照

＊　本文譯自遠藤光曉：《〈暹羅館訳語〉乙種本の声調》，收錄於福盛貴弘、遠藤光曉編《華夷訳語論文集・語學教育フォーラム》，第 13 號，2007 年，東京：大東文化大學語學教育研究所，31—36 頁。譯文將原文位於行間的引文一律改爲當頁注，注文中日本出版的論著譯爲中文。

的《北京圖書館古籍珍本叢刊》第 6 本(1991 年,書目文獻出版社)作爲基本
引用資料。

	"王朝"	暹羅	煙	賣	老	幹	虹	雹
羅振玉舊藏本‧舊	大明	洗欲駝雅	可晚	楷	皆	杏	龍	陸歇
羅振玉舊藏本‧新增	——	谷龍司阿育提雅	寬	凱	稭	恨	茸	陸歇布
今西春秋舊藏本[4]	大明	谷龍司阿育提雅	寬	凱	稭	恨	茸	陸歇布
東洋文庫藏清代刊本	大明	洗欲駝雅	——	楷	皆	杏	龍	陸歇
亞洲協會本	大明	洗欲駝雅	可晚	楷	皆	杏	龍	陸歇
法國國立圖書館本	大篩	洗欲駝雅	可晚	楷	皆	杏	龍	陸歇
中國科學院別本	大清	洗欲駝雅	可晚	楷	皆	杏	龍	陸歇
北京圖書館本	大清	洗欲駝雅	可晚	——	皆	杏	龍	陸歇

二、聲調的選擇傾向

關於《暹羅館譯語》音譯漢字的聲調選擇傾向,Shintani(1974∶165—
184)有過詳細論述,新谷忠彥(1975)則得出了簡要的結論。此外西田龍雄
(2000∶124—130)也有相關討論。雖然二者均聲稱音譯漢字的聲調乃基於
《等韻圖經》,但他們實際是以中古音的對應關係爲歸納基礎,從而作出推定
的方法。而且,西田龍雄(2000)所根據的基礎資料是增訂過的版本,得出的
結論也與之前有所不同。

在此首先撇開泰語與漢語的調類如何分合的假説,本文只是歸納原始
泰語與漢語中古音在音類分組上的調類選擇傾向,並以此展開調查。

Li(1977)構擬的原始泰語的音類、音值,與現代泰語拼寫有所不同,而
《暹羅館譯語》乙種本的泰語拼寫也往往與現代泰語有不同之處,對這些差
異下文將會標明附注。

由於泰語中清送氣音通常也是聲調的分化條件,在 13 世紀左右,基於
聲母類別不同的文字拼寫系統早已形成[5]:

H——清送氣音、清摩擦音、清鼻流音等；

M——清不送氣音、先喉冠音；

L——濁音（現代泰語一律變作清送氣音）、濁鼻流音等；

聲調先分化作 H、M、L 三種（調域），再變爲 A、B、C、D 四類[6]，其中 D 調以-p、-t、-k、-ʔ 結尾，並以元音長短分爲短元音 S、長元音 L 兩類。

漢語音類分組則爲：有“平上去入”四聲，聲母上“全清”是清不送氣音，“次清”是清送氣音，“次濁”是濁鼻音、流音，“全濁”是濁音（至遲在元代以後的北方方言中，平聲與清送氣音合流，其它則與清不送氣音合流）[7]。

以下所舉爲泰語例子，各詞項的體例先以下面爲例：

“5 雨” fon 粉 全清上聲

此條意思是，北京圖書館本第 5 條“雨”的詞項，以泰文轉寫“fon”表示（使用的是包含原始泰語來源在内的音聲表記方式），用漢字“粉”對音，“粉”來自中古音“全清上聲”。本文《暹羅館譯語》的泰文轉寫據 Yongbunkeat(1968)，與現代泰語的拼寫形式不同者標記如下。

泰語 A 調

	5 雨	fon	粉	全清上聲	
H	50(天)高	suuŋ	聳	全清上聲	
	70 石	hin	欣	全清平聲	
	27 薄	bang	榜	全清上聲	
M	37 擊	tii	底	全清上聲	
	47 成	pen	扁	全清上聲	
	7 風	lom	隴	全清上聲	
L	40 屈	ngɔɔ	我	全清上聲	
	80 府	mɯang	蟒	全清上聲	

泰語 B 調

	209 鵝	haan	汗	全清去聲	
H	57 (風)大	hjai	捱	次濁平聲	
	162 四(月)	sii	細	全清去聲	

續　表

M	90 灘	kɛɛng	羹	全清平聲	
	142 暖	ʔun	温	全清平聲	
	208 雞	kai	該	全清平聲	
L	16 光	lung	龍	次濁平聲	現代泰語 rung
	91 溝	lɔɔng2	郎	次濁平聲	現代泰語 rɔɔng1
	255 鏡	wɯn	園	次濁平聲	

泰語 C 調

H	22 升	khɯɯn	揹	次清上聲	
	104 乾	hɛɛng	杏	全濁上聲	
	163 五(月)	haa	呵	全清平聲	
M	176 樹	ton	頓	全清去聲	
	289 主	cau	照	全清去聲	
	167 九(月)	kau	苟	全清上聲	
L	49 虹	luung	龍	次濁平聲	現代泰語 ruung
	69 水	nam	南	次濁平聲	
	94 洗	laang	狼	次濁平聲	

泰語 D 調 L

H	235 鎗	hɔɔk	鶴	全清入聲(*-k)	
	13 霧	hmɔɔk	漠	次濁入聲(*-k)	
	290 客	khɛɛk	客	次清入聲(*-k)	
M	20 出	ʔɔɔk	握	全清入聲(*-k)	
	236 刀	daap	答	全清入聲(*-p)	
	250 盞	cɔɔk	酌	全清入聲(*-k)	
L	19 暗	mɯɯt	没	次濁入聲(*-t)	
	218 犀牛	lɛɛt	勒	次濁入聲(*-k)	
	275 子	luuk	陸	次濁入聲(*-k)	

泰語 D 調 S

H	43 雹	hep	歇	全清入聲(*-t)	
	164（六）月	hok	忽	全清入聲(*-t)	
	168（十）月	sip	習	全濁入聲(*-p)	
M	29 落	tok	督	全清入聲(*-k)	
	98 塞	cuk	竹	全清入聲(*-k)	
	109 礁	kɔʔ	各	全清入聲(*-k)	
L	28 起	luk	路	次濁去聲	
	38 飄	bat	拍	次清入聲(*-k)	
	205 羊	bɛʔ	撇	次清入聲(*-t)	

總結上文，首先可以看到 A、B、C 三調有如下傾向：

	A 調	B 調	C 調
H		?	?
M	上聲	清平	?
L		濁平	

Shintani（1974）以法國國立圖書館本爲基礎，對全部例子的聲調選擇傾向作考察，結果發現，A 調和 B、C 調的 L（低域）與上表情況一樣，B、C 調的 H（高域）則去聲所占比例較高，B、C 調的 M（中域）則各個聲調出現均等。Shintani（1974：184；1985）則説 B 調 L 與 C 調 H・M 顯示出來的不同的音譯情況，本身不是不同的調類導致的，它們不是如同已經發生調類合流的現代曼谷方言 5 調體系，而可以推定《暹羅館譯語》是 6 調體系。

順便要説的是，現代曼谷方言的聲調體系如下：

	A 調	B 調	C 調
H	24	11	52
M	22		
L		52	45

西田龍雄（2000：125）推定的《暹羅館譯語》對應的調類、調值，與此大致相同。

此外，關於 D 調與入聲，如上所舉的例子，泰語 D 調的音節與漢語入聲字對當的比例較高。通觀上引各例，入聲字用來對譯泰語 A、B、C 調的情況則非常少見。

而且可以認爲，用來對應泰語的-p、-t、-k 韻尾的漢語音譯漢字，有以來自中古同一發音部位的漢字去對應的傾向。不過例外也較多，目前來看關於漢語中-p、-t、-k 韻尾是否完存，應持以保留意見，但可確定的是，入聲應當依舊存在。

但由於對入聲分合的詳細情況仍難解決，本文暫且先依據學界相關結論。

三、對聲調選擇傾向的解釋

對上文泰語 A 調與聲母條件無關，一律與漢語上聲字對應的現象，該作如何解釋？

首先，泰語 A 調可能只有一類，但據 Brown（1965）記述的現代泰語數十個方言點來看，沒有一種方言存在這種情況。於是我們可以考慮，泰語 A 調雖然存在兩類，可能由於調值近似，在對音時采用了與漢語相同的調類。比如泰語北部的清萊、帕-難府，有低平升調、中平升調兩種，而且調型相似。

對於 B、C 調的低輔音字傾向對應濁平聲字的問題，據 Brown（1965）記述的第 16、17 方言點及 51、52 方言點，B、C 調發生合併而變爲高平降調，《暹羅館譯語》合併的可能性也絕非沒有。

但與此同時，還有一種可能，即由於泰語兩種聲調的調值類似，因此在漢語音譯時采用同一調類。剛才討論的曼谷方言，在 20 世紀前半期，C 調在低輔音音節爲高升降調，而高降調的 B 調低輔音音節，可能與其類似。這種情況下，現代曼谷方言 B 調低輔音音節與 C 調高/中輔音音節合併，由此可假定此前的某個階段，如同現代清邁方言那樣，B 調低輔音音節爲高降調、C 調高/中輔音音節爲低降調。若爲如此聲調體系，B 調低輔音音節與 C 調低輔音音節共有高降的部分，因而在對譯時采用與漢語同一調類的漢字。

但無論如何，《暹羅館譯語》的基礎方言：在泰語方面是阿育他耶府（大城府)方言、在漢語方面則是北京方言,但不會限於此。而且在 16 世紀這些方言的調值與現代也不一定一致,關於調值方面的討論,必須承認的是至今仍舊困難重重。

四、附論:"半音節"的元音音值

以上所舉的例子,僅限於泰語一個音節與漢語一個音節對應的情況,泰語雙輔音(複輔音)及所謂"一個半音節"的詞語,較多與漢語兩個漢字對譯。關於這種對應關係,雖是今後的討論對象,就目前接觸到的材料而言,前接"半音節"的元音音值恐怕不是現代泰語那樣的 a,而是 ɔ。例如:"72 海"∣daʔlee∣駝里;"77 市"∣talaat∣朵臘;"82 關"∣khanɔɔn∣可暖。從這些例子可知,在明代對譯前接音節使用的是 *o 這樣音值的漢字。

參考文獻

Brown, J. Marvin 1965   *From Ancient Thai to Modern Dialects*, Bangkok: Social Science Association Press of Thailand; Bangkok: White Lotus, 1985.

Henderson, Eugénie J. A 1976   Thai Phonetics Sixty Years Ago: Gleanings from the Unpublished Notes of Daniel Jones, Gething T.W, J.G.Harris, Pranee Kullavanijaya eds. *Tai Linguistics in Honor of Fang-kuei Li*, 162–170, Bangkok: Chulalongkorn University Press.

西田龍雄 2000   《東アジア諸言語の研究 I》,京都:京都大學學術出版會。

Li, Fang Kuei 1977   *A Handbook of Comparalive Tai*, Honolulu: The University Press of Hawaii.

Shintani, Tadahiko(新谷忠彥) 1974   *Le vocabulaire Sino-Thaï el son arrière-plan*, *Thèse de doctorat*, Paris Ecole Pratique des Hautes Etudes.

新谷忠彥 1975   《タイ諸語音韻史研究に占める華夷訳語の役割》,《中國大陸古文化研究》第 7 集,35—40 頁。

Yongbunkeat, Chaleam 1968   *Lipi krom thai ciin samai raatchawong Ming* (《明朝時期泰中辭典》), Bangkok: Thaibaeprian.

注釋:

[1] 本文爲三菱財團人文科學助學金研究成果的一部分,太田齋先生賜借重要的參考文獻,太田ウランヤ先生在文章泰語引用文獻部分給予莫大幫助,在此謹表謝忱。

[2] 有倫敦大學藏本(SOAS MS48363)、静嘉堂文庫藏本、阿波國文庫藏本等版本。

[3] 羅振玉舊藏内閣秘笈,編號 2270571,僅存天文、地理、時令、花木、人物、人事、身體等門類。

[4] 據西田龍雄(2000,100—102、124—130)記載,今不知此本的具體所在,亦未能目見。

[5]【譯者注】13 世紀最早的暹羅碑刻利用三種符號標示四個原始台語的調類: ① 零(無符號)表示 A、D 兩調,由音節類型加以區分;② 在輔音上面加垂直的一筆表示 B 調;③ 在輔音上面加一個十字表示 C 調(Li ,1977∶26;李方桂 2011∶28)。

[6]【譯者注】臺語系統(以暹羅話爲例)依聲母不同而分爲高、中、低,又依據聲母定聲調的 H、M、L、S。雖然三分系統以暹羅話最爲熟知,但在泰國境内的方言亦有差異(李方桂,1962/2011∶54—56)。A、B、C 出現在韻尾是連續音,即元音或鼻音的音節。台語聲調分作 A、B、C、D 四類,略與漢語的平、上、去、入相當(Li,1977∶25;李方桂,2011∶27)。

[7] 中古音的音類使用的是丁聲樹《古今字音對照手册》,中華書局,1981 年。

甲種本《華夷譯語》音譯漢字基礎方言問題[*]

更科慎一 撰

趙清泉 譯　鄭　偉 校

一、《元朝秘史》與甲種本《華夷譯語》

目前,筆者雖未對《元朝秘史》[1]的音譯漢字[2]做過相關研究,但因《元朝秘史》與甲種本《華夷譯語》[3](本小節單稱《華夷譯語》)使用的漢字,基本上采用的是相同的音譯方式,由此我們可對二書作粗略一瞥。

關於《元朝秘史》與《華夷譯語》音譯漢字的不同點,陳寅恪(1934)、服部四郎(1946:132—146)、村山七郎(1961)、小澤重男(1994)第 8 章、栗林均(2003)前言部分等均有論及,綜合他們的研究來看,可總結二者的不同點如下。

一、音譯漢字不僅反映蒙古語的意義,還可反映其擇用偏旁的傾向程度,《元朝秘史》傾向性更強,而《華夷譯語》則較弱。

二、音節末-1 的表記[4]法。《元朝秘史》固定使用下標小字"勒",《華夷譯語》則主要使用附加"丁"爲首的區別符號(方式不統一)[5]。

三、其他方面,蒙古語的動詞過去形語尾的音譯表記(《元朝秘史》"罷"、《華夷譯語》"八""巴""別""怕")、與格語尾表記的區別符號"中""舌"等在《華夷譯語》中脱落。探明二書的成書過程仍有不少重要問題,詳情則請參閱上文諸位學者的先行研究。

以上學者所探討的不同點着眼於用字法方面,關於兩者音譯漢字基礎方言的不同之處,拙見之外尚未有人指出。本文立足於考察《華夷譯語》音譯漢字的基礎方言,認爲可作出《元朝秘史》與《華夷譯語》基於同一種漢語

---

[*]　本文譯自更科慎一:《甲種本〈華夷譯語〉音訳漢字の基礎方言の問題》,原文載於《佐藤進教授六十歲誕辰紀念論集》,東京: 好文出版,2007 年,186—198 頁。譯文將原文位於行間的引文一律改爲當頁注,注文中日本出版的論著譯爲中文。

方言可能性極高的判斷。

　　順便要説的是,上文第一點,《華夷譯語》的音譯漢字,與《元朝秘史》相比,更少以"視覺"來表示(即更多以"聽覺"來表示)[6]。第二點,《華夷譯語》中蒙古語-l 的表記方式不統一,是音譯者按照所聽到的記録下來的漢字偶然固定下來的結果,可認爲《華夷譯語》的音譯漢字確實更多靠聽覺性來表示(更科慎一,2003a)。簡言之,與《元朝秘史》相比,《華夷譯語》的音譯漢字,在字面意義的使用上與音譯漢字並非機械地對應,借助於漢字的直接聽覺(讀音),可謂是更"純粹的"音譯[7]。

二、《中原音韻》(1324)與甲種本《華夷譯語》

　　服部四郎(1946)下篇第一章中説到,《元朝秘史》音譯漢字的基礎方言,爲當時的北京音和南京音的可能性最大,北京音濁音消失,而南京音則保留濁音,因此對濁音字的音譯漢字用法的考察,則可判斷《元朝秘史》音譯根據的究竟是北京音還是南京音。對全濁聲母用字嚴密考證後,可看到與現代北方話一樣,《元朝秘史》的音譯漢字體現爲中古全濁聲母平聲讀清送氣、仄聲讀清不送氣的類型,因而較大可能是基於此種類型的方言。由此,服部四郎得出結論"與南京音相比,采用北方音系的標準音(北京音)的可能性要大得多"(同上,1946:107),音譯漢字的"第一種轉寫"顯然可斷定爲根據《中原音韻》而來(同上,1946:108)。

　　筆者雖未必有服部四郎 1946 那般嚴密的考證功夫,但服部氏關於全濁聲母的相關結論,甲種本《華夷譯語》(以下簡稱"甲種本")亦可得到印證。根據服部氏的結論,可以推測:甲種本與《元朝秘史》音譯漢字基礎方言相同可能性極高,它應該也是以《中原音韻》爲代表的當時的北方方言。

　　爲更好地理解甲種本的音譯漢字與《中原音韻》的音韻系統相合情況,確實有必要對蒙古語的聲韻區別作出明確説明。下文我們主要選取兩個重要方面探討。

三、關於中古-m 韻尾字

　　中古漢語鼻音韻尾-m,-n,-ŋ 中的-m 韻尾,從現代漢語方言中的表現形式來看,在粵語、客家話、閩南語等南方幾大方言區保留-m 尾,在北方方言區則由於-m、-n 合流,-m 尾一般没有保留(不從中古的-m 尾來而發生晚起創新者除外)。

北方漢語-m 韻尾,在《中原音韻》基本保留(唇音聲母字已發生-m>n 的變化,是由聲母對韻尾的異化作用導致,與後起的-m>n 的音變無關)。朝鮮·申叔舟《洪武正韻譯訓》(1455,現可見 1974 年高麗大學出版部影印本)的"俗音"中,中古-m 韻尾字已經轉爲-n 韻尾字,可通過音素文字的諺文清楚地觀察到這一現象[8]。由此可見,從甲種本刊行(1389)以來,至少在 15 世紀半葉,由外國編纂的具有普遍性和權威性的漢語發音辭典所記錄的漢語方言中,-m>n 的變化已經廣泛發生了。

《華夷譯語》乙種本和丙種本中,所記錄諸多語言的音譯漢字,正表明了其基礎方言爲-m、-n 合流的音韻系統。即對乙種本、丙種本《華夷譯語》音節末有-m、-n 尾的,如波斯語、維吾爾語、蒙古語、女真語、朝鮮語、藏語、越南語、百夷語等詞彙的音譯漢字作分析,可發現中古-m 韻尾字與-n 韻尾字的使用區分不甚明晰。也就是説,若記錄目標語言的-n 尾,可以中古-m、-n 任意一種韻尾的漢字去對譯,-m 尾亦與之相類,也是-m、-n 兩種韻尾均可對譯,或者是部分-m 尾用"木""目""門"等漢字對譯。我們舉例如下[9]。

(記録語言中包含-n 尾音節: -n 韻尾字)

爛: lan(姪,《百夷館譯語》乙種本第 356 條)

思卜齐: sprin(雲,《西番館譯語》乙種本第 5 條)

(記録語言中包含-m 韻尾的音節: -n 韻尾字)

爛: lam(腎,《百夷館譯語》乙種本第 428 條)

克吝思-刺: khrims-ra(衙門,《百夷館譯語》乙種本第 237 條)

(記録語言中包含-m 韻尾的音節: -m 韻尾字)

貪阿 tamgǎ(印,《回回館譯語》乙種本第 497 條)

呀林 yarim(月缺,《畏兀兒館譯語》丙種本第 47 條)

(記録語言中包含-n 韻尾的音節: -m 韻尾字)

虎夫貪: xuftan(亥,《回回館譯語》乙種本第 124 條)

克林赤: qilinč(刀,《畏兀兒館譯語》丙種本第 578 條)

(記録語言中包含[-m]:"門""木")

果門: gom(熊,《朝鮮館譯語》第 202 條)

納木其: namki(屜,《女真館譯語》丙種本第 608 條)

甲種本《華夷譯語》中,中古-m 韻尾字與蒙古語-m 結尾的音節對譯,中古-n

韻尾字與蒙古語-n 結尾的音節對譯,使用分別井然,而記録-m：-n 不同的僅有 17 對漢字[10]。限於篇幅,我們選取以下幾例。

藍 lam：闌 lan

兀藍：ulam(傳,2：03b4)[11]

答闌：dalam(七十,2：25b2)

添 tem：田 ten

添迭克：temdek(明白,2：09b3)

田迭：tende(那裏,2：27a5)

甲種本中-m 韻尾與-n 韻尾的區别,以下三例例外：

(1) 敦(端魂平一合)：dun, dün, tun；dum

(語例)敦答：dumda(749.中,1：25b3)

(2) 遵(精諄平三合)ʒüm

(語例)兀遵：üʒüm(93.葡萄,1：04a4)

(3) 三(心談平一開)：san

(語例)孛魯黑三：bol-u-qsan(做了的,2：06b3)

例(1)、(2),用漢語中古-n 韻尾的臻攝字(魂韻、諄韻)對譯包含 um、üm 音節的詞。可解釋爲：在這些有着-m 韻尾的韻母中,由於没有適於表記蒙古語中那些有 u、ü 主元音的音節,所以在此不得已采用-n 韻尾對譯。

例(3)蒙古語形容詞詞尾-qsan,與前面兩例相反,是用漢語的-m 韻尾字去對譯蒙古語的-n 音節。值得注意的是,當時對譯蒙古語的語音形式爲*-qsam(對譯元音和諧的交替形式-ksen,用的是-n 韻尾的"先"字),此處用的是-m 韻尾字"三",其中一個原因是,這個詞尾在蒙古語中使用較多,因此偏向於用符合音譯且筆畫少的"三"字；另外一個原因則是從甲種本的用字習慣來看,詞末一般使用平聲字[12]。從甲種本音譯全部用字來看,最合適的當是使用心母山攝一等開口字去表示蒙古語連讀音-san。雖有平聲(即寒韻)如珊跚姍等字,但它們都不是常用字。而且從現代北京音(shan)來推測,這些字没有按照通常的音變走,不是讀爲 s-聲母(心母)而可能是讀爲 ş-聲母(生母)字了。

從上文來看,甲種本中蒙古語音節末輔音保持着-m 和-n 的區别,正與音譯漢字的中古韻尾-m 和-n 分别對應,這些例外顯然也説明了這種可能。由此可以認爲,甲種本音譯漢字的基礎方言,與《中原音韻》一樣,屬於區分中古-m、-n 兩種韻尾的方言。

四、中古通江宕梗曾攝入聲字

4.1 問題所在

《中原音韻》的一部分入聲字,在兩個韻部重複出現。

(1) 通攝三等:尤侯(iəu)與魚模(iu)……逐軸熟宿燭粥竹褥等 8 字

(2) 宕江攝:蕭豪(ɑu/iau/iɛu)與歌戈(o/io)……薄箔泊鐸幕嶽等 44 字

(3) 梗攝二等:皆來(iai)與車遮(iɛ)……客額嚇等 3 字[13]

此外,(1)—(3)各舉的例字也有僅在某一個韻部出現的入聲字。

這些重出的韻字,或在無輔音韻尾的韻母中,或在有-i、-u 韻尾的韻母中,與現代北京話的入聲字的文讀音(無輔音韻尾)、口語音(具有-i、-u 韻尾)的區別具有較大關聯(早期論著如長田夏樹,1953)。其中關於(1)(2)例,的確與現代北京話的文白異讀情況相符。

(1) 通攝三等"熟"(《中原音韻》尤侯韻、魚模韻):口語音 shóu 文讀音 shú

(2) 江攝"學"(《中原音韻》蕭豪韻、歌戈韻):口語音 xiáo 文讀音 xué

(3) 宕攝"落"(《中原音韻》蕭豪韻、歌戈韻):口語音 lào 文讀音 luò

但是,(3)有所不同。薛鳳生認爲,儘管梗攝入聲讀如車遮韻,沒有輔音韻尾,却不是來自文讀音,它所記錄的是皆來韻韻母/yay/的主元音與韻尾發生融合(/yay/→/ye/),並非原來的文讀音系(薛鳳生,1990:126)。實際上,"客"字車遮韻的讀法當對應於北京話的 qiě(北京大學中文系,1989),不是文讀音而是口語音。薛鳳生(1990)說到,入聲轉入車遮韻的重出字,僅限於牙喉音聲母,這一點十分具有説服力。必須要説的是,這一現象與現代北京話的文白異讀沒有直接的關係。而且,與現代北京話梗攝二等(以及曾攝一等)入聲字的文讀音(如"客"kè"德"dé)相當的讀法,《中原音韻》未有記錄。

我們在上文討論了甲種本音譯漢字在幾個入聲韻攝的使用狀況。下面則特別要分析那些表示蒙古語單元音的用字,以及表示蒙古語-i、-u 韻尾複元音(或者説是准連讀音)的用字,之後才能對音譯漢字基礎方言的音韻系統及其性質方面作有意義地探討。

4.2 表示蒙古語-i、-u 的複元音(或准連讀音)的通江宕梗曾攝入聲字

在對入聲字探討之前,我們先看非入聲的音譯漢字使用情況。一般認

爲,甲種本是以蟹、效、流攝字來對譯-i、-u 韻尾。如下面的例子中,通過分析那些表示蒙古語的-i、-u 複元音(或准連讀音)的用字我們即可明白。

蟹攝字

台:tai　　　　　土^舌林台:[△]turimtai[14](209.龍朵兒,1:07b7)

該:gei　　　　　洗思該:[△]sisgei(329.氈,1:11b7)

槐:(h)oi　　　　槐:oi(23.林,1:01b7)

^舌雷:rui　　　答^舌雷突兒:darui-dur(836.隨即,1:28a8)

效攝字

討:tau　　　　　討來:taulai(150.兔,1:06a2)

潮:čegü　　　　(孛^舌羅)客潮:[△](bör-e)kečegü(88.荊,1:04a2)

流攝字

口:keü　　　　　口刊:keüken(440.小兒,1:15b2)

紐:niü　　　　　紐列思魁[△]niülesküi(737.仁,1:25a4)

除首音節爲輔音之外,我們依上文對蒙古文詞綴的羅馬轉寫所示,蒙古語的連讀音的對應如下:

Ⅰ[元音+i]及[元音+u/ü]

Ⅱ[元音+yi]及[元音+ɣu/gü][15]

Ⅰ、Ⅱ的連讀音中,前面的元音與後面的(y)i、(ɣ)u/(g)ü,使用的音譯漢字各別。其中,前面的對譯使用蟹、效、流攝等韻攝的字略舉幾例如下:

愛:a(yi 前)　　愛亦^舌剌_黑:ayiraq(364.駝你,1:13a2)

來:le(i 前)　　都來亦:dülei(732.聾,1:25a1)

卯:ma(ɣu 前)　卯溫:maɣun(823.歹,1:28a1)

挑:te(gü 前)　　挑兀別兒:tegü-ber(838.爲那般,1:28b1)

此類用蟹、效、流攝等各攝字表記連讀音的可用以下方式表示:

Ⅲ[元音][只在(y)i、(ɣ)u、(g)ü 前]

Ⅲ表示後面的(y)i、(ɣ)u/(g)ü,表記的是前字的-i、-u 韻尾與後字的聲母(預想中最合理的是零聲母)、介音連續的分音節,如上面第一例可用 ai-yi-ra-x(ei)來解釋。

上面音譯漢字表示Ⅰ—Ⅲ的連讀音,我們很容易得出這些音譯漢字“用以表示複元音”的結論,但在Ⅲ條件下必須預想其中的例外,因爲有可能使用前字不屬於蟹、效、流各攝的音譯漢字,如果攝、假攝等無韻尾的音譯漢

字。這種情況下,音譯漢字就不是用來表示複元音,例如:

朵: dö 朵宜[16] : △döyi(418.妹,1∶14b7)

者: je 者温: jegün(756.左,1∶25b6)

甲種本中有不少這樣的例子。

下文,我們對通江宕梗曾攝的入聲字作探討[17],不過限於篇幅,具體例子除非必要,一般省略。

4.2.1 通攝入聲字

音譯漢字是"卜木禿禄速谷竹觸續俗",全部用來表記蒙古語[輔音+單元音 u/ü],也就是説,不用來表示複元音。

4.2.2 江攝入聲字

音譯漢字爲"卓"。語例只有一個,此處用來表記蒙古語 jo,亦未用來表示複元音。而用"搠"來表記蒙古語 čo、čö,雖與《集韻》"色角切"聲母不合,但在此處對譯是可取的。

4.2.3 宕攝入聲字

音譯漢字有"博莫托諾郭勺著約"。除下面一例之外,均用來表記蒙古語[輔音+單元音 o/ö],也不會用來表記複元音。

問題在於"勺"(《廣韻》之若切,照藥入三開),例如下:

勺温: △jegün(293.針,1∶10b4)

"勺"除此例外,在詞彙部分還有 5 例可見,文例部分則多達 9 例(同一詞根的格助詞尾形式不計),而 jo、jö 等形式也不是表記複元音。不過"勺温"中的"勺"表記的是 je,而且出現在 gün 前,與上文的規則Ⅲ相合,不得不讓我們得出它用來表記複元音的結論。

4.2.4 梗攝入聲字

梗攝入聲二等字與三四等字的情況有所不同,音譯漢字如下所示。

(二等)(i)伯拍澤(ii)格客赫額

(三四等)赤石覓的曆積昔亦

首先,三四等字全部用來表記蒙古語[輔音+單元音 i],也不是用來表記複元音。二等字有(i)、(ii)兩種情況。

(i)用例不多但比較重要,各音譯漢字的全部例子如下。

伯: 若算上(B)例的 2 例,則有 4 例[18]

(A)表記名詞詞幹的一部分

伯顏: bayan(557.富,1∶19a6)……複元音Ⅲ

（B）表記動詞完成終止形詞尾 bai, bei⋯⋯複元音Ⅰ

可兒伯：kör-bei(74.凍,1：03b2)

只兒^中合伯：jirqa-bai(快活了,2：25b3)⋯⋯([B]其他5例省略)

（C）表記表示"即使⋯也"小辭的 bai⋯⋯複元音Ⅰ

黯巴兒伯：yambar bai(843.不揀什麼、又,1：28b3)

拍：用例1

阿兒拍：arbai(103.大麥,1：04b2)⋯⋯複元音、Ⅰ

澤：用例2

字魯兀澤：bolu-'ujai(做恐,3：17a5)⋯⋯複元音、Ⅰ

^丁完澤：öljei(福,2：01a5)⋯⋯複元音、Ⅰ

也就是説,(i)的三字,均用來表記蒙古語中包含 ai、ei 音節的複元音。

（ii）用例數及表記對象語言音節如下所示。

格：用例數 67,表記 ge。

客：用例數 54(除去可疑的1例),表記 ke。

赫：用例數 9,表記 he。

額：用例數 134,表記 e。

（ii）中四字有下列三個共同點:

（1）用例數較多,且全部都是用來表記連讀音的例子。

（2）全部用來表記蒙古語包含 e 的連讀音(不是複元音)。

（3）均爲牙喉音聲母字。

4.2.5　曾攝入聲字

音譯漢字如下:

（一等）克刻黑

（三等）直式拭食

克：用例數2。

克：kei(5.風,1：01a5)

捏克-迭^丁延：nekei debel(326.皮襖,1：11b6)

刻：用例數1。

額_惕刻：etke(374.割,1：13a7)

黑：用例數1。

黑里幹：heligen(701.肝,1：24a2)

一等字的用例很少,"克"字二例均用以表記蒙古語 kei,爲複元音。

"刻黑"分別用來表示蒙古語的 ke、he,不是用來表記複元音。通常來看,ke 以"客"來表示、he 以"赫"來表示(參照4.2.4)。可認爲"刻"是表意的音譯 漢字("割"與"刻"的意義相關),"黑"用字理由雖不確定,但也可能存在某 種程度的表意成分。

而且曾攝一等字"勒、黑、克"以小字出現,用來表記蒙古語音節末輔音 的 l、q、k(參照甲種本卷首《華夷譯語凡例》)。

曾攝三等字,與梗攝三四等字一樣,用來表記蒙古語[輔音+單元音 i] (但"式食"用來表記單輔音),亦不會用來表記複元音。

4.2.6 本小節總結

上文所論總結如下:

不見複元音用例的韻攝:通攝、江攝、曾梗攝(三四等);

可見複元音用例的韻攝:宕攝("勺":-e[gü])、梗攝二等("伯拍澤": ai, ei)、曾攝一等("克":ei)。

4.3 複元音表記與《中原音韻》音系的關係

如4.2.6所示,中古入聲宕、梗、曾攝字可用來表記複元音。通過表記蒙 古語的語音與《中原音韻》的音韻體系對照,可較好地説明問題。

《中原音韻》音系擬音

音譯漢字	表記對象	服部四郎(1946)[19]	楊耐思(1981)
勺	je(gü 前)	tz̧au'²	ʃiɛu
伯	bai, bei	pai'²	pai
拍	bai	(未收)	pʰai
澤	jai, jei	tz̧ai'¹	tʃai
克	kei	kʰəi'²	(未收)

這些例子説明,甲種本的音譯漢字與《中原音韻》基於同一系統的漢語 方言的可能性較大。

但在此必須先要指出兩點。第一,用以表記蒙古語-i 和-u 的複元音(或 者是准連讀音),多數是由非入聲的蟹、效、流攝字來分擔。用入聲字表記複 元音,通覽全卷只有討論過的8例(包括動詞詞尾1例)。説明對音者在對 譯-i、-u 韻尾字時儘量避免使用入聲字,因此使用蟹、效、流攝字。若對音者避免使用入聲字的理由成立,可得出如下兩點認識。

(一)具有-i、-u 韻尾的入聲字,與現代北京話一樣,在口語中出現,從語言風格來看,與使用的音譯漢字不甚相合。

(二)具有-i、-u 韻尾的入聲字,因與非入聲字有語音特徵上的差異[20],受此影響,用來表記蒙古語帶有-i、-u 的複元音(或准連讀音)。

第二,關於梗攝二等與曾攝一等的入聲字,上文(4.2.4,4.2.5)甲種本這些字的分佈極具特點,特別是梗攝二等字中,表記複元音的用例很少,如第(i)組的"伯拍澤";牙喉音聲母的用字則用來表記單元音韻母,用例也較多,如第(ii)組的"格客赫額",用字區別十分清楚。

腦海即刻浮現出第(ii)組字的讀音在《中原音韻》缺載,是否不屬於現代北京話的文讀音系統? 饒是如此,用例僅分佈於牙喉音聲母字,也很難説明問題,因爲梗攝二等與曾攝一等的入聲韻,並不只與牙喉音聲母結合。

在甲種本中,一般以假攝三等、山攝三四等入聲、咸攝三四等入聲的音譯漢字來表記蒙古語 e 結尾的連讀音(也包含 i 介音,屬《中原音韻》的車遮韻),而不用梗攝二等與曾攝一等字以及梗攝第(ii)組與曾攝例外的"刻黑"之外的字表記。

若參照乙、丙種本《華夷譯語》,則與甲種本有所不同。梗攝二等與曾攝一等,無論何種聲母,均可大量地用來表記對象語言的 e 類單元音([e][ɛ][ə]等)結尾的音。例如《回回館譯語》(乙種本)中,便與波斯語的短 a 結尾的連音對應:百 ba、迫 pa、默 ma、得 da、勒 la, ra、則 za、黑 ha、額 a,用來對譯的多爲梗攝二等、曾攝一等的入聲字。這種單元音韻母的語音形式,屬於現代北京話的文讀音系統。據《翻譯老乞大·樸通事》的右側音、《重訂司馬温公等韻圖經》、《西儒耳目資》等明代官話的代表資料記載,梗攝和曾攝入聲韻不同於口語音,一律讀爲[ə]或[ɛ]類的單元音韻母特徵的音。遠藤光曉(1984)關於《翻譯老乞大·樸通事》右側音的基礎方言問題,認爲它來自入聲是獨立調類的方言,再結合歷史背景,提出可能是來自當時官話即南京方言的觀點。再有魯國堯(1985)提出《西儒耳目資》等反映明代官話的基礎方言是南京方言的見解。本文雖非專論明代官話性質,若假設現代北京話的梗曾攝一二等入聲字的單元音韻母的讀法,是明代南京官話影響下形成的結果,元代《中原音韻》沒有記載這種讀法,也自然可理解了。而且,在甲種本中也未能見到此類讀法,也暗示着它與同樣未采用這種讀法的《中原音韻》相近。

更需注意,梗攝二等入聲字第(ii)組"格客赫額"在本小節開頭(4.1)已經討論過,《中原音韻》中屬於例外的"客嚇額"重複出現在車遮韻(嚇在《廣韻》中與赫同音),(ii)組的單元音的讀法,有必要結合北京話的文讀音系統讀音來看,可謂已完全消失。這樣來看,甲種本的音譯漢字的基礎方言,可以説與《中原音韻》的距離進一步縮小。

如上文所述,《中原音韻》中"客嚇額"車遮韻的讀法,源於皆來韻的特殊讀法(/yay/→/ye/)而含有介音 i[21]。但是,甲種本的"格客嚇額"等字,事實上不可能將它們視爲具有 i 介音。所以,"額"用來表記蒙古語的連讀音 e。

蒙古語中,通常不會因元音 e 前-i-式過渡音的有無而造成音系上的對立,但是因有輔音/y/的緣故,無首輔音的 e 與 ye 則有對立,若從音譯漢字來看,前者以"額"來表記,而後者則以包含 i 介音的"也""耶"等假攝三等字來表記。

額客:eke(411.母,1:14b4)

也客:yeke(778.大,1:26b3)

客額兒:ke'er(45.野,1:02b2)

兀耶兒:üyer(43.潦,1:02b1)

上面的"額"表記/e/,與/ye/的表記字"耶""也"對立,當然"額"就不會有 i 介音。若認定"額"沒有 i 介音,共時且同一條件下的"格客赫"也必然要認爲它們不含 i 介音[22]。從這一點來看,與《中原音韻》皆來、車遮均具有 i 介音的情況不同。

五、結　論

甲種本《華夷譯語》音譯漢字基礎方言的特點:保留-m 韻尾,宕、梗曾攝入聲字會出現複元音,與《中原音韻》的音系部分相近,而"額"等字不含 i 介音這一點則與《中原音韻》有所不同。此外,本文限於篇幅緣故,雖未展開詳細的討論,但甲種本的音譯漢字,在聲調體系這一點上也與《中原音韻》表現得有所不同。即甲種本的音譯漢字,傾向於使用上聲字去表記蒙古語的詞首音節、平聲字去表記詞末音節,且極少使用去聲字表記[23]。從這種傾向來看,若甲種本與《中原音韻》"入派三聲"的方言一樣,勢必會出現清入字在詞首、全濁入聲字在詞末的傾向,且次濁入聲字使用極少。而實際並非如此,甲種本中各類入聲字在任何位置的使用都很多。簡言之,甲種本《華夷譯語》的音譯漢字的基礎方言,雖與《中原音韻》有幾處差異,却是一種在受南京官話的影響之前,依舊保存着濃厚的明代初期北方官話特徵的變種方言。

參考文獻

北京大學中文系 1989 《漢語方音字彙》第二版,北京:文字改革出版社。

陳垣 1934/1982 《元秘史譯音用字考》,《中研院歷史語言研究所專刊》之十;又見於《陳垣學術論文集》第二集,北京:中華書局,1982 年。

遠藤光曉 1984 《〈翻譯老乞大・樸通事〉裏的漢語聲調》,《語言學論叢》第十三輯,北京:商務印書館,162—182 頁。

服部四郎 1946 《元朝秘史の蒙古語を表はす漢字の研究》,東京:龍文書局。

本田實信 1963 《〈回回館訳語〉に就いて》,《北大文學部紀要》11,横 1—73 頁。

泉井久之助 1949 《百夷館雜字並に來文の解読》,《比較言語學研究》,東京:創元社,193—304 頁。

Kane Daniel 1989   *The Sino-Jurchen Vocabulary of the Bureau of Interpreters*, Bloomington:Indiana University.

栗林均 2003 《〈元朝秘史〉甲種本モンゴル語全単語・語尾索引》,《東北亞研究中心叢書》第 10 號,仙台:東北大學東北亞研究中心。

權仁翰 1998 《朝鮮館譯語의 音韻論的研究》,《國語學叢書》29,太學社。

魯國堯 1985 《明代官話及其基礎方言問題——讀〈利瑪竇中國札記〉》,《南京大學學報》(哲學社會科學)1985 年第 4 期,47—52 頁。

村山七郎 1961 《〈華夷訳語〉と〈元朝秘史〉との成立の先後に関する問題の解決》,《東方學》第 22 輯,横 1—16 頁。

西田龍雄 1970 《西番館訳語の研究—チベット言語學序説》(華夷譯語研究叢書Ⅰ),東京:松香堂。

長田夏樹 1953 《北京文語音の起源に就いて》,《中國語學研究會會報》第 11 號,1—5 頁。

小澤重男 1994 《元朝秘史》,東京:岩波書店。

更科慎一 2003a 《所謂甲種本華夷訳語の漢字音訳手法の一端》,東京都立大學人文學部《人文學報》341 號,1—18 頁。

更科慎一 2003b 《漢字音訳によってモンゴル語を記した明代のいくつかの資料について—研究序説—》,霞山會同學會《中國研究論叢》第 3 號,53—68 頁。

庄垣内正弘 1984 《〈畏兀兒館譯語〉的研究——明代維吾爾口語的構擬》,《〈畏兀児館

訳語〉の研究──明代ウイグル口語の再構》,《内陸アジアの研究》(外國學研究 神戶市外國語大學 16),51─172 頁。

薛鳳生 1990 《中原音韻音位系統》,魯國堯、侍建國譯,北京:北京語言學院出版社。

楊耐思 1981 《中原音韻音系》,北京:中國社會科學出版社。

楊耐思 1990/1997 《〈中原音韻〉兩韻並收字讀音考》,《王力先生紀念論文集》,北京:商務印書館,1990 年,114─129 頁;又載於楊耐思著《近代漢語音論》,北京:商務印書館,1997 年,146─161 頁。

(以下參考文獻爲譯者所增)

布日古德 2012a 《〈華夷譯語〉(甲種本)音譯漢字研究》,北京:中國社會科學出版社。

布日古德 2012b 《〈華夷譯語〉(甲種本)音譯漢字基礎音系研究》,《民族語文》第 6 期,26─32 頁。

馮蒸 1981 《"華夷譯語"調查記》,《文物》第 2 期,57─68 頁。

更科慎一 2018 《論四夷館〈華夷譯語〉音譯漢字漢語音系》,《南開語言學刊》第 1 期,北京:商務印書館,37─45 頁。

黃宗鑑 2014 《〈華夷譯語〉研究》,北京:昆侖出版社。

烏雲高娃 2002 《日本學者對明"四夷館"及〈華夷譯語〉的研究狀況》,《中國史研究動態》第 6 期,19─24 頁。

張雙福 1994 《〈華夷譯語〉研究》,《内蒙古社會科學(漢文版)》第 5 期,87─92 頁。

注釋:

[1]【譯者注】《元朝秘史》國内一般稱《蒙古秘史》,國内外有許多蒙古學家致力於其基礎研究,如卡法羅夫、科津、海涅什、伯希和、白鳥庫吉、小澤重男、李蓋提、羅義果、達西策登、蘇米雅巴特爾、達瓦葉夫、巴雅爾等學者先後出版了《蒙古秘史》轉寫本(張雙福,1994)。研究《元朝秘史》音譯漢字讀音方面,首推日本學者服部四郎(1946)。

[2]【譯者注】有些學者稱爲"漢字音標""漢字注音""譯音漢字"。

[3]【譯者注】根據馮蒸(1981)和胡振華、黃潤華(1983),"華夷譯語"可分爲四種不同版本,分別爲洪武本、永樂本、會同館本、會同四譯館本。日本學界則稱洪武本爲甲種本、永樂本爲乙種本、會同館本爲丙種本,會同四譯館本爲丁種本。

[4]【譯者注】本文更科慎一(2007)使用的是"表記",但烏雲高娃(2014)以及更科慎一(2018)本人用的是"標記"。

[5] 本文將《元朝秘史》及《華夷譯語》用來表示蒙古語音節末的輔音,而在譯音漢字下方書寫的小一點的字稱爲"小字"。用來明確標識漢語與蒙古語中某些特殊音的區別的,在譯音漢字左邊以小字書寫的稱爲"區別符號",更多資料可參照更科慎一(2003a)。

[6]【譯者注】如《元朝秘史》音譯"山"用字爲"阿虬剌",而《華夷譯語》則爲"阿兀剌";"河"《元朝秘史》爲"沐^舌漣""湖"爲"納浯兒",《華夷譯語》則分別爲"木^舌連""納兀^舌剌",凡水名皆用水旁。《元朝秘史》同一"兀"字,在山爲虬,在水爲浯,同一"兒"字,在山爲峏,在水則爲洏,皆諧聲之外,兼以會意者也(陳垣,1934/1982:121—131)。

[7] 服部四郎認爲《華夷譯語》的譯音,"雖依據的是秘史的譯音原則,却以新的漢字來記錄蒙古語,而且有較大可能性是有相當多的譯音不通過蒙古的文字(而直譯)"(服部四郎,1946:135—146),這種觀點認爲《華夷譯語》的成書在《元朝秘史》譯音之後,暫且不論對否,我們可以説《華夷譯語》的譯音更具聽覺性。

[8] 如平聲侵韻的第一個字"侵"下注"俗音 cin、韻中諸字終聲並同","俗音"平聲侵韻所屬的所有字的終聲,即都用-n 來表示音節末的輔音尾。-m 收尾的諸韻中,除去聲"沁"韻外,所有的小韻字均可見到同樣的注釋方式。

[9] 各譯語所表記對象語言的形式,參考了以下諸位研究成果:泉井久之助(1949)百夷館、西田龍雄(1970)西番館、本田實信(1963)回回館、庄垣内正弘(1984)畏兀兒館、權仁翰(1998)朝鮮館、Kane Daniel(1989)女真館。

[10] 即:耽(端覃平一開):丹(端寒平一開);談(定談平一開):壇(定寒平一開);藍(來談平一開):闌(來寒平一開)·^舌藍(同左):^舌闌(同左);毿(心覃平一開):散(心旱上一開,又去聲);甘(見談平一開):幹(見寒平一開);坎(溪感上一開):刊(溪寒平一開)·侃(溪旱上一開);^中含(匣覃平一開):^中罕(曉旱上一開);唵(影感上一開):安(影寒平一開);黬(影咸平二開,又上聲):顏(疑删平二開);點(端忝上四開):顛(端先平四開);添(透添平四開):田(定先平四開);粘(泥鹽平三開):年(泥先平四開);謙(溪添平四開):虔(群仙平三開);^舌林(來侵平三開):^舌鄰(來真平三開);沉(澄侵平三開):嗔(昌真平三開)·臣(禪真平三開)·陳(澄真平三開);琴(群侵平三開):勤(群殷平三開)。上面以聲母、韻、聲調、等、開合的順序來標示中古音韻地位,下文仿此。

[11] 在本文中,甲種本的漢字譯音對應蒙古語的推定羅馬轉寫,基本基於栗林均(2003),爲引用及印刷便利的需要,稍有改動。括弧内表示文獻出處亦來自栗林均(2003)。如2:03b4 表示卷 2、第 3 頁下欄、第 4 行。括弧表示的是蒙古語對應的甲種本漢譯(卷 1 的詞彙部分與字頭的編號一致,卷 2、3 則是文例部分的注文)。

[12] 請參看本文第五節及更科慎一(2003b)。

[13] 以上重複字的統計,(1)(2)根據楊耐思(1990),(3)根據的是薛鳳生(1990:126)的記述,韻母擬音取自楊耐思(1981)。

[14] 本節以既定的蒙古文羅馬字轉寫來表示,但不合於蒙古文字形式時,以乙種本韃靼譯語(東洋文庫本,以[△]來表示)威妥瑪式蒙古語表示。

[15] u/ü、ɣu/gü 等形式遵守元音和諧規則,如元音 a, o, u 後則是(ɣ)u,而 e,ö, ü, i 後則是 g(ü),規則是一一對應的。

[16] "宜"原書以小字出現,"宜""亦"等標記(y)i 的對音漢字以小字來顯示,而《華夷譯語凡例》却没有論及有關小字的"宜",若此處的"宜"是小字的話,按小字的一般用法來類推,當將"朵宜"整體視作 döy 音節的轉寫。實際上,栗林均(2003)就轉寫爲 döy。

[17] 【譯者注】布日古德(2012b)也利用了"曾攝、梗攝一、二等入聲字辨別法"來辨别《華夷譯語》與《元朝秘史》的音譯漢字基礎音系的方法,亦首肯更科慎一(2007)即本文的辨别標準,但認爲他未充分論述其理論依據,也未對音譯漢字的拼寫方式與蒙古語實例進行詳盡分析,因而缺乏説服力。故而在本文之外還可參考布日古德(2012b)。

[18] 實際上,"伯"還有一例,在固有名詞"哈^舌剌脱伯_楊:qara töböt(無旁譯,3∶01a4)"中,"伯"用來標記 bö。雖然按理可認爲標記的是單元音,但考慮到固有名詞的對音漢字可受到其他漢語典籍慣用字的影響,導致與字面通例不同的情況,現將其作爲例外,從研究來説則除外。

[19] 服部四郎(1946)《附錄第一·對音漢字順位表》所載的第一種轉寫。

[20] 此處入聲字與"非入聲字有語音特徵上的差異",最有可能的恐怕是其短促性。

[21] 特別是"額"車遮韻讀法與"業鄴"爲同一小韻,無可否認的是它在《中原音韻》中具有 i 介音。

[22] 關於"格客",普遍用來標記蒙古語的 ge-,ke-,也可認爲是不含 i 介音,限於篇幅,省去詳細論述。

[23] 詳細請參照更科慎一(2003b)。

編　後　記

　　大概是在七八年前，在一次與衆學友閒聊時，同門林兄巽培提及，學界似乎缺少一本譯介日本學者在域外漢字音、漢字對音等方面研究成績的著作。大家聽後，深以爲然。於是，我請巽培師兄擬定一個初步的篇目，然後我們一起討論取捨。没過幾天，巽培兄就交給我一份手寫的擬選篇目。現在呈現在讀者諸君面前的，至少有五分之三的文章，就是遵照當時巽培兄的建議而選入的。尤其是最近幾年，編者比較關心西南少數民族類漢字古籍與明清《華夷譯語》這兩大宗漢字譯音資料，越發覺得將日本學者在此領域的重要文章編集在一起，作爲學界同仁研究時的參考，是很有必要的。

　　編者學力有限，黽勉從事，完全是出於當年的初心。在編譯的過程中，首先要感謝本文各篇的作者，他們貢獻的智慧與學識是本書得以付梓的前提，同時也要感謝黄河、鈴木博之、温睿、陳曉、韓春迎等中外譯者同仁的辛勤付出（前段時間從陳曉博士處得知，譯者之一的韓春迎博士已故去，聞之不勝泫然，但願此書堪以告慰）。在校對譯稿初稿的過程中，友生趙清泉、張夢瑶、石静雅、劉沐陽幾位同學出力尤多，清泉、夢瑶兩位除了參與校譯工作，還統一了全書體例，並加以妥善的編排。外文方面的問題，編者曾向秋谷裕幸教授、張琳敏博士、博士生沈奇石同學請教過。另外，要特別感謝遠藤光曉、竹越孝教授對本書的多方支持。

　　此書於幾年前便和上海古籍出版社簽訂了出版合同，但因爲編者忙於其他工作，書稿的編輯遲遲未能完成。幸得責任編輯顧莉丹女士的寬容、信任與細緻的編校工作，本書才有交付出版的可能。

　　謹誌於此，一併道勞。

　　我們缺少編輯此類論文集的經驗，書中一定有不少值得加以補正和深入討論的地方，懇請學界同仁多多批評、指正。編者的郵箱如下：wzheng@zhwx.ecnu.edu.cn。

鄭　偉
2021 年 7 月 8 日於華東師範大學

圖書在版編目(CIP)數據

日本學者漢字譯音研究論文選／鄭偉編. —上海：
上海古籍出版社，2022.11
ISBN 978-7-5732-0481-3

Ⅰ.①日… Ⅱ.①鄭… Ⅲ.①漢語—音譯—文集
Ⅳ.①H159-53

中國版本圖書館 CIP 數據核字(2022)第 189493 號

日本學者漢字譯音研究論文選

鄭 偉 編

上海古籍出版社出版發行

(上海市閔行區號景路 159 弄 1-5 號 A 座 5F 郵政編碼 201101)

(1) 網址：www.guji.com.cn

(2) E-mail：guji1@guji.com.cn

(3) 易文網網址：www.ewen.co

商務印書館上海印刷有限公司印刷

開本 700×1000 1/16 印張 17.25 插頁 2 字數 283,000

2022 年 11 月第 1 版 2022 年 11 月第 1 次印刷

ISBN 978-7-5732-0481-3

H·254 定價：78.00 元

如有質量問題,請與承印公司聯繫